国際政治学

－グローバル政治の理論、歴史、現代的課題－

阿部 松盛〔著〕

株式会社 テイハン

まえがき

　現代の国際社会において生起する国際政治現象は複雑化と多様化が進み、従来の国際政治から大きく変容している。米国を中心とした自由主義陣営とソ連を中心とした共産主義陣営との世界的規模での対立であった「冷戦」が終結して、既に30年の時が過ぎている。また、国家間・国民間の「経済的・社会的相互依存」が大きく深化して、国際社会の一体化、すなわち世界のグローバル化が益々進んでいる。しかし、国際社会における平和への前提条件が整いつつあるにもかかわらず、多くの地域紛争や戦争が勃発し、いまだに国際平和や国際秩序が十分には実現されていない。

　このように複雑化・混迷化している現代の国際政治現象を支配している国際政治の基本的な構造とメカニズム、そしてそれらの歴史的変容を説明することによって、国際政治現象の全体像の把握を手助けすることがこの本の目的である。さらに、国際秩序や国際平和を実現するためにはどのような試みや方法が国際政治学として可能であるのかを模索することもこの本の目的である。この本は、このような目的を持って「国際政治学」や「国際関係論」の教科書として編集された。

　第1部においては、国際社会と国際政治の基本原理およびそれらの現代的な変容などの国際政治を理解する上で重要な基本的な事柄について解説している。第2部においては、国際政治学における理論の役割、国際政治理論の発展、および現代の国際政治理論などの国際政治学の理論について解説している。第3部においては、国家の基本的行動、国家の対外政策の形成過程、おび国家間の相互作用などの国際政治現象における国家の行動について解説している。第4部においては、国際政治現象の全体構造とその変動をシステム論的に把握する視点について解説している。それらには、国際システム論、世界システム論、世界指導力の長期サイクル論、および覇権安定論などがある。第5部においては、国際政治現象の舞台とな

ii

る国際社会の形成と発展、冷戦期における国際政治、および冷戦後における国際政治などの国際政治の歴史について解説している。第6部においては、国際安全保障、国際連合、南北問題、民族問題、軍拡と軍縮、および地域主義と地域統合などの国際政治の現代的課題について解説している。

　この本は教科書として編集されたため、できるだけ平易な内容と文体で書かれている。しかし、第2部および第4部はかなり専門的な内容となっている。このため、1年次生・2年次生はこの部分を後から学ぶようにした方が良いかと思われる。

　同時に、この本は、「国際政治学」や「国際関係論」の授業において私がこれまで講義した内容を取りまとめて編集したものでもある。そのため、原稿の作成においてこれらの授業を受講した私のゼミナールの学生諸君に多くの助力を得た。ここで、4年ゼミ生の比嘉亜梨沙さん、中原なみさん、奈良部悠香さん、豊村朋弘君、そして3年ゼミ生の植竹巧稀君、諸戸悠太君、和田拓海君に感謝の意を表したい。

　そして、獨協大学名誉教授である星野昭吉先生に感謝を申し上げたい。著者は、国際政治学を学び始めたころ、星野先生の著書によって大きな啓発を受けた。国際政治現象を国際政治システムという枠組から研究する視点、また国際政治システムを現状維持勢力と現状変更勢力との対抗関係から分析する視点など、多くのものを学ばせていただいた。さらに、星野先生にこの本の出版を進めていただき、幾重にも感謝を申し上げたい。

　最後に、本書の発刊に際して大変お世話になった株式会社テイハンの企画・編集部の皆さんに謝意を表したい。著者の不手際で本書の脱稿がかなり遅れたにもかかわらず、辛抱強く待っていただき、また多くのアドバイスを頂いたことに心から感謝を申し上げたい。

　　2020年10月

　　　　　　　　　　　　　　　　　　著者　阿部　松盛

◆目　次◆

第 1 部　国際社会と国際政治

┌─ 第1章 ─┐

国際社会と国際政治の原理

(1) 国際政治の定義

a．国際政治

国際政治学を学ぶ前に、「国際政治（international politics）」という言葉の意味をここで明確にしておきたい。

国際〈international〉の接頭語の〈inter〉は〈between, among〉と同じ意味であり、日本語で「～の間」という語に当たる。〈national〉は、〈nation〉の形容詞であり、〈nation〉は日本語で「国家（国民）」であるので、〈national〉は日本語の「国家（国民）の」という語に当たる。したがって、〈international〉という語は、「国家（国民）間の」という意味となる。

政治〈politics〉の定義に関して、イーストン（David Easton）の「社会に対する諸価値の権威的配分」という国内政治の定義が有名であるが、中央集権的権威の存在しない国際政治においてこの定義は援用できない。それゆえ、国際政治における政治〈politics〉は、より広範なかたちで「ある社会や集団において、その構成員全体を規制するような統一的合意を創り出し、またその合意を執行する機能」であると定義する必要がある。

以上のことから、国際政治〈international politics〉とは、「国家（国民）間の政治」であり、「国際社会や国家集団（二国間や多国間）において、その構成国全体を規制するような統一的合意を創り出し、またその合意を執行する機能」であると定義できる。現在、こうした合意を形成しまた執行する能力を持つ主体は、各国の政府の他にはなく、国際政治的現象には常に国家や政府が関与している。また、イー

ストンの国内政治の定義を、あえて国際政治に援用するならば、国際
政治とは「国際社会に対する諸価値の権力（パワー）による配分」と
定義できる。

b．国際政治の具体的内容

　国際関係すなわち国家間関係は、政治的（外交的）関係、軍事（安
全保障）的関係、経済的関係、文化的関係のような国家と国家との間
の様々な相互作用から構成されている。ここで、政治的関係とは、政
府、政府間組織（国際機構）、また外交や国際法に係わる相互作用で
ある。軍事的関係とは、軍事的対立、同盟、戦争、軍縮、軍備管理な
どに係わる相互作用である。経済的関係とは、通商、金融、資源、エ
ネルギー、開発・発展などに係わる相互作用である。文化的関係と
は、思想、イデオロギー、宗教、生活習慣、科学技術などに係わる相
互作用である。その他の社会的関係には、民族、種族、環境・生態系
などに係わる相互作用などがある。

　こうした国際関係のなかで政府が関与して「統一的合意の形成と執
行」という機能を果たすものが国際政治現象である。それゆえ、国際
政治的関係は、純粋に国際政治である。また、軍事的関係は、本来は
国際政治ではないが、国家の安全保障という政府間の重要な争点とな
るため、国際政治現象となることが多かった。これら以外の関係も国
家間の重要問題として表面化して、政府が対応すべき問題となったと
きに、国際政治の現象となる。

　現代の国際社会では、政治的関係や軍事的関係以外の多くの国際関
係が政治化して、国際政治現象となっている。

　第2次世界大戦後、脱国家的な経済・社会的交流と相互依存が拡大
し、経済・貿易摩擦を含む様々な国家間の経済・社会的問題が発生し
た。そして、これらは経済主体どうしでの問題解決が困難であり、ま
たこうした問題が国家全体に与える影響が大きいため、政府間での問
題解決が必要となった。さらに、東西間の冷戦の終了によって軍事的
脅威が低下するとともに、安全保障問題に代わって経済的・社会的問

題が表面化して国家間の重要問題となり、これらの解決が国際政治の重要な課題となった。

　冷戦後の世界においては、共産主義の崩壊によって東西間のイデオロギー的対立が消滅した。そして、これに代わって、各地域の文明（文化・民族・宗教・言語などを含む）が国際政治に影響を強く与えるようになり、異なる文明間の摩擦や対立が多く生じるようになった。今後の世界においては、こうした文化・民族・宗教などの相違に基づく「文明の衝突」が、国際政治の重要な要因となっていく可能性がある。（ハンチントン（Samuel P. Huntington）によれば、こうした文明には、欧米キリスト教文明圏、ロシア・スラブ文明圏、イスラム文明圏、インド・ヒンズー文明圏、中国・儒教文明圏、ラテン・アメリカ文明圏、日本文明圏がある。）

(2)　国内社会と国際社会

　国内社会には、中央政府が存在し、それが国内社会を統一しているので、国内社会は集権的社会である。これに対して、国際社会は、中央政府が存在せず、独立した主権国家が併存しているため、国際社会は基本的に無秩序に陥りやすい分権的社会である。

a.　国内社会の特徴

　国内社会は、個人や集団を構成単位とする社会である。そこには「中央政府」が存在するため、国内社会は基本的に秩序のある統一された集権的社会となっている。それゆえ、国内社会は次のような特徴を示している。

　第1に、国内社会には「共通な規範やルール」が存在する。一般に、国内社会には中央政府が存在するため、法律を制定する立法機構が存在する。また、概して、国内社会には共通の文化や価値観が存在する。このため、国内社会には、法律や道徳など共通の規範やルールが数多く存在し、人々の社会的行為を規制している。これらの規範やルールによって、人々の社会的行為（相互行為）が混乱なくおこなわ

れ、人々の衝突や対立が少ない。

第2に、国内社会には「公正な利害調整機構」が存在する。一般に、国内社会には中央政府が存在するため、利害対立を司法的・行政的に公正に調整する様々な利害調整機構が存在する。すなわち、裁判所や行政委員会などが人々の間の利害対立を調整するため、国内社会の安定や秩序が容易に維持される。

第3に、国内社会には「強力な強制装置」が存在する。一般に、国内社会には中央政府が存在するため、国内において国内法や司法的判決を強制しまた治安を維持するための強制装置が存在する。すなわち、警察や軍隊の存在によって、国内社会の秩序や安全が容易に維持される。

上述した特徴のため、国内社会においては、協調や安定が生じやすく、秩序や安全を実現することが容易である。

b．国際社会の特徴

国際社会は、国家を基本的な構成単位とする社会である。そこには「中央政府」が存在しないため、基本的に無政府状態（anarchy）にあり、主権国家が併存する分権的社会となっている。それゆえ、国際社会は次のような特徴を示している。

第1に、国際社会には「共通な規範やルール」が十分に存在しない。一般に、国際社会には中央政府が存在しないため、国際社会全体の法を制定する立法機構が存在しない。また、国際社会は多くの国家や民族にわかれており、共通の文化や価値観も存在しない。このため、国際社会には国家や政府を規制する共通の規範やルールが十分に存在せず、そして国家間の社会的行為（相互行為）の衝突や対立が起こりやすい。

確かに、国際社会には条約や慣習国際法などの国際法が存在するが、それらは締約国のみを拘束する。

第2に、国際社会には「公正な利害調整機構」が十分に存在しない。国際社会には中央政府が存在しないため、国家間の利害対立を公

正に調整する利害調整機構が十分に存在せず、国際社会の安定や秩序の維持が困難である。国家間の利害対立を調整する場合、関係諸国が二国間または多国間の直接交渉を通じて調整することが多いため、利害対立の調整が困難でありまた不公正となりやすい。このため、国際社会の安定や秩序を維持することが容易ではない。

　国際社会には国連などの政府間国際機構が存在するが、これらは国家に優位するものではなく、加盟する各国の合意に基づき利害を調整する役割を果たすものであり、中央政府としての役割を果たす存在ではない。

　第3に、国際社会には「強力な強制装置」が十分に存在しない。国際社会には中央政府が存在しないため、国際法や国際裁判の判決を強制するための、また平和や安全を維持するための強制装置が十分に存在しない。すなわち、世界警察・世界連邦軍のような強制装置が存在せず、国際社会全体の秩序や安全の維持が困難である。

　国際法はその執行において強制力がなく、また国際司法裁判所の判決もそれを強制する強制装置がないため、それらが遵守されるか否かは当事国の意志にかかっている。

　国際社会においては、自国の安全は自分で守る必要があるため各国は軍事力を保有しさらに増強しようとする。そして、こうした軍事力を保有しまた増強すること自体が、国際的な平和や安全を乱す原因となる。こうした国際社会の矛盾した状況を「安全保障のジレンマ」と言う。

　上述した構造や特徴のため、国際社会は対立や混乱が生じやすく、平和や安全を実現することが非常に困難であり、「力が正義」である世界になりやすい。

(3)　国内政治と国際政治

　国内政治と国際政治は基本的には同じ政治であるが、それらの構成員、合意の内容、合意の形成方法、そして合意の執行方法において大きく異なっている。以下において、国内政治と国際政治を対比しながら、

国際政治の特徴を明らかにする。

a. 国内政治

　国内政治は、国内社会に「中央集権的政府」が存在することを前提として営まれる政治である。それゆえ、国内社会における「政治」は、「ある社会や集団において、構成単位全体を規制するような統一的合意を創り出し、またその合意を執行する機能である」と定義できる。ここで「統一的合意」とは、法律や政策を指す。国内政治についてより詳しく説明すれば、以下のようになる。

　第1に、国内政治の構成単位は、参政権を持つ国民である。ただし、独裁制や絶対君主制や貴族制の国家では、独裁者や君主や貴族などの少数の人々が政治の構成単位となる。

　第2に、国内政治における合意の内容は、「社会に対する諸価値の配分に関して合意」を形成することである。例えば、①生存的価値として国内の治安、安全、防衛など、②生活的価値として国民の雇用、賃金、福祉、社会基盤、国民経済、環境など、③精神的価値として国民の思想、イデオロギー、文化、宗教などがある。これらの合意は、法律や条例、また政府の政策として具体化されていく。

　第3に、国内政治の合意の形成は、主権者またはその代表によって規則や制度を通じてなされるのであり、この合意の形成過程が「制度化」されている。この合意の形成方法によって、政治体制を君主政治、貴族政治、民主政治などの分類が可能である。ここで最も重要なことは、国内政治の合意の形成過程においては、武力の行使が一般的に禁止されていることである。

　第4に、国内政治における合意の執行は、中央政府の権威と権力にもとづいてなされるのであり、この合意の執行過程が「制度化」されている。この執行過程において執行への抵抗があった場合は、中央政府の物理的強制力（警察力・軍事力）の行使によって抵抗が排除され、また司法機関によって処罰される。

b．国際政治

　国際政治は、国際社会に「中央集権的政府」が存在しないことを前提とし営まれる政治であり、この点において国内政治と根本的に異なっている。それゆえ、国際社会における「政治」、すなわち「国際政治」は、「国際社会や国家集団において、構成単位全体を規制するような統一的合意を創り出し、またその合意を履行する機能である」と定義できる。ここで「統一的合意」とは、国際条約や国家間合意を指す。国際政治についてより詳しく説明すれば、以下のようになる。

　第1に、国際政治の構成単位は、原則として「主権を持つ国家」である。ここで「主権（Sovereignty）」とは、自国の領域内で他のいかなる権力にも従属することのない最高の権力である。そして主権には対内的主権である「領域支配権」と対外的主権である「独立権」という二つの側面がある。ただし、現代の国際政治においては、国家以外の行為体である「非国家行為体」、すなわち政府間国際組織、非政府国際組織、多国籍企業なども国際政治において少なからぬ影響力を行使することがあり、国際政治の構成単位となることがある。

　第2に、国際政治における合意の内容は、「国際社会における諸価値の配分に関して合意を形成する」ことである。例えば、①生存的価値として国家の安全保障、国際平和、②生活的価値として国家の産業・金融・貿易、世界経済、世界環境、③精神的価値として国家の国際的地位や威信、国家の理念やイデオロギー、また国家の伝統文化や宗教などがある。

　第3に、国際政治における合意の形成は、「国家の力（national power）」にもとづいた国家間の相互作用のなかでなされるのであり、合意の形成過程が「制度化」されていない。すなわち、合意の形成過程において武力行使が完全には否定されておらず、ここでは武力行使を含むあらゆる手段が用いられる。

　第4に、国際政治における合意の執行は、諸国家（国家集団）自らが合意を執行するものであり、合意の執行過程が「制度化」されていない。このため、ある国が合意を受け入れたとしても、自国に不都合

な状況が後に生じた場合、その国が合意を執行しないことも起こりうる。このような場合、他方の当事国が武力を用いて強制的に合意を執行させることもある。

c．国際政治の特徴

　上述したように、同じ政治と言いながら、国内政治と国際政治との間には大きな相違が存在する。国際政治の特徴をさらに具体的に示すとすれば、次の様になる。

　第1に、国際政治は、国家を中心とする「国家間の政治」である。すなわち、国家は、その規模と能力において国際行為体のなかで最も大きく、国際政治における最も重要な国際行為体である。また、国際政治の重要問題に係わる合意は、国家によって形成されかつ執行される。もちろん、国家以外の行為体である「非国家行為体」、すなわち政府間国際組織、非政府国際組織、多国籍企業なども国際政治において少なからぬ役割を果たすようになっている。

　第2に、国際政治においては、「国家安全保障」という生存的価値が重視される。国際政治において、安全保障や国家の独立が最も重視されるのは、国際社会に中央集権的政府が存在せず、世界全体の平和や安全を守るための強力な強制装置（世界警察・世界連邦軍）が存在しないためである。それゆえ、各国は独自の軍事力を整えて自国の安全は自分で守る必要がある。

　もちろん、現代の国際政治において、経済的・社会的価値も重要であり、これらの価値の実現も国際政治の重要な課題となっている。こうした状況が生じたのは、第2次大戦後、国際経済（国際貿易・金融・情報・サービス）が次第に発展して、諸国家（とりわけ先進工業諸国）が経済・社会的に相互依存を深めてきたためである。また、冷戦の終了によって東西間の軍事的緊張が緩み、安全保障的脅威が低下したため、これに代わって経済的・社会的問題の重要性が表面化したためである。

　第3に、国際政治における合意の形成と執行の過程が「制度化」さ

れていない。国際社会には中央政府が存在しないため、国際社会で生じた問題を討議して合意を形成するための議会もなく、合意を執行するための行政機関もない。そのため、国際社会で問題が生じた場合、関係諸国自らが問題解決のために対応する必要がある。ただし、現在では国際問題を解決する制度や機構が次第に設立されており、サミットなどの国家間の会談および国際連合などの国際機構の会議において国際問題が討議され、そして解決されることも多くなっている。

　さらに、国際政治における合意の形成と執行の過程が制度化されていないため、合意の形成と執行が「国家間のパワー関係」に依存している。合意の形成と執行の過程において、軍事力を含むパワーの行使が容認され、国家間のパワーにもとづく合意の形成と執行がおこなわれる。このため、国際政治においては、軍事力が国際問題を解決するための有効な手段となり、またパワーを有する大国や強国の意見が「合意」のなかに大きく反映される。

　ただし、上述したように、現代の国際政治において、安全保障問題と同様に経済的・社会的価値の実現が重要な課題となっている。経済的・社会的問題の多くは軍事力によって解決できないため、こうした問題の増加とともに国際政治における軍事力の有効性は次第に低下している。

　上述したような点を考慮すれば、国内政治は、合意の形成と執行の過程、すなわち政治過程が制度化されている「制度化された政治」と規定できる。これに対して、国際政治は、合意の形成と執行の過程、すなわち政治過程が制度化さていない「制度化されていない政治」と規定できる。これが、国際政治が「力の政治（power politics）」と言われる所以である。

第2章

国際社会と国際政治の原理の変容

(1) 国際社会における国家間の相互浸透の増大

　現代国際社会、とりわけ第2次世界大戦後の国際社会においては、政府間組織や非政府組織などの国際行為体（非国家行為体）の増加と多様化によって、政府間交流また脱国家的な交流が増大し、そして国際関係の複雑化と多元化をもたらした。それらは同時に、国際社会の緊密化および国内問題と国際問題のリンケージを生み出し、そして国際的相互依存の深化をもたらしていった。

a. 国際社会における国際行為体の増加と多様化

　「国際行為体（international actor）」とは、国際社会における行為体として意思を決定し、実行する能力を持ち、他の行為体と相互作用をおこない、それらに影響を与え得るものである。そして、国際行為体は「国家行為体」と「非国家行為体」とに分類される。

　先ず、「国家行為体（state actor）」とは、「主権国家（sovereign state）」のことであり、実際に国家としての機能を果たすのはその国家の政府である。そして、国家行為体は国際社会における最も重要な国際行為体である。

　ここで「主権（sovereignty）」とは、自国の領域内で他のいかなる権力にも従属することのない最高の権力である。主権は、近代になって中央集権的な国家体制を確立していった絶対君主の国内における統治権を正当化するための概念として発展した。この国家の主権には二重の側面があり、「対内主権」と「対外主権」とに分けられる。対内主権は、主権の国内的側面であり、自国の領域内で排他的に統治をお

こなう権能である「領域支配権」を指す。対外主権は、主権の国際的側面であり、他国の主権に従属しない、また対外的に独立を保つ権利である「独立権」を指す。そして、主権国家とは、こうした対内主権と対外主権の双方を持つ国家のことである。

　次に、「非国家行為体（non-state actor）」とは、国家行為体以外の国際行為体のことであり、これは「政府間組織、非政府組織、多国籍企業、超国家組織」などに分類される。

　第1に、「政府間組織（inter-governmental organization：IGO）」とは、複数の国家や他の政府間組織によって、共通の目的を達成するために国際条約にもとづいて設立された国際組織である。政府間組織は、国家が単独で対処できない問題を国家に代わって解決するなど、国家の補完的役割を果たしている。

　政府間組織の例として、国際連合（UN）、ヨーロッパ連合（EU）、国際原子力機関（IAEA）、世界貿易機構（WTO）、北大西洋条約機構（NATO）、石油輸出国機構（OPEC）などがある。

　「国際連合（UN）」は、1945に設立され、世界の多数の国々が参加する普遍的国際組織である。国際連合の設立目的は、平和的手段や正義と国際法の原則によって、また集団安全保障などの集団的措置によって、国際の平和と安全を維持すること。次に、人民の同権及び自決の原則の尊重に基礎をおいて、諸国間の友好関係を発展させること。そして、経済的・社会的・文化的・人道的国際問題を解決するために、またすべての者の人権と基本的自由の尊重を促進するために、国際協力を達成することである。

　「ヨーロッパ連合（EU）」は、加盟国間の相互協力の強化を目指し、さらにヨーロッパの地域統合を目的として1993に設立された地域的国際組織である。現在、27か国がEUに加盟しており、イギリスの離脱があったものの、加盟国間の統合が次第に進展して、EUは政府間組織から超国家組織へと変わりつつある。

　「国際原子力機関（IAEA）」は、原子力の平和利用を促進するために1993年に設立された国際機構である。さらに、国際原子力機関

は、核不拡散条約（1968）の保障措置として、原子力の軍事的利用を阻止するために、各国の核関連施設へ査察をおこなう権限を持つ。イラク、イラン、北朝鮮などの核兵器開発の疑惑問題において積極的に活動した。

「世界貿易機構（WTO）」は、関税その他の貿易障壁を撤廃しまた輸入制限を軽減することによって、多国間の自由・無差別な貿易を促進することを目指して、1995年に設立された国連の専門機関である。同じ目的を持っていた「関税及び貿易に関する一般協定（GATT）」が発展強化されたものである。貿易上の紛争を解決するための「紛争解決機関（DSB）」および実質的な裁定をおこなう「小委員会（Panel）」が設置されている。

「北大西洋条約機構（NATO）」は、冷戦期において東側・共産主義陣営に対抗するために、アメリカと西ヨーロッパ諸国を中心として西側・自由主義陣営によって1949年に設立された集団防衛機構である。現在、NATOは、西ヨーロッパだけでなく東ヨーロッパ諸国にも拡大して、ヨーロッパにおける地域的な集団安全保障機構へと発展しつつある。

「石油輸出国機構（OPEC）」は、産油国が石油資源の保有・管理・処分に関する支配権を確立するために1960に設立した国際機構である。OPEC加盟国の原油生産量は世界全体の40〜50％を占めていることから、OPECは世界の石油の供給量や価格に強い決定権をもち、また「石油の禁輸政策」を通じて国際政治において大きな影響力をもつ。

第2に、「非政府組織（non-governmental organization：NGO）」とは、おもに開発・文化・教育・衛生・科学・技術・人権の分野において国連の経済社会理事会と協力して活動する民間の非営利的組織である。非政府組織は、国家や政府間組織が対応できない問題をそれらに代わって解決するなど、国家や政府間組織の補完的役割を果たしている。一般に、非政府組織は、国際的に活動する国際非政府組織（International non-governmental organization：INGO）の意味で使

われることが多い。そして、国内で活動する組織は、非営利組織（non-profit organization：NPO）と呼ばれることが多くなっている。

　非政府組織の例として、「赤十字社連盟、グリーンピース、アムネスティ・インターナショナル、国際オリンピック委員会」などがある。

　「赤十字社連盟」は、当初、戦時における傷病者を救護する目的で設立された組織であった。しかし、第1次大戦後は、平時における病院経営、疾病の救護・予防、衛生思想の普及などの人道的活動もおこなっている。

　「グリーンピース」は、環境（自然）保護と平和を願う市民の立場で活動する国際的な環境保護団体である。この組織は、「地球が多様性の中で生命を育む能力を確保する」ことを目的として、気候変動、森林伐採、乱獲、商業捕鯨、遺伝子工学、核兵器といった国際問題に取り組んでいる。

　「アムネスティ・インターナショナル」は、当初は、言論、思想、宗教、人種、性などを理由に不当に逮捕された人々である「良心の囚人」を支援・救済する目的で設立された。この組織は、現在では、国際法に則った難民の保護・救済活動、死刑・拷問の廃止、公正・迅速な裁判の実施、違法な処刑の阻止、人権擁護などを目指す運動をおこなっている。

　「国際オリンピック委員会」は、近代オリンピックを主催する団体であり、またオリンピックに参加する各種国際スポーツ統括団体および国内オリンピック委員会を統括する組織である。

　第3に、多国籍企業（multinational corporation：MNC）とは、本国を含む2ヵ国以上に生産・販売拠点を所有し、世界的規模で事業活動をおこなう巨大企業である。世界的に活動する多国籍企業の売上高は、中・小国家のGDPよりも大きく、各国経済に対して大きな影響力をもつ。多国籍企業は、現地国での投資の拡大や雇用の創出を促し、新しい設備や技術を現地国に伝える働きがある。他方で、多国籍企業は、強い競争力と資本力を有しているため、現地国の市場を独占

的に支配してしまう恐れがある。さらに、多国籍企業は、課税や用地などで自社に便宜を図るように、現地国政府に働きかける傾向がある。

多国籍企業の例として、ゼネラルモーターズ（GM）、フォード、エクソン石油、ロイヤルダッチシェル、IBM、国際電信電話会社（ITT）などがある。日本の企業として、トヨタ自動車、本田技研工業、日本電信電話会社（NTT）、日立製作所などがある。

第4に、超国家組織（supra-national organization）とは、複数の加盟国から構成されるが、主権国家に優位する権限と地位を持つ国際組織である。超国家組織は、他の国際組織と異なり、加盟国を直接に拘束する政治的・法的決定をおこなうことができる。

現在の国際社会において完全な超国家的組織は存在しないが、マーストリヒト条約（1991）やアムステルダム条約（1997）やリスボン条約（2007）の締結によって「ヨーロッパ連合（European Union：EU）」が次第にその政治的権限を強化・拡大して超国家組織に近づきつつある。しかし、ヨーロッパ連合には、いまだ政府間主義と超国家主義の要素が混在している。将来的には、ヨーロッパ統合はヨーロッパ連邦（合衆国）の形成へ進むと思われる。これまでの国家統合は軍事力によってなされたが、ヨーロッパ統合は平和的手段による国家統合であり、人類史上初めての実験である。

国際政治においては、上述したほかにも様々な国際行為体が活躍している。パレスチナ人の自治・独立を目指す「パレスチナ解放機構（PLO）」、北アイルランドの自治とアイルランドへの併合を目指す「アイルランド共和国軍（IRA）」、および南アフリカにおける黒人のアパルトヘイトからの開放を目指した「アフリカ民族会議（ANC）」などの国内における反政府組織が、国際行為体として活動していた。また、カナダからの独立を目指す「フランス系カナダ人」、またアメリカにおけるインディアンの人権回復や差別の撤廃を目指す「アメリカン・インディアン」などの国内の少数民族もある。そして、政府内の省庁が外務省を通さずに他国の政府または省庁と直接的に交流をお

こなう「省際外交」、また中央政府間ではない異なった国の地方自治
体同士による「自治体外交」などもおこなわれるようになった。

　現代、とりわけ第2次大戦後の国際政治においては、多くの非国家
行為体（政府間組織、非政府組織、超国家組織、多国籍企業など）が
国際社会の舞台に登場し、国際社会の様々な領域においてその活動を
拡大して重要な役割を果たすようになった。

b．脱国家的な関係の増大

　「脱国家的行為体（transnational actor）」とは、非国家行為体のな
かから政府間組織と超国家組織を除いた「民間の」国際行為体を指
し、非政府組織や多国籍企業などがこれに含まれる。こうした民間の
脱国家行為体は、経済・社会分野での交流を拡大し、政府間関係とは
別の国際交流のチャネルを、すなわち「脱国家的関係（transnational
relations）」を増大させていった。

　こうして、非国家行為体を含む国際行為体の数と活動が増加したた
め、また脱国家的関係を含む国際関係が増大したため、現代の国際関
係が国家や政府を中心とした従来の政府間関係から、より「複雑化・
多元化した国際関係」へと変容していった。

　そして、脱国家的関係が増大するとともに経済・社会的領域におけ
る対立や紛争が増加したため、これらの領域において解決すべき「新
たな国際問題（争点）」が顕在化しまた増大していった。例えば、
日・米間また欧・米間における貿易・経済摩擦や移民問題や国際犯罪
が増加していった。

　こうした問題は国家や政府が直接に関わらない経済・社会的領域の
問題であり、かつ多国間に跨がる国際問題であるため、国家が単独で
こうした問題へ対応することが困難となった。すなわち、国際問題に
対する「国家の問題解決能力が低下」することになった。

c．国内問題と国際問題の連繋

　他方で、非国家行為体を含む国際行為体の数とその活動が増加した

ため、そして脱国家的関係を含む国際関係が増大したため、国家間の経済・社会的領域の結び付きが深まり、「国内社会と国際社会が緊密」に係わるようになった。

　国内社会と国際社会の緊密化によって、国際的な問題が国内的な問題に影響を与え、また逆に国内的な問題が国際的な問題に影響を与えるようになった。すなわち、国際問題の国内化と国内問題の国際化という状況、すなわち「国内問題と国際問題の連繋（linkage）」が生じるようになった。例えば、日本の農業保護政策とアメリカの農業製品の輸出政策との対立、東アジア諸国の経済発展と日本の産業空洞化の発生、そして世界的な環境保護問題の国内産業への影響などが起こった。

　このように国内問題と国際問題のリンケージによって国内問題が容易に国際化するため、新たに国家間の対立を引き起こす国際問題や争点が増大した。また、国内問題が容易に多国間にまたがる国際問題となるため、関係諸国との協議や協力なしには、国家は自国の国内問題でさえ単独での解決が困難となった。すなわち、国内問題に対する「国家の問題解決能力が低下」することになった。

d．国家間の相互依存の深化

　国際関係の複雑化・多元化、また国内社会と国際社会の緊密化によって、「国家間の相互依存」が深まっていった。例えば、多くの国々が、食料、天然資源、エネルギー、資本、工業製品などを他の国々に依存するようになり、経済・社会的相互依存が深まった。また、様々な知識や情報や技術が世界の人々の生活において必要とされ、外国とのこれらの授受が不可欠であるため、知識・技術的相互依存も深まっている。さらに、戦争規模の拡大、兵器破壊力の増大、また地域紛争の増加によって、一国だけで自国の安全を守ることが困難となり、多国間協力による平和や安全の維持が必要となり、安全保障的相互依存が深まっている。

　こうした国際的相互依存の深化によって、国際関係に大きな変化が

現れ始めている。第1に、国家は他国に依存せずに自国だけで存続すること（自給自足）が困難となったため、「国家の自立性が喪失」しつつある。そして、国家はこれまで国境という固い殻に覆われていたが、その不浸透性が低下し、国家の境界が失われた「ボーダーレス（borderless）な世界」になりつつある。

　第2に、相互依存の深化によって、多国間に跨がる国際問題が増加したため、国家は自国だけの力ではこうした問題に対応できなくなった。すなわち、国際問題に対する「国家の問題解決能力が低下」することになった。例として、世界経済の維持・発展、南側諸国への開発・援助の在り方、累積債務の解決、資源・エネルギーの節約と確保、地域紛争の阻止、難民の保護、地球環境の維持・改善など国家が単独では解決できない多くの問題が存在する。

(2)　国際的相互依存の管理
a.　国際協調の必要性と相互依存の管理

　国家相互が他の諸国に依存している相互依存関係になると、ある国が他の諸国の立場や利益を無視した強硬な姿勢や一方的な行動をとった場合、相手国も報復としてこちらと同様な行動をとるため、現在の相互依存関係から得ている自国の利益を損なう恐れがある。したがって、こうした相互依存関係にある国家は、相手国に対して強硬な姿勢や単独行動をとることができなくなる。

　こうしたことから、相互依存関係にある諸国は国家間の問題解決のために関係諸国との協議や協力が必要となり、多くの国家は対外的な政策決定における「自律性を喪失」していった。例として、第4次中東戦争（1973）のとき、アラブ諸国に石油を依存している日本は、中東問題に関してアラブ側に配慮した行動をとらざるを得なかった。

　さらに、相互依存関係にある諸国は、相互依存から得られる利益を存続させるために、関係諸国が協力して相互依存関係を維持・管理する必要があった。そして、国際的相互依存を管理するために、国際行為体（国家）の行動を規制する共通ルールを形成（制度化）する必要

があった。

b．国際レジーム

　国際的相互依存を管理するための方法の一つは、「国際レジーム（international regime）」を形成することである。国際レジームとは、「国際関係の特定の領域において行為体の期待が収斂するところの暗示的もしくは明示的な原則、規範、規則、および政策決定手続きの総体」であり、国際的な政策協調を実現するための制度的枠組である。つまり、国際レジームは、相互依存を管理するための共通の規範・ルールの集合体である。

　このような国際レジームは、海洋・貿易・通貨金融・科学技術などの経済・社会領域において多く形成されている。国際レジーム論は、初期においては経済的・社会的相互依存を管理する機能が重視されていたが、その一般的な適用可能性によって、現在では国際安全保障など様々な分野に応用され、歴史的にも長期的な視点を取り入れたものになっている。

　一般に、国際レジームの形成に際して、「覇権国（hegemonic power）」が積極的役割を果たすことが必要とされる。そして、複数の領域に係わるレジーム、全世界的規模のレジーム、外交・安全保障領域に係わるレジームなど国家にとって重要な領域や国家間の利害対立が大きい領域において国際レジームを形成するためには、覇権国の強力なリーダーシップが必要となる。逆に、特定領域のレジーム、小規模なレジーム、経済・社会領域のレジームなど国家間の利害対立が小さい場合、必ずしも覇権国の存在は必要ではない。

　しかし、いったん形成された国際レジームを維持するために、覇権国のパワーが必要とされるかどうかについては、意見が分かれる。リベラリスト（自由主義者）によれば、形成された国際レジームは覇権国以外の諸国や国際社会に大きな利益を与えて独自の存在意義を持つため、これを維持するために覇権国のパワーは必要とされないと考えられる。リアリスト（現実主義者）によれば、形成された国際レジー

ムはその後も覇権国のパワーによって維持されているため、覇権国の
パワーが衰えれば国際レジームも崩壊していくと考えられる。

　覇権国は自国の利益追求のために国際レジームを形成し、そして覇
権国が国際レジームから最も大きな利益を得る。しかし、いったん形
成された国際レジームは、覇権国以外の諸国や国際社会全体が利用で
きる「国際公共財」としての性質を持つ。国際レジームが公共財とし
て当然視されるようになれば、覇権国だけでなく、国際レジームから
利益を得ている国々も積極的にレジームを維持しようと努力する。

c．国際制度

　国際社会においては、政府間組織や非政府組織などの国際組織、お
よび外交特権や相互主義などの非公式の国際的慣習（international
convention）なども国際レジームと同様の機能を果たすため、これら
国際組織と国際的慣習と国際レジームを合わせて、「国際制度
（international institution）」と総称する。

　共通のルールや規範の集合体である国際レジームが、軟らかい（弱
い）制度であるとすれば、統一的で強固な組織である国際機構は、硬
い（強い）制度であると言うことができる。そして、歴史的に形成さ
れた国家間の一般的慣行としての国際的慣習は、最も弱い国際制度で
ある。

　国際組織、国際レジーム、また国際慣習などの国際制度は、国家の
行動を規制する共通ルールを形成することによって、国家が単独では
達成不可能な「利己的利益の共通化」、つまり国家間の協力の契機を
与える。また、国際制度は、国家行動の影響やその相互作用からある
程度の自立性を有しており、国家行動を制約することによって国際協
調を容易にする機能を有している。

⑶　国際政治の変容

　現代国際社会とりわけ第 2 次世界大戦後の国際社会において、国際行
為体の多様化と増加、脱国家的な交流の増大、国内問題と国際問題の連

繋、そして相互依存の深化などによって国際社会が大きく変化したため
に、国際政治の基本的構造が変容しつつある。

a．国際政治における国際行為体の多様化
　　これまで国家は国際政治において中心的役割を果たしてきたが、国
　際関係の多様化・複雑化また多国間化によって国家は十分な役割を果
　たすことができなくなった。このため、国家は国際問題だけではなく
　国内問題の解決においても機能不全に陥っている。このように、国際
　政治における国家の地位が次第に低下している。
　　そして、非国家行為体が、国際関係において独自にまた国家や政府
　間組織を通じて政治的な影響力を行使するようになった。このよう
　に、国際政治における非国家行為体の影響力が次第に増大している。
　　政府間組織は、複雑化・多様化・多国間化した国際関係において機
　能不全をおこしている国家に代わって、国家間の利害対立を調整する
　場また国家間の共通政策を形成する場として重要な役割を果たすよう
　になった。また、冷戦の終了によって東西間の軍事的緊張が緩んだた
　め、これまで米ソの対立によって十分に活躍できなかった国連などの
　国際機関が、本来の果たすべき役割を果たすようになった。このよう
　に、国際政治における政府間組織の役割が、次第に増大している。
　　以上のように、現代の国際政治においては、活躍する国際行為体の
　多様化が進んでいる。

b．国際政治における争点の多様化
　　第2次世界大戦後、ヨーロッパにおける国際統合の進展、日本とア
　メリカの軍事同盟締結、先進主要国首脳会議（サミット）の開催、ま
　た国際的相互依存の深化によって、西側資本主義諸国間は平和で安定
　した関係にあった。さらに、冷戦の終了によって東西間の軍事的緊張
　が緩み、国際社会における安全保障的脅威が低下した。その結果、国
　際政治における安全保障問題の重要性が、次第に低下していった。
　　これとは逆に、国際関係の貿易摩擦の発生、金融恐慌の国際的波

及、また国際的相互依存の深化によって、経済・社会的領域における
国際問題が増大し、これらの問題の解決が国際政治における重要な課
題となった。すなわち、国際政治における経済・社会的争点とその重
要性が次第に増大していった。こうした争点の重要性が変化する現象
は、一般に「低次元政治（low politics）の高次元政治（high politics）
化」といわれる。ここで、高次元政治とは、高度に政治的判断を必要
とする争点を扱う政治であり、低次元政治とは、実務的に解決し得る
争点を扱う政治である。

　このように、現代の国際政治においては、解決すべき国家間の争点
が多様化していった。

c．国際政治における手段としてのパワーの多様化

　現代の国際政治においては、次のような理由によって、「軍事力の
有効性」が大きく低下した。第 1 に、現代の国際社会において、国際
貿易、通貨、金融、環境、難民などの軍事力によって解決できない経
済・社会的領域の国際問題が増大した。第 2 に、中東紛争（1948〜）、
ベトナム戦争（1965〜75）、アフガン戦争（1978〜89）、アフガン紛争
（2001〜　）、イラク戦争（2003〜2011）などで、軍事力がナショナリ
ズムを簡単に屈服させることができなかった。現代においては、イデ
オロギー・民族・宗教問題を解決する上で、軍事力があまり有効でな
いことが明らかになった。第 3 に、第 2 次世界大戦以前は、軍事力の
行使は国家の権利として認められていた。しかし、現代では、自国の
防衛以外また国連の承認のない軍事力の行使が、国際社会において非
正当なものと認識されるようになった。

　多様化・複雑化・多国間化した国際問題を解決するために「非軍事
的手段」による協調的解決が必要となった。問題解決のためには、国
家間（国際行為体間）における政策構想能力、利害の調整能力、国際
的指導力などの協調的な解決能力が重要となった。

　このように、現代の国際政治においては、行使される手段としての
パワーが多様化していった

d．国際政治における多国間協調の増大

　国際社会における脱国家的交流の増大、国内問題と国際問題のリンケージ、また国際的相互依存の深化によって、国際問題は多様化・複雑化・多国間化し、国家は単独で国内外の問題を解決することが困難となった。また、国際的相互依存の深化によって国家は他国に依存するようになり、自立性を喪失した。

　国家の問題解決能力の低下および自立性の喪失のため、国家の対外的自律性は低下し、国家間では多国間の国際協調にもとづく問題解決が必要となった。例えば、国際社会の全般的問題に関しては主要国首脳会議（サミット）、国連総会、欧州連合などが、経済的問題に関してはG7財務相・中央銀行総裁会議、世界貿易機構などが、安全保障問題に関しては国連安全保障理事会、北大西洋条約機構、欧州安全保障協力機構などが、環境・資源問題に関しては国連環境計画、環境と開発に関する世界委員会などが大きな役割を果たすようになった。

　上述したように、「無政府状態」であった従来の国際社会が、「国際的相互依存」の状況にある新たな国際社会へと変化してきた。この変化に応じて、「力の政治」であった従来の国際政治が、「国際協調の政治」である新たな国際政治へと変容していった。

第 2 部　国際政治学と国際政治理論

╔══════ 第3章 ══════╗

国際政治学と国際政治理論

⑴ 国際政治学

a．国際政治学

　国際政治学は、国際政治について研究する学問である。第1章で定義したように、国際政治とは、「国家（国民）間の政治」であり、「国際社会や国家集団（二国間や多国間）において、その構成国全体を規制するような統一的合意を創り出し、またその合意を執行する機能」である。したがって、国際政治学は、「国際社会（国家間）において統一的合意を創り出し、またその合意を執行する機能」について研究する学問である。また、次のような定義も可能である。

　国際政治学は、国際社会において生起する国際関係のなかの政治的現象を研究する学問、すなわち「国際政治現象そのもの」、または「国際関係で生じる現象の政治的意味合い」を研究する学問である。換言するなら、国際政治学は、国際社会において展開される相互作用のなかで政府間の直接的相互作用である政治的相互作用、または他の国際的相互作用であっても政府が関与することで政治化した相互作用について研究する学問である。

　国際政治学は、国際政治現象における国際行為体（国家）の行動と相互作用、およびそれらの果たす機能、さらに国際政治現象の全体構造を理解するとともに、それらの現象の社会的意義や価値を解明する学問である。

b．国際政治学における研究の過程

　国際政治の研究過程の始めは、国際政治現象の「現状の分析」であ

る。この分析作業の一つは「記述」であり、研究対象を構成する部分
や要素のなかから、国際政治現象を理解する上で重要なものを選択
し、そしてそれらを分類する。次の作業は「説明」であり、これらの
部分や要素を比較することによって、それらの間の重要な相関関係を
理解し、それらを意味のある関係として確定する。こうした説明に
は、国際政治現象が生起した原因と結果の関係を説明する「因果的説
明」、およびこの現象が目指した目的と手段の関係を説明する「目的
論的説明」がある。

　研究過程の第2は、国際政治現象に対する「評価」をおこなう。こ
の評価において、現状の分析にもとづいて国際政治現象が人間社会や
現代社会に対して及ぼす重要性や意味合いを確定する。

　研究過程の第3は、国際政治現象の「将来の予測」である。現状の
分析に基づいて、国際政治現象の将来の姿や方向性を推測する。

　研究過程の第4は、国際政治現象の改善のための「政策提言」であ
る。現状の分析に基づいて、国際政治現象の在るべき姿を構築した
り、またそれに到達するための処方箋や政策を提示する。

c．研究内容の質的区分

　国際政治学の研究内容の質的区分は、次の二つに分けられる。

　質的区分の第1は、経験的（事実解明的）研究である。この研究に
おいては、国際政治現象における実在・事実の領域の問題を、言うな
らば現象の構成要素やそれらのメカニズムを研究する。ここでは、国
際政治現象の有るがままの姿が研究対象とされる。

　質的区分の第2は、規範的研究である。この研究においては、国際
政治現象における理想・価値の領域の問題、言うならば現象の社会や
人間に対する重要性や意味合いを研究する。ここでは、国際政治現象
の有るべき姿、またその姿と現実の国際政治現象との乖離が研究対象
とされる。

26

d．研究者の研究目的

国際政治学における研究者の研究目的は、次の二つに分けられる。

研究目的の第1は、実証的研究である。この研究は、現実の国際政治現象を具体的、個別的に分析し、そこから帰納的に何らかの命題（結論）を導き出すような研究である。（例えば、歴史・事例研究などがある。）

研究目的の第2は、理論的研究である。この研究は、現実の国際政治現象から抽象的かつ一般的な命題やモデルを構築したり、またそれらを現実の現象に照らして検証したり、またそこから演繹的に様々なより個別的な命題（結論）を導き出すような研究である。

e．研究者の研究の観点（視点）

国際政治学における研究者の研究視点は、次の三つに区分される。

研究視点の第1は、現実主義（realism）である。現実主義においては、権力欲やその他の飽くなき欲求は人間に固有のものであり、こうした人間の本性を反映した国家間関係はパワーと国益を巡る不可避の闘争となると考える。この研究視点は、パワーと国益を巡る国家間の対立を不可避なものと見なすために、国際社会の平和は国家間のパワーの抑制と均衡に基づく相対的な安定や秩序のなかに実現されると期待する。また、現実主義においては、現実の国際政治現象のあるがままの姿を認識することに関心があったため、国際政治の現実の姿である権力政治を捉えることを重視した。このように、現実主義においては、国際政治の研究対象を主として国家、それが求める国益、そしてそれが行使するパワーにおいていた。

研究視点の第2は、自由主義（liberalism）である。この研究視点は、国際社会における非国家行為体による経済・社会的交流の増大は、各国に相互利益をもたらすので国家間の協力関係を増大させると考えている。そして、自由主義においては、共通利益に基づいて国家間の利害の調整と協力が可能であるから、究極的に国家間の平和的関係を築くことができると認識している。さらに、自由主義において

は、国家以外の多様な集団が国際政治に関与することによって、国家中心の「一元的」社会よりも、集団間のチェックとバランスが働くより安定した社会が得られるという「多元的」社会の考え方があった。

　研究視点の第3は、理想主義（idealism）であり、自由主義を極端に理想化した形が理想主義である。この研究視点は、人間の理性と良心およびそれに基づく人類の進歩と発展の可能性に対する信頼から、国際社会において普遍的な善や道徳を、さらに国家間の平和と協調を実現することができると考える。そして、理想主義においては、国際社会のあるべき理想の姿に関心があり、国際平和を導く国際法や道徳などの国際道義を重視した。さらに、理想主義においては、国家間の対立を究極的には調整可能なものとみなし、その仮定にもとづいて国際法や国際組織による国際社会の安定をめざしたため、国際政治の研究対象を主として国際法と国際機構に置いていた。

f．研究者の研究のアプローチ（研究手法）

　国際政治学における研究者の研究姿勢は、次の二つに区分される。

　研究のアプローチの第1は、伝統主義（traditionalism）である。伝統主義的アプローチでは、研究者の独自の省察を通して生まれた直観や思弁によって、研究対象の行動とその結果の意味を説明するという「解釈学」的な方法論をとる。このアプローチは、相手の文化様式や思考方式に訴えることで相手の了解を求めるという「印象記述」的な方法である。すなわち、このアプローチでは、政治・社会制度、法律、政治思想などの伝統的な立場から国際政治を分析する。

　研究のアプローチの第2は、科学主義（scientism）である。科学的アプローチでは、数理的・統計的な分析手続きを用いて、客観的で検証可能な仮説や法則を明らかにしようとする。このアプローチでは、仮説や法則を経験的・歴史的な事例を数多く用いて実証する。このアプローチでは、国際行為体の現実的行動を分析の対象とする。

g. 研究対象の空間的レベル

　国際政治学の研究対象は、その空間的規模や包括性によって、様々なレベルに分けられる。

　研究レベルの第1は、国際システム・レベルの研究である。このレベルでは、国際システムの全体構造、国際システムのパワー分布、国際システムの安定と不安定、国際秩序、世界システム、覇権システム、国際レジームなどの研究をおこなう。

　研究レベルの第2は、国家レベルの研究である。このレベルでは、国家や国民国家（その主権、国益、国力）、および国家間の相互作用（パワー関係、対立と協調、力の均衡、国際的相互依存、支配と従属、国内と国際政治の連繋、国際統合）などの研究をおこなう。

　研究レベルの第3は、国内レベルの研究である。このレベルでは、対外政策の決定過程、これに影響を与える政治組織（政府・省庁・政党・圧力団体）、政治制度、社会組織などの研究をおこなう。

　研究レベルの第4は、個人レベルの研究である。このレベルでは、対外政策の決定に影響を与える政策決定者の心理・性格・環境などを研究する。

＊これらの各研究レベルの相互作用は他の研究レベルの相互作用に相互に影響を与えているので、一つのレベルだけではなく、複数のレベルにおいて分析すべきである。

h. 国際政治学における研究の分野

　国際政治学の研究分野は、その研究対象によって様々な分野に分けられる。

　研究分野の第1は、政治的研究であり、最も重要な研究分野である。この分野では、国際政治の構成要素たる国際行為体の特徴、それらの相互作用の形態、国際政治が展開される国際システムの構造などを研究する。すなわち、先ず、国際行為体に関しては、国家や国民国家（それの有する主権、国益、国力など）、政府間国際組織、非政府国際組織〔NGO〕、また国家や政府の政策決定過程などの研究があ

る。次に、国際行為体の相互作用に関しては、国際行為体間のパワー
関係、対立と協調、力の均衡、支配と従属、国内と国際政治の連繋、
国際統合、国際的相互依存、国際レジームなどについての研究があ
る。さらに、国際システムの全体構造に関しては、国際システムのパ
ワー分布、国際システムの安定と不安定、国際秩序、覇権システム、
世界システムなどの分野の研究がある。

　研究分野の第2は、軍事的研究であり、国際平和、国際安全保障、
戦争や紛争、軍縮、および軍備管理などの国際政治化した軍事的関係
の研究をおこなう。

　研究分野の第3は、経済的研究であり、国際政治経済、経済・貿易
摩擦、途上国の開発・援助、南北問題、資源・エネルギー問題などの
国際政治化した経済的関係の研究をおこなう。

　研究分野の第4は、文化的研究であり、民族とナショナリズム、宗
教、イデオロギーなどの国際政治化した文化的関係の研究をおこな
う。

　研究分野の第5は、その他の社会的研究であり、地球環境、人権、
難民、人口などの国際政治化したその他の社会的関係の研究をおこな
う。

(2)　国際政治理論

a．国際政治理論の概念と役割

　国際政治理論は、国際社会において生起する国際政治現象を認識ま
た分析するための枠組（paradigm）であり、国際政治現象を統一的
に認識するための知識の体系である。この理論は、国際政治現象を認
識するための中心的な概念、およびこの概念を中心にして形成される
一般的命題（仮説）の論理的整合性をもったセットから構成されてい
る。そして、現実の社会現象はその構成要素が非常に多くまた複雑に
連関しているため、国際政治理論などの社会科学理論は、自然科学の
理論と比べるとその法則性・抽象性・体系性の点において、また一般
的な説明能力や予測能力の点において劣っている。

　国際政治理論の果たす役割として次のようなものがある。第1に、国際政治の具体的な事象を客観的に記述し、解釈し、説明し、さらに将来を予測することである。機能の第2は、国際政治を評価する基準としての規範や価値を提示することである。機能の第3は、政策決定者や国際行為体に実践的な行動の指針を与えることである。機能の第4は、国際政治理論は、研究者に個々の具体的な研究方法と知識の蓄積についての指針（方法論）を与える。ただし、それぞれの理論の果たす機能は、理論ごとに重点の置き方は異なっている。

　国際政治理論の形成過程は、次のようなものになる。第1に、現実の国際政治現象にもとづいて中心的な概念が模索・形成される。第2に、この概念を中心として命題（仮説）のセットが展開される。第3に、こうした概念や仮説が、再び現実の国際政治現象に照らして検証される。第4に、概念と仮説の定式化およびそれらの検証という繰り返しによって、より一般的で現実妥当性のある理論が完成されていく。

b．国際政治理論の種類

　国際政治学における理論は、その理論が研究対象に対する価値判断をおこなうか否かによって、経験的理論と規範的理論に分けられる。経験的理論は、国際政治現象における実在・事実の領域、すなわち国際政治現象の在りのままの姿を認識・説明する理論である。また、規範的理論は、国際政治現象における理想・価値の領域、すなわち国際政治現象の在るべき姿を認識・説明する理論である。

　国際政治学における理論は、その理論が研究対象の時間的経過を考慮するか否かによって、静態的理論と動態的理論に分けられる。静態的理論とは、国際政治における研究対象の時間的連続性を考慮せずに、ある特定時点における研究対象の状況を認識し、説明する理論である。動態的理論とは、国際政治における研究対象を時間的に連続する現象として捉え、時間的経過のなかでその対象を認識・説明し、また研究対象の時間的な経過にともなう変容を認識・説明する理論であ

る。

　国際政治学における理論は、その理論が対象とする空間的範囲にお
いてミクロ（微視的）理論とマクロ（巨視的）理論とに分けられる。
ミクロ理論は、国際社会や国際システムにおける個々の構成要素（国
際行為体）に焦点を当てて、構成要素の行動や相互作用を認識・説明
する理論である。言い換えるなら、それら構成要素の能動的・自律
的・主体的側面に焦点を当てている。国際政治学におけるマクロ理論
は、国際社会や国際システムの全体構造に焦点を当て、全体構造と
個々の構成要素（国際行為体）との関係、および全体構造自体の時間
的変動過程を認識・説明する理論である。言い換えるなら、マクロ理
論は、その全体構造が構成要素の行動や相互作用に与える影響、また
その全体構造のなかで構成要素が果たす機能などを説明しているた
め、個々の構成要素の受動的・他律的・客体的側面に焦点を当ててい
る。

(3)　国際政治理論における三つの基本的パラダイム

　国際政治学には様々な理論が存在するが、それらは国際社会に対する
「統一的な認識」や「世界観」の違いによって、次の三つの「パラダイ
ム（認識や分析の枠組）」に大きく分類される。

a. 現実主義〔国家中心主義〕パラダイム

　現実主義パラダイムにおいては、「国家」が国際政治における主要
で最も重要な「国際行為体」であると見なされる。また、国家は国際
政治において「一体性（単一性)」をもって合理的に行動する国際行
為体である。

　現実主義において、国家を中心とする国際行為体の「目的」とし
て、「軍事的安全保障」が最も重視される。国家の安全保障問題が経
済的・社会的利益よりも重要な争点である。それゆえ、国際政治にお
いては、安全保障問題を頂点とする争点の序列が存在する。

　現実主義においては、国家を中心とする国際行為体の「手段」とし
て、「軍事力」が最も重視される。軍事力は、国家を中心とする国際

行為体にとって、利用可能で最も効果的な手段である。

　現実主義においては、国際行為体間の「相互作用」は「政府間関係」を中心とする「権力政治的な対立」であると見なされている。また、国際政治においては、国家は自己の目的を最大化するように合理的に行動する。それゆえ、本来は国家にとってパワーは目的を達成するための手段であったが、強大なパワーを保有していれば容易に目的を実現できるため、パワーの保有自体が自己目的化してしまい、国家は自国のパワーのさらなる拡大を目指すこととなる。

　現実主義においては、国際政治状況の本質は「無政府状態（anarchy）」であると見なされる。このため、国際政治において、安全保障という国益を追求する「力の政治（power politics）」が展開される。ここでは、国家間の協調や統合がほとんど見られず、国家間の勢力均衡によってのみ国際政治の安定が維持されると見なされる。

b．自由主義〔多元主義〕パラダイム

　自由主義〔多元主義〕パラダイムにおいては、国際行為体として「国家」だけでなく、「非国家行為体」も重視される。現代国際政治においては、国家の他にも非国家行為体が登場して、国際行為体が多様化した。そして、政府間国際組織、非政府国際組織、多国籍企業などの非国家行為体は、国家に代わる重要な行為体となっている。また、国家は国内の様々な組織や構成要素からなる「複雑な集合体」である。さらに、国家から自立した非国家的行為体の存在や活動があるように、国家は常に一体性（単一性）をもって行動する国際行為体ではない。

　自由主義においては、国際行為体の「目的」として、「軍事的安全保障」だけでなく「経済・社会的利益」が重視される。現代の国際政治においては、これまでハイ・ポリティクスであった安全保障問題だけでなく、これまでロウ・ポリティクスであった経済・社会問題も重要な争点となり、「複数の争点」が存在しているため、争点の序列は存在しない。

　自由主義においては、国際行為体の手段として「非軍事的な手段」が重視される。国際政治における争点が多様化したため、軍事力の役割が低下した。安全保障以外の争点を解決するために、国際政治における政策構想能力、利害の調整能力、国家間の指導力などが重要となった。

　自由主義においては、国際行為体間の「相互作用」は「脱国家的・相互依存的関係」を中心とする「機能的・多元的な協調」であると見なされている。つまり、国際行為体間における争点の提起、およびそれらの利害調整や解決のための協調がおこなわれる。また、国際政治において、多様な国際行為体が争点領域ごとに自己の利益を最大化するように行動する。非国際行為体による脱国家的関係が増大し、国家中心の国際関係に大きな影響を与えていく可能性がある。

　自由主義においては、国際政治の本質は「国際的相互依存（international interdependence）」にもとづく「平和的秩序」であると見なされている。このため、国際政治は、「争点領域」ごとに国際行為体が異なる「多元的協調と相互依存的関係」の集合である。ここでは、国際的相互依存が国際レジームへ、さらに国際統合へと発展して行くと見なされる。

c．マルクス主義パラダイム

　マルクス主義パラダイムにおいては、国際行為体として国家行為体および国際組織や脱国家的行為体などの非国家行為体を認めるが、「資本主義世界システム」それ自体、またそのシステム構造が内部の国際行為体にいかに影響を与えるかということに焦点を当てている。国際政治において、特定の支配的な「国家、階級、またエリート」などの支配的集団が最も主要な行為体である。そして、他の国際行為体は、支配的集団がそれらを支配することによって資本主義世界システムから利益を得るためのメカニズムである。

　マルクス主義においては、国際行為体の目的として「資本主義的利益」が重視される。資本主義世界システムにおける資本主義的利益の

獲得が国際行為体の間の争点となる。

　マルクス主義においては、支配的集団が資本主義的利益の獲得を目指して「他の国家行為体また非国家行為体」を手段として用いると見なしている。

　マルクス主義においては、国際行為体間の相互作用は、「資本主義的支配・従属関係」にもとづく「経済的対立」であると見なされている。中心国の支配階級が、被支配階級や周辺諸国を資本主義世界システムのなかに組み込んでいき、資本主義的利益を搾取する。中心諸国間では、資本主義的利益の獲得を巡って対立や戦争が生じる。

　マルクス主義においては、国際政治の本質は、「資本主義的支配・従属関係」にもとづく「階層的（hierarchical）秩序」と見なされている。このため、国際政治において、国家や非国家行為体の支配・従属関係が構造化されており、国際行為体の行動は資本主義世界システムの全体構造によって大きく規定される。

　資本主義世界システムは、中心（先進工業諸国）と周辺（発展途上諸国）の間の支配・従属の構造となっている。ただし、このシステムを中核－準周辺－周辺という三層構造とする見方もある。また、国際経済的には、資本主義世界経済に基づく垂直的な国際分業体制が存在する。

```
┌──────────────┤ 第 4 章 ├──────────────┐
│                                        │
│                                        │
│         国際政治理論の発展              │
│                                        │
│                                        │
└────────────────────────────────────────┘
```

(1)　**国際政治理論の発展前史**

　a．第 1 次世界大戦以前の研究状況

　　第 1 次世界大戦以前の国際状況は、ヨーロッパ諸国・米国・日本な
どの列強諸国が、バルカン半島の支配権やアジア・アフリカの植民地
の再分割をめぐって権力政治的な対立を繰り広げていた帝国主義の時
代であった。対外的な国益（national interest）を追求する外交は、
非常に高度で複雑な政治的判断を必要とし、国民一般の理解を越える
ものと認識されていた。このため、外交はひと握りの政治家や外交官
の手に委ねられていた。

　　この時期の国際政治研究の多くは、外交史（Diplomatic History）
の研究であった。外交史は、歴史上の事件をできるだけ詳しく叙述し
ようとする研究手法であり、近代ヨーロッパに成立した主権国家間に
おける外交関係を歴史的に記述するものであった。

　　この時期は、地政学（Geopolitics）の発展も見られた。地政学は国
家の安全保障やその政策の在り方を地理学と結び付けて考察する学問
であり、国土の地理的位置、地形、人口、生産力、天然資源、交通路
などの地理的な諸条件を国家の防衛や生存のために極めて重要な要素
であると考える。国家の領土拡大や生存圏の確保を重視する大陸国家
系の地政学者には、チェレン（Rudolf Kjellên）やハウスホーファー
（Karl E. Hausfoffer）などがいる。

　　大陸国家の勢力の拡大を海洋国家群の協力によって阻止することを
重視する海洋国家系の地政学者には、マハン（Alfred T. Mahan）や
マッキンダー（Halford J. MacKinder）やスパイクマン（Nicolas J.

Spykman）などがいる。

b．マルクス主義的帝国主義理論

　マルクス主義（Marxism）理論の基本的な特徴は、次のようなものである。マルクス主義の史的唯物論によれば、人間社会の歴史的発展は、生産力と生産関係の矛盾を解消しようとする階級間の闘争であり、それらの革命的交替であると捉える。それゆえ、マルクス主義においては、国際政治とは、下部構造である資本主義的世界経済における矛盾が上部構造へ発現した形態であると見なされる。このため、国際政治とは、抑圧する支配階級・戦争勢力と抑圧される階級・人民・民族との間の国際的な階級対立であり、また支配階級の道具としてその利益を代弁する国家間の闘争であると規定される。これに対抗するために、マルクス主義は、国際プロレタリアートと社会主義諸国と平和愛好勢力とが連帯することによって、全世界を社会主義体制へ移行させ、そこで最終的に正義の達成と自由の回復と平和の実現を目指すことを構想している。

　ウラジーミル・レーニン（Vladimir I. Lenin）は、列強の帝国主義的政策によって第1次世界大戦が勃発し、そしてこれを契機として社会主義者や労働運動が分裂したことに危機感を持った。このとき、レーニンは『帝国主義論』を著し、帝国主義を経済的視点とりわけ資本主義との関連で説明しようとした。レーニンは、帝国主義を資本主義の最高度に発展した独占資本主義であると見なしている。彼によれば、帝国主義は、資本主義の独占段階のトラストおよび銀行資本と産業資本の融合した金融資本による経済支配が成立し、商品輸出よりも資本輸出が顕著な意義を獲得し、国際トラストによる世界の分割が始まり、そして最大の資本主義諸国による地球上の領土分割が完了したものである。それゆえ、資本主義に内在する生産手段の私的所有と生産の無政府性のために大国間の資本主義の不均等発展は避けられず、この矛盾から植民地と世界市場の再分割を巡る帝国主義戦争が不可避となる。

c．1920年代の理想主義理論

　ヨーロッパ諸国に大きな荒廃をもたらした第一次世界大戦は、戦争と平和の問題を解明する必要性を痛感させ、国際政治学の発展を大きく促す契機となった。そして、第1次世界大戦後に、国際政治は職業外交官の手に委ねるべきだという認識、また戦争は職業軍人のみに関係のある事態だとする認識は批判され、国際政治を民衆の手に取り戻そうとする運動や、国家間の秘密条約に反対する国際的世論が沸き立った。

　この時期の国際政治の研究は、人々の「平和への願望」という極めて現実的な要求から生まれものであるが、学問的には国際社会に平和をもたらす国際的道義や善を達成する「理想主義（idealism）」的なものとなっていった。理想主義は、人間の理性と良心およびそれにもとづく人類の進歩と発展の可能性に対する信頼から、国際社会において普遍的な善や道徳を、さらに国家間の平和と協調を実現することができると考える。戦間期の理想主義者には、ウイルソン（Thomas Woodrow Wilson）やクロウド（Inis L. Claude）がいる。

　国際政治の研究においては、法律主義的・道徳主義的アプローチが重視され、国家間の対立を調整し、また国際協調を導くための「国際法や国際機構論」、さらには「世界政府論」が主張された。研究の方法論は、法的手続きや機構・制度にもとづくものが中心的地位を占めるようになり、国家の対外行動も国際法の原則に照らしてその是非が論じられる法律主義的アプローチが主流であった。国際法や国際機構論は、「国際協調」や「国際道義」を重視するため、現実の政治力学から遊離し、理想論に終始する傾向があった。

d．1930年代の現実主義理論

　第1次世界大戦後、1929年の世界恐慌を契機として国際経済はブロック化の道を歩み始め、列強諸国間の対立が激しくなっていった。国際連盟は、満州事変やエチオピア侵略戦争などに効果的な対処ができず、厳しい現実政治の前にその無力さを露呈しはじめた。このよう

なドイツのナチス、イタリアのファシズム、日本の軍国主義の抬頭という状況のもとで、1930年代の国際社会においては、「パワー・ポリティクス（権力政治）」的側面がとくに強調されるようになった。

こうしたなかで登場した「現実主義（realism）」は、これまでの理想主義が国家間の協調による世界平和の実現に重点をおくのに対し、アナーキーな国際社会において安全保障という国益を追求する力の政治として国際政治を捉えた。

この時代の著名な研究者として、次の二人がいる。フレデリック・シューマン（Frederick L. Schuman）は、1933年に『国際政治学（International Politics）』を著したアメリカの国際政治学者である。彼は、国際社会は権力の論理によって動く「不信の体系」であり、国際政治は権力闘争の場であるとの見方を強調し、そして理想主義に対して厳しい批判を加えた。彼は、国際社会の特質を勢力（パワーやイデオロギー）と形式（法的規範と枠組み）とに分け、前者を分析の中心においた。彼は、現代国際社会を理解する最良の方法は歴史的かつ文化的発展過程を知ることであると主張した。そして西欧・キリスト教文明という均質性を背景に、主権を相互に尊重する複数の国家が、国際法という基本的ルールを守りながら、力の均衡によって共存をはかろうとする国際政治体系である西欧国家体系（western state system）という概念を国際政治の分析の基本的枠組として導入した。

エドワード・カー（Edward H. Carr）は、イギリスの歴史学者・国際政治学者であり、1940年に『危機の20年（The Twenty Year's Crisis, 1919 - 1939)』を著した。彼は、国際関係の現実における権力の重要性を指摘し、国際的危機の根源を権力的要因から分析した。彼は、他方で、国際政治における「道義」的要素も認めて、現実主義と理想主義の前者に比重を置いた形での統合を主張した。また彼は、国際政治における「経済」の重要性を指摘し、そして権力を軍事力だけでなく経済力や世論を含むものと見なすなど、国際関係を複合的・総合的に捉えようとした。

⑵　**現実主義**

　a．戦後の現実主義理論

　　第 2 次世界大戦後の現実主義（realism）は次のような成立背景を
有する。戦後の世界は米ソを中心として東西両陣営にわかれる冷戦時
代となり、パワー・ポリティクス（権力政治）的国際政治が展開され
ていった。戦後世界の指導的役割を果すことになったアメリカを中心
にして、国際政治研究の多くが冷戦という状況下での国家行動の解明
に関心を向けていった。

　　現実主義の国際政治観は、次のようなものである。すなわち、国際
社会は中央政府が存在しないアナーキー（無政府状態）であり、軍事
力を中心とする国家のパワーが国際政治において重要な役割を果た
し、そして国際政治においては国家間の権力政治的な対立が展開され
る。また、現実主義理論は、統一された単位としての国家が国際政治
における主要な国際行為体であり、国家は自己のパワーの最大化をは
かるとると見なしている。そして、現実主義は、国際政治における争
点にはヒエラルヒーがあり、軍事的安全保障の問題がその上位を占め
るとみなしている。

　　現実主義は次のような方法論を用いる。現実主義は、研究者の直観
的かつ経験的な記述方法を用い、多様な説明要因を用いることによっ
て、また明確な概念を使用することによって国際政治を一般化また体
系化しようとする。ただし、現実主義は、その説明があまりにも包括
的かつ一般的でありすぎるため、厳密な検証になじまないという批判
がなされている。

　　現実主義理論が登場した意義は、次のようなものである。現実主義
は、国際社会における法や制度の改革によって国際政治のあり方を変
化させることができるとする理想主義の立場を否定した。そして現実
主義は、第 2 次世界大戦後における国際政治の現実、すなわち東西両
陣営間の権力政治的な対立を描きだし、また冷戦下でのアメリカの果
たすべき役割を提示した。現実主義の立場をとる研究者には、モーゲ
ンソー（Hans J. Morgenthau）、ケナン（George F. Kennan）、およ

びキッシンジャー（Henry A. Kissinger）などがいる。

b．モーゲンソーの権力政治論

　ハンス・モーゲンソー（Hans J. Morgenthau）は、1948年に『諸国家間の政治（Politics Among Nations)』を著したアメリカの代表的現実主義者であり、以下のような学説を展開した。

　モーゲンソーは、従来の時事解説的な研究方法を批判し、国際政治学は個々の現象の分析に止まるべきではないとした。そして、彼は、多様で複雑な国際政治現象を「権力政治モデル」という一つの分析枠組を通して説明しようとした。また、国際政治学においては、独自の事柄の集積に見える国家間関係といえども一定のパターン化や一般化が可能であり、国際政治学において一般的な命題のセットとしての一般原理を構築しようとした。

　モーゲンソーの国際政治観は、次のようなものであった。総ての人間には、他人の精神と行動に対する心理的な支配を意味する「権力への欲求」が本能の一つとして遍在する。そのため、政治の本質と目的は他人を支配しようとする権力闘争であり、その究極的目的が何であれ、その達成に必要な「パワーは直接目的」である。国内で権力欲を充足させることのできない人々は、自己を国家と一体化させて、自国が国際社会において権力欲を発揚させることを代償的に求める。中央政府も道徳も存在しない国際社会においては、国家の権力欲の自由な発揚が可能となり、国際政治は国家間の権力闘争の場となる。このように、モーゲンソーは、国際政治を、「パワーとして定義された国益（interest defined as power)」を求めての国家間に展開される権力闘争と捉えた。こうした国際政治において、「勢力均衡（balance of power)」は、国家相互の死活的利益を維持し、国際政治に安定をもたらすために不可欠なものである。

　しかし、モーゲンソーの国際政治理論には、いくつかの問題点がある。彼の理論は、その取り扱う範囲が著しく広く、そこで用いられるパワーや国益などの基本的概念は十分に明確なものではなく、また彼

の提示した命題についても必ずしも一般的な合意を得ているものでは
なかった。

c．核抑止論

　核抑止（nuclear deterrence）論が成立する背景には、次のような
ものがあった。冷戦初期から、米ソ間の核軍拡競争が展開されたた
め、この現実の国際政治の展開に対応して従来の勢力均衡論が核抑止
論に発展することになった。すなわち、核兵器を中心とした新たな兵
器システムが冷戦下において構築されるなかで、核抑止論は国家の安
全保障政策の形成にとって必要不可欠なものとなっていった。

　核抑止論は次のような特徴を有する。核抑止論の多くは、ゲーム理
論や合理的行為モデルを理論的な基盤として用いており、核抑止の理
論的定式化、新たな軍事システムが抑止に及ぼす影響、国家の安全保
障をできるだけ確実なものとすると同時に核戦争の発生の可能性をで
きるだけ抑止するための戦略などについて研究がなされた。すなわ
ち、核抑止論は、敵の攻撃や侵略に対して核兵器による報復をおこな
うという威嚇によって、敵の攻撃や侵略を未然に防止（抑止）するこ
とを前提としている。このため、核抑止理論においては、十分な報復
能力（第二撃）を維持するために、核兵器の破壊力の増強とその残存
性の向上が図られる。ただし、現実の国際政治において戦力の質や国
家目的が非対称な場合、抑止力が実際に作動するどうか疑問であり、
抑止論の有効性は明白ではない。

　核抑止論の立場をとる研究者として、カウフマン（William W.
Kaufmann）、カーン（Herman Kahn）、テーラー（Maxwell D.
Taylor）、シェリング（Thomas C. Schelling）などがいる。なかで
も、シェリングは、1960 年に『紛争の戦略（The Strategy of
Conflict）』を著したアメリカの著名な戦略研究家である。彼は、ゲー
ム理論にもとづいて核時代における戦略論を展開し、「恐怖の均衡」
など核抑止のメカニズムに焦点を当てた様々な核抑止の命題を提示し
た。また、彼は、個人から国際システムにいたる様々なレベルにおけ

る紛争の戦略の理論的基礎を提供した。そして、彼は、限定戦争の制御を理論化し、限定戦争が全面戦争への引き金となり得るエスカレーションの発生についても論じた。

(3)　国際統合論

a．国際統合論

　国際統合（international integration）論が成立する背景には、次のようなものがあった。第2次世界大戦によって国土や社会が荒廃した西ヨーロッパ諸国は、米ソの拾頭によってヨーロッパが没落の一途を辿るのではないかという危機感を強く持ち始めた。そして、超大国となった米ソに対抗して強いヨーロッパを再建しようとする意識が、ヨーロッパにおける統合運動の推進力となっていった。そして実際に、1952年にヨーロッパ石炭鉄鋼共同体（ECSC）、1958年にはヨーロッパ経済共同体（EEC）およびヨーロッパ原子力共同体（EURATOM）が設立され、ヨーロッパの地域統合が著しく進展した。この地域統合は、近代以降、長年にわたって敵対関係にあったフランスとドイツが強固で永続的な協力関係を確立したという点で画期的な出来事であった。

　国際統合理論は、こうしたヨーロッパの国際統合現象に注目して、1950年代末以降、アメリカを中心に発展した理論であり、自由主義理論の「先駆け」となる国際政治理論である。この国際統合理論には、新機能主義学派と交流主義学派の二つの学派がある。国際統合理論は、経済・社会領域における国境を越えた交流の増大、そして価値や利益の共有の拡大にもとづく国際社会の組織化や制度化によって、国家間の利害の調整と平和の実現が究極的に可能であると主張する。国際統合論の著名な研究者として、ミトラニー（David Mitrany）、ハース（Ernst B. Haas）、ドイッチュ（Karl Deutsch）などがいる。

b．新機能主義理論

　新機能主義（neo-functionalism）の理論は、以下のような特徴をも

つ。新機能主義は、主権国家は安全保障のための組織であり、こうし
た国家からなる国際システムは「潜在的戦争システム」であると捉え
る。そして、安全保障以外の様々な民衆の必要性や利益は、国家や政
府に基礎をおかない機能的な国際組織によって得られると考える。そ
して、そうした国際組織の増大は「潜在的戦争体系」である国際シス
テムに対して「事実上の平和体系」の要素を拡大させると考える。そ
して、この事実上の平和体系が、人々の国家に対する忠誠心を徐々に
変化させ、究極的には国際システムそのものを変化させると予測する
のである。とりわけ、新機能主義は、異なる国家の政治的エリート
が、その忠誠心や期待、政治的活動の場を国家よりも優越した権限を
有する新たな超国家的機構に移していく過程として政治統合が位置づ
けられる。

　新機能主義は、国際社会においてある地域での経済・社会などの
「非政治的領域」における国家間協力が拡大・深化していけば、この
国際協力が隣接する領域へと波及していく。結果として、この国際協
力が政治・外交的な協力の制度化につながり、さらに政治的統合や
「超国家的共同体」の創設にいたるという仮説、すなわち波及効果
（spillover）仮説を提示する。新機能主義の理論は、現実の国際政治
に適用可能であるとして、ヨーロッパだけではなくラテン・アメリカ
やアフリカの地域統合にも応用された。また、地域の統合が進めばそ
の地域における平和が達成され、そのような地域ごとに培われた平和
は究極的にグローバルな平和の構築に貢献することになると論じた。

　新機能主義の著名な研究者にエルンスト・ハース（Ernst B. Haas）
がいる。ハースは、1958 年に『ヨーロッパの統一（The Uniting of
Europe）』、また 1964 年に『国民国家を越えて（Beyond the Nation-
State)』を著したアメリカの国際政治学者である。彼は、法律的・政
治的類似性や文化的一体性を背景とする経済的機能を中心とした国際
統合こそが、政治的統合にいたる可能性が高いと主張する。彼は、経
済・社会領域における統合が進展すれば、その波及効果によって政治
的統合が促進されると論じた。

　c．交流主義理論

　　交流主義（transactionalist）の理論は、以下のような特徴をもつ。交流主義は、機能的な国際組織よりも、国際社会における多様な形でのコミュニケーションやトランズアクション（人、物、金、情報、思想などの相互交流）に焦点を当てる。交流主義においては、相互交流の増大は人々のアイデンティティを変化させ、共通の目的意識を育成し、最終的には価値観を共有する共同体意識にまで発展させると考える。すなわち、国家間の相互交流が増大した場合、国家主権や国家間システムは維持されるにしても国家の間には相互に責任のある対応が期待される。それゆえ紛争がおきた場合でも軍事力の行使はその正統な解決手段とは考えられず、国々が戦争の準備をする必要のない状態である「多元的安全保障共同体」が出現すると予測する。1950年代の冷戦期において、交流主義者の言う安全保障共同体とは現実的には北大西洋条約に基づく大西洋共同体であり、そこで共有される価値は政治・経済的自由であり、またソ連に対抗して大西洋同盟を拡大するという考をもっていた。

　　交流主義の著名な研究者としてカール・ドイッチュ（Karl Deutsch）がいる。ドイッチュは、1957年に共著で『政治的共同体と北大西洋地域（Political Community and the North Atlantic Area)』、また1968年に『国際関係の分析（The Analysis of International Relations)』を著したアメリカの国際政治学者である。彼は、コミュニケーション論、サイバネティクス、計量分析などの行動科学的手法を駆使して、パワー、ナショナリズム、国際統合理論などを研究した。彼は、国家間の相互交流の増大によって安全保障共同体が確立され、戦争の可能性がない国際統合が可能となると主張した。

⑷　**行動科学的アプローチ（方法論）**

　a．行動科学的アプローチ

　　行動科学的（behavioral science）アプローチの一般的特徴は、以

下のようなものである。行動科学的アプローチは、1950 年代の初め、アメリカを中心として社会科学一般において急速にひろまった。このアプローチは、ある事象の全体を研究対象にするのではなく、観察可能な具体的行動に関心を向けて、計量的・数理的手法にもとづいて、検証可能な仮説を導き出す。このアプローチは、統計的手法を用いるために絶えず研究が再現可能であり、また数多くの事例を分析対象にとり上げるために、研究の一般化の精度と予測可能性を高めることができる。

　行動科学的アプローチの問題点は、以下のようなものである。行動科学的アプローチは、分析方法の厳密さを重視するあまり、観察可能な限られた要因しか考慮に入れないため、研究の領域が極端に限定され、また説明の仕方が機械的で部分的なものになる傾向がある。このアプローチは、価値、文化、歴史的文脈といった計量不可能な要素を無視する傾向があり、また人間をふくむ行為体をあまりにも均質的に取り扱うために、研究対象となる個々の諸要素の相違を無視してしまう傾向がある。1960 年代後半以降、現実の国際関係を規定する諸要因が複雑さを増すにつれて、研究者の間でこのアプローチの有効性に対する批判が高まり、「脱行動主義（post-behavioralism）」をめざす動きが強まっていった。

b．国際政治における行動科学的アプローチ

　国際政治学において行動科学的アプローチが成立した背景は、以下のようなものである。歴史的・制度的分析に基づき、また直観的、経験的、かつ思弁的でもあった現実主義理論は、行動科学的アプローチをとる研究者によって、その理論的な整合性および実証性の欠如を問題視されるようになった。冷戦と核時代の到来を背景にして、人々の間で平和に対する重要性の認識がますます強まったため、国際政治学者だけではなく経済学や社会学や数学などの研究者が国際政治の分析に向かうようになり、彼らの行動科学的アプローチが必然的に国際政治学に導入されていった。行動科学的アプローチは従来のアプローチ

と大きく異なるため、国際政治学の研究方法論としての伝統主義と科学主義の有効性を巡って、1960 年代に大論争がおきた。

　国際政治学における行動科学的アプローチの特徴は、以下のようなものである。行動科学的アプローチは、他の社会科学の分野において成功した科学的アプローチを国際政治学に導入することによって、より客観的に国際政治現象を分析し、さらに一般的・客観的な仮説や法則を求めようとする。このアプローチには、科学的・客観的な分析を通して、人間社会の目的を達成する手段を得ることができるという社会工学的な考え方があった。このアプローチは、当時、国際政治学において支配的であった現実主義的研究のなかで多く利用されたが、国際統合論などの自由主義的研究にも広く応用された。

c．国際政治学における行動科学的アプローチの区分

　国際政治学における行動科学的アプローチのひとつとして「数理的モデル」がある。数理的モデルは、経済学で開発されたゲーム理論などの数理モデルを国際政治分析に適用したものである。経済学者であるボールディング（Kenneth E. Boulding）やシェリング（Thomas C. Schelling）などは、ゲームの理論などの数理モデルを駆使することによって、国際政治における紛争、戦争、軍備競争などについての一般的な理論を構築しようとした。数学者また心理学者であるラパポート（Anatol Rapoport）は、様々な数理モデルを使って国際政治における紛争のメカニズムを明らかにし、その解決策を求めようとした。また、ラパポートは、次の節でも述べる様に著名な平和研者でもある。

　行動科学的アプローチの一つとして「国際システム論」がある。国際システム論は、システム論的アプローチによって国際政治を分析しようとするものであり、国際政治システム内における国際行為体の間の相互作用や力の構造という全体的特徴を解明しようとする。国際システム論では、国際政治における国家行動を含む様々な現象が国際システムの全体的構造によって規定される部分が大きいと考えている。

　モートン・カプラン（Morton A. Kaplan）は、システム論的な分析手法を国際政治学に導入して、国際システム内の極の数によって国際システムを類型化しようとした。ドイッチュ（Karl Deutsch）とシンガー（J. David Singer）は、国際システムにおいて強力なパワーを有する国家（国家集団）が数多く存在している場合、すなわち「多極システム（multipolar system）」となっている場合に、国際システムは安定しているという「多極安定論（multipolar stability theory）」を主張した。そして、ウォルツ（Kenneth N. Waltz）は、国際システムにおいて強力なパワーを有する国家または国家集団が二つ存在している場合、すなわち「双極システム（bipolar system）」となっている場合に、国際システムは安定しているという「双極安定論（bipolar stability theory）」を主張した。

　心理学者であるゲッツコウ（Harold Guetzecow）は、心理学的手法と国際システム論を合わせたようなシミュレーション・モデルを構築することによって、国際政治を分析しようとした。ローズクランス（Richard A. Rosecrance）やホルスティ（Kalevi J. Holsti）もシステム論を用いて、国際関係の様々な要因の相互連関をマクロ的視点から把握し、一般的で包括的な国際政治理論を構築しようとした。

　「統計的アプローチ」も行動科学的アプローチのひとつである。統計的アプローチでは、国際政治理論から一定の仮説を導き出して、経験的データに基づいてこの仮説を検証するという方法をとる。このアプローチを用いて、ドイッチュ（Karl W. Deutsch）は国家間の統合と平和の拡大との相関関係を北大西洋地域における諸国家をモデルとして検証した。スィンガー（Joel D. Singer）は、国際政治を意思決定・国家・国際システムという三つのレベルに区分し、それぞれのレベルにおけるアクターの相互作用を、計量的に分析した。さらに、彼は、力の分布と戦争との相関に関する権力政治的な仮説を計量的に検証した。また、ローズノウ（James N. Rosenau）は、国内政治と国際政治とのリンケージを計量的に分析した。こうした統計的アプローチは、国連における投票行動の分析、その国が置かれた政治・外交・

48

文化などにおける他国との関係性（距離）とその国家がとる行動についての「場の理論（field theory）」、また国家が実際に有する国力の大きさと国際社会におけるその国家の序列との間に整合性がない場合に、その国家がとる行動についての「国格理論（rank theory）」などの検証に適用された。

(5) 平和研究

a. 平和研究の理論

国際政治学において「平和研究（peace research）」が成立した背景は、以下のようなものであった。1960年代においては、冷戦における核軍拡競争が激化し、米国がベトナム戦争へ本格的に介入し、また第三世界における開発や貧困の問題が増大していた。国益と勢力均衡の重視、また冷戦志向という現実主義の規範に反対して、平和という全人類的価値を重視する研究が模索された。

国際政治学における平和研究の特徴は、以下のようなものであった。理想主義者が国際的な法や制度の改革によって平和を実現することを目指したのとは異なり、平和研究者の多くは、現実の権力政治のメカニズムを科学的・客観的に解明することによって権力政治の枠組のなかで平和を達成するための方法を示すことができると考えた。また、平和研究は、暴力や戦争の回避と平和の実現を目的にあげている点で規範的であるが、その目的のために厳密な社会科学分析が必要であるとする点で、方法論的に経験主義また実証主義の立場に立っている。この研究では、平和の実現を目的とするため、核戦争の防止・東西の緊張緩和・暴力的紛争の解決などの問題に研究の焦点が向けられた。そして、平和研究では、社会のなかに構造化された「構造的暴力（structural violence）」という視点から、第三世界における経済の不均等発展と貧富の差の拡大、政治的自由の抑圧と権威主義的支配、そして軍事化と地域紛争の危険性という三つの問題が相互に深く関連していることが示された。

b．平和研究者

　平和研究における著名な研究者の一人にヨハン・ガルトゥング（Johan Galtung）がいる。ガルトゥングは、ノルウェーの社会学者かつ数学者であり、1950年代に平和研究の分野を切り開き、紛争問題の専門誌である『紛争解決ジャーナル（Journal of Conflict Resolution）』などで、優れた多くの研究を発表した。彼は、暴力は人間の潜在的な自己実現の可能性を阻害して、貧困・不平等・餓死・抑圧・疎外を生み出すと考え、さらにこうした社会的価値の配分の不平等や社会正義の欠如が社会のなかに構造化されたものを「構造的暴力」と呼んだ。そして、彼は、平和という状態を、単に戦争などの直接的・物理的暴力の存在しない状態（消極的平和）としてだけではなく、貧困や人権の抑圧や社会的不公正などの構造的暴力も存在しない状態（積極的平和）として捉え、後者の重要性を主張する。

　ケネス・ボールディング（Kenneth E. Boulding）も、優れた平和研究者の一人である。ボールディングはアメリカの経済学者であるが、文明論・進化論・平和研究・システム論などの多岐にわたった学際的な研究活動を展開した。彼は、ミシガン大学の「紛争解決研究センター」を創設し、『紛争解決ジャーナル』を創刊するなど、アメリカにおける平和研究の創始者である。彼は、ゲーム理論などの経済学理論を国際紛争の解決に応用して「紛争の一般理論」を構築しようとした。

　平和研究の研究者の一人にアナトール・ラパポート（Anatol Rapoport）がいる。ラパポートは、ロシア系アメリカ人の数学者かつ心理学者で、ボールディングと協力してアメリカの平和研究を発展させた。彼は、ゲーム理論の専門化であり、「囚人のジレンマ（Prisoner's Dilemma）」モデルによって核抑止理論が平和を保障し得ないことを論証した。彼は、『闘争、ゲーム、および論争（Fights, Games, and Debates, 1960）』や『戦略と良心（Strategy and Conscience, 1964）』などによって現代の核抑止を中心とする戦略論を批判した。

　チャールズ・オズグット（Charles E. Osgood）も平和研究におけ
る著名な研究者の一人である。オズグットは、1962 年に『戦争か降
伏に代わる代替策（An Alternative to War or Surrender)』を著し
て、東西間における「緊張緩和の段階的交換（GRIT）」を主張し、以
下のような理論を展開した。囚人のジレンマ状況にある国家間関係に
おいて緊張緩和を進めるためには、どちらか一方が、損失を被る覚悟
で一方的に協調行動をとり、相手も協調行動をとるように促すことが
必要である。もし相手が背信行為をとったならば、こちらも報復とし
て背信行為をとり、その後に再び協調行動をとるようにする。もし相
手が協調行動をとるならば、こちらは一層協調的な行動をとってい
き、相互協調の状況を拡大していく。オズグットの GRIT はヨーロッ
パにおける東西間の緊張緩和のために応用され、1975 年にヨーロッ
パ安全保障協力会議（ヘルシンキ会議）の開催を導き、さらにその後
のヨーロッパにおける緊張緩和を促していった。

(6)　自由主義（多元主義）

ａ．自由主義理論

　第 2 次世界大戦後の国際政治において、「自由主義（liberalism）理
論」が成立した背景は、以下のようなものであった。冷戦期の 1950
〜60 年代において、国際政治の重要問題は東西両陣営間の政治・軍
事的な対立であった。他方、国際経済の分野では強大な米国の覇権に
よって IMF・GATT 体制（ブレトゥン・ウッズ体制）が構築され、こ
の安定した体制の下で世界経済は希にみる発展をなし遂げた。1960
年代末からのデタントの進行は、東西陣営の対立という冷戦状況を掘
り崩していった。さらに、中華人民共和国の国連復帰とそれに続く米
中接近や日中国交正常化などが実現することによって、国際政治構造
が大きく変動し始めた。しかし、1970 年代に入ると、国際経済の領
域でブレトゥン・ウッズ体制が大きく揺らぎ、ニクソン・ショックに
よる固定相場制の崩壊、二度のオイル・ショックによるエネルギー供
給の危機、さらにそれらに起因する世界的長期不況などが生じたた

め、戦後の米国中心の国際経済体制が揺らぎはじめた。こうした背景
をもとに、国際政治における現実主義の分析・予測能力の限界が強く
認識され、国家・安全保障・軍事力・国家間対立を重視する現実主義
理論が批判されていった。他方で、国際政治・経済の新しい展開に対
応して、それらを分析できる新たな国際政治理論が模索されることに
なった。

　自由主義理論は、現実主義理論とは対照的に国際政治現象において
非国家行為体（国家以外の国際行為体）、経済・社会的争点、非軍事
的なパワー、脱国家的・相互依存的な関係を重視するという特徴を
もっていた。

　第1に、自由主義理論は、国際行為体として「国家」だけでなく、
「非国家行為体」をも重視する。現代国際政治においては、国家の他
にも非国家行為体が登場して、国際行為体が多様化した。そして、政
府間国際組織、非政府国際組織、多国籍企業などの非国家行為体は、
国家に代わる重要な行為体となっている。また、国家は国内の様々な
組織や構成要素からなる「複雑な集合体」であり、国家は常に一体性
（単一性）をもって行動する国際行為体ではない。この理論では、国
家間関係を中心とする「一元的」社会より、国家以外の多様な国際行
為体が国際政治に関与して複数の国際関係が存在する「多元的」社会
の方が、国際行為体間のチェックとバランスが働いてより安定すると
いう考え方があった。

　第2に、自由主義理論においては、国際行為体の「目的」すなわち
国際政治の争点として、「軍事的安全保障」だけでなく「経済・社会
的利益」も重視される。国家間の交流や相互依存が増大するにつれて
国際貿易・金融・エネルギー・その他の解決すべき国際問題が浮上し
て、現代の国際政治の重要課題となった。すなわち、国際政治の争点
として「複数の争点」が存在し、これらの争点の間に序列は存在しな
くなった。

　第3に、自由主義理論におけるパワーについての認識は、次のよう
なものとなる。国際政治におけるパワーは複雑な要素からなり、軍事

力はそのなかの一つの要素にすぎない。軍事力は、経済的・財政的・技術的・政治的パワーに取って代わることができるものではなく、またそれらに優越するものでもない。そして、国家間の経済・社会的交流の増大とボーダーレスな世界の発展は、軍事力の重要性をますます低下させる。

　第4に、自由主義理論は、多数の重要な機能を果たす「非国家行為体」の出現によって、貿易・金融・財政・技術・情報の領域における国家間の「相互依存」が著しく深化していると捉えている。また、この理論は、国際社会における経済・社会的交流の増大は国民経済に相互利益をもたらすので、国家間の協力関係を促し、そして国家間の平和的関係を築くものであると認識している。さらに、この理論では、これまで自己利益を追求していた国家が、国際交流と相互依存から得られる相互利益を維持・拡大するために、国家主権の部分的な放棄を自ら受け入れると考えられている。

b．脱国家主義理論

　上述した様な自由主義理論の先駆けとして「脱国家主義（transnationalism）」が登場したが、その成立背景は次のようなものであった。現代、とりわけ第2次世界大戦後の国際社会において経済・社会領域における様々な非国家行為体が誕生し、それらの国境を越えた活動である脱国家的な相互作用が増大してきた。非国家行為体の脱国家的な相互作用の増大とともに、国内社会と国際社会が密接に係わるようになり、国内問題の国際化と国際問題の国内化、すなわち国内問題と国際問題の「リンケージ（linkage）」が促進された。

　脱国家主義理論の特徴は、以下のようなものである。脱国家主義理論は、非政府組織、多国籍企業、政府間国際組織、地方自治体など非国家行為体が展開する国際政治を強調する。この理論は、経済摩擦の政治化に見られるように、国内問題と国際問題のリンケージによって引き起こされた国内政治と国際政治のリンケージ現象を国際政治における重要な変化と見なす。また、この理論は、現実の国際政治におい

て非国家行為体の果たす役割や脱国家的な相互作用がますます大きく
なっていることを指摘し、また途上国の経済発展や開発をめぐる多国
籍企業の及ぼす影響に焦点を当てた。さらに、この理論は、非国家行
為体の数およびその脱国家的な相互作用の増大は究極的には国家中心
の潜在的な戦争体系を突き崩し、平和な国際社会を築くことになると
いう自由主義に特有の考え方を受け継いでいる。

　脱国家主義の立場に立つ研究者として、1971 年に『危機に瀕する
国家主権（Sovereignty at Bay）』を著したバーノン（Raymond
Vernon）、また 1972 年に『脱国家的関係と世界政治（Transnational
Relations and World Politics）』を著したナイ（Joseph S. Nye）とコ
ヘイン（Robert O. Keohane）などがいる。

c. 国際政治経済論

　国際政治経済論（International Political Economy）が成立した背
景は、次のようなものであった。1960 年代まで、国際経済は国際政
治や安全保障の影響をあまり受けずに安定して発展したために外交・
安全保障問題と国際経済問題は区分できるものであり、国際経済は国
際政治学の主な研究の対象ではなかった。つまり、国際経済問題は政
府首脳が直接に関わる高次元の政治ではなく、むしろ実務者間の調整
に任せられる低次元の政治と考えられていた。ところが、1960 年代
の後半から国際経済は不安定化に向い、それにともなって経済・貿易
摩擦が多発するようになり、現実の国際政治において国際経済問題が
高次元の政治として取り上げられるようになった。こうした状況に対
応して、1970 年代に入ると国際政治学においても「国際経済の政治
化」が指摘され、国際経済問題を正面から取り扱うことが必要である
と強く認識されるようになった。

　国際政治経済論の特徴は、次のようなものであった。国際政治経済
論は、国際社会において政治化した経済、言い換えるなら国際政治と
国際経済の相互に深く連動した領域を研究対象とし、これを包括的・
体系的に把握しようとする。それゆえ、国際政治経済論の研究対象

は、国際経済体制、先進諸国間の貿易・金融関係、南北問題、南南問題、多国籍企業、食糧、エネルギーなど多岐にわたる。

　国際政治経済論の研究者としては、モース（Edward L. Morse）、バーグスティン（C. Fred Bergsten）、キンドルバーガー（Charles P. Kindleberger）、ギルピン（Robert Gilpin）などがいる。

　米国の著名な国際政治経済学者であるロバート・ギルピン（Robert Gilpin）は、1975年に『合衆国のパワーと多国籍企業（U.S. Power and the Multinational Corporation）』を著し、米国の多国籍企業による直接投資が国際政治経済に与える影響を分析した。さらに、国際政治経済の将来の方向性を示す三つのモデルを提示した。第1は、多国籍企業などの非国家行為体の国境を越えた活動が増大し、世界的な統合を促していくという「国家主権の危機モデル」。第2は、国家の通商や貿易に対する管理が強くなり、国益にもとづく国家間の紛争が激化するという「新重商主義モデル」。第3は、経済領域における先進諸国と途上諸国の間の格差や支配・被支配関係が永続し、さらに強化されるという「従属モデル」であった。

d．相互依存論

　「相互依存論（interdependence theory）」の特徴は、次のようなものであった。相互依存論は、非政府組織・多国籍企業・政府間国際組織などの非国家行為体を重視し、その脱国家的な相互作用に重点を置く。すなわち、この理論では、経済・社会の様々な分野における非国家行為体の増大とその脱国家的な相互作用の増大は、国家間の相互利益を増大させ、同時に国家間の経済的・社会的相互依存を深化させていくと捉える。そしてこうした状況では、相互依存の担い手である様々な非国家行為体の役割が拡大し、逆に、国際政治における国家の役割や重要性が低下し、国家が国際政治における唯一の国際行為体であるという仮定が崩れていくと考える。さらに、こうした国家間の相互利益と相互依存状況を維持するために、国家間協力が拡大して、最終的には国家間の戦争の可能性を低下させると考える。

すなわち、現代において人々の経済・社会的需要が増大し、それに対して安定した供給をおこなうため、非国家行為体が増加しまた脱国家的交流が拡大した。こうした非国家行為体の増加と脱国家的関係の拡大が国家間の経済・社会的相互依存を深化させた。そして、この国際的相互依存が、国際政治の変容の基本的な要因となる、と相互依存論において考えられている。

　相互依存論は自由主義理論でありながら、脱国家主義と次の点で異なっている。脱国家主義理論が非国家行為体を重視して国家中心の現実主義理論と対極に位置したのに比べて、相互依存論は国家と非国家行為体の両者の国際政治における役割の重要性を認識している。脱国家主義理論は、脱国家的な交流や機能的な非国家行為体の増大が単線的に国家間の協調と平和の達成を促進すると考えていた。これに対して、相互依存論は、他国との相互依存および国内問題と国際問題のリンケージの増大が協調と平和だけではなく、国家の自律性や非浸透性の喪失および国家間の経済・社会的利害の対立をももたらすと考えている。

　相互依存論は、国際政治学の発展においても次のような意義を有する。国家の役割を重視するという現実主義的な視点も加えながらも、基本的には自由主義的な視点に立つ相互依存論は、国際政治の研究において現実主義理論に対置される新たな理論を提供した。このため、現実主義的な権力政治論と自由主義的な相互依存論という二つの理論の有効性を巡って大きな論争が起こる。

　相互依存論の著名な研究者として、1976年に『近代化と国際関係（Modernization and Intrnational Relations)』を著したモース（Edward L. Morse)、また『パワーと相互依存（Power and Interdependence)』を著したナイ（Joseph S. Nye, Jr.)とコヘイン（Robert O. Keohane)などがいる。

　なかでも、ロバート・コヘイン（Robert O. Keohane)とジョセフ・ナイ（Joseph S. Nye, Jr.)は、脱国家主義や相互依存論などの自由主義理論に関するアメリカの代表的国際政治学者である。両者は、

1977年に『パワーと相互依存』を著し、伝統的な現実主義理論と対比するかたちで相互依存論を提示し、相互依存の深化が国際政治および国際行為体の相互作用のパターンに及ぼす影響を論じた。その内容は以下のようなものである。

現代の国際関係の経済・社会領域においては、複合的相互依存（complex interdependence）状況が出現し、①国家間は政府間のみならず、各種の国際機関や非政府組織間の関係という多様なチャンネルで結ばれており、②国家間関係における課題は多くの問題（争点）から成り、その争点間には階層性や明確な優先順位はなく、③相互依存の世界では、軍事力による問題解決の有効性が低下し、軍事力の行使が抑止されている。

ただし、相互依存の増大は、その利益が当事者間に均等に配分されてはじめて国際的協調を保障する。しかし、そのような場合はむしろ例外的であり、通常、相互依存の状況においても希少価値の配分をめぐる政治が出現する。相互依存においては対外的な依存から受ける潜在的なリスクが存在する。これには、既存の政策枠組が存続することを前提にして相互依存から影響を受ける場合の「敏感性（sensitivity）」レベルにおけるリスク、および既存の政策枠組を変更できることを前提にして影響を受ける場合の「脆弱性（vulnerability）」レベルにおけるリスク、という二種類のリスクがある。その結果、相互依存の程度と国家の有する資源や能力の相違によって、相互依存は「非対称相互依存（asymmetrical interdependence）」となり、依存度の低い国家はこの非対称な依存関係を影響力の源泉として利用できる。

以上のように、コヘインとナイは、世界政治における相互依存は国家間あるいは国際行為体の間で相互利益がもたらされる状況であるが、しかし同時に、この状況は国際行為体の間の相互の従属をももたらすと主張する。

(7)　マルクス主義

a．マルクス主義理論

　ここで説明されるマルクス主義理論は、政治的（国際政治的）側面だけではなく、経済および他の社会的側面も含めて国際システムの包括的分析をおこなっている。それゆえ、マルクス主義理論を単に国際政治理論と表現することは望ましくはないが、この理論は国際政治的側面も分析しているので、ここでは便宜的に国際政治理論の一つとして扱う。

　マルクス主義理論の成立背景は、次のようなものであった。1960年代までの国際政治は冷戦という東西陣営間の対立を中心に展開していたが、1970年代に入って、発展途上諸国である「南側諸国」が抬頭し、先進工業諸国である「北側諸国」への不満が高まっていった。南側諸国の経済・社会発展の遅れおよび南北間の経済・社会的格差から生じた「南北問題」への対応が国際政治の重要な課題の一つとなっていった。

　他方で、学問的な課題として、近代化論などのこれまでの理論は発展途上諸国の発展の遅れを十分に説明することができず、また相互依存論は主に先進工業諸国間の関係を扱うものであったため、発展途上諸国を射程に入れた国際政治理論が望まれていた。さらに、これまでの現実主義や自由主義の理論の多くは、国家間の同質性や水平的な関係を前提としている理論であり、国際政治における北側諸国（中心）と南側諸国（周辺）との「階層的構造」を十分に説明できなかったため、南北間の「支配・従属」的な構造を説明する理論が望まれていた。

　マルクス主義的国際政治理論の特徴は、次のようなものであった。マルクス主義的理論は、国際システムにおける経済的要因を重視して、国際システムを資本主義世界経済という枠組から説明する。それゆえ、国家や政府間組織や多国籍企業などの国際行為体の行動はこの資本主義世界経済よって規定され、さらに発展途上諸国の低開発や南北間の支配・従属問題もこの資本主義世界経済によって生み出された

と考えている。そして、この理論は、国家やその他の国際行為体よりも、それらを道具として利用している支配的エリートや資本家階級の役割を重視して、彼らによって引き起こされる国家間や階級間の対立および支配・従属関係に分析の焦点を置く。さらに、この理論は、国際システムにおける国際行為体の相互作用や様々な現象は国際システムの全体構造によって規定されると考え、国際システムの全体的な構造を把握することを重視する。

　マルクス主義理論は、現実主義理論や自由主義理論と比較すると次のような相違点がある。先ず、マルクス主義理論は、資本主義世界経済という経済を重視する点において自由主義理論と立場を同じくするが、国家間関係を対立的なものと見なす点においてこれを協調的と捉える自由主義理論とは異なっている。また、マルクス主義理論は、資本主義世界経済という経済を重視しまた支配・従属構造という階層性に着目するという点において、国家の安全保障を重視しまた大国間の水平的な関係に焦点をあてる現実主義的な理論とも異なっている。

b．従属論

　「従属論（dependency theory）」の特徴は、次のようなものであった。従属論は、発展途上諸国の低開発を生みだし、その低開発性を構造化させる世界資本主義の分業体制を分析し、それまで十分な関心がはらわれなかった国内経済体制と国際経済体制との構造的連関を明らかにしようとした。従属論においては、北側の先進工業諸国は南側の発展途上諸国の経済的余剰を搾取することによって発展し、先進諸国が発展すればするほど発展途上諸国は低開発の状況が生じると主張された。すなわち、先進諸国における「発展（development）」と発展途上諸国における「低開発（underdevelopment）」とは表裏一体であることが指摘された。

　従属論は、世界資本主義においては「中心・周辺」という階層構造が形成され、一度、周辺に組み込まれた諸国は中心からの「支配と搾取」を受けつづける「従属」の状況が続くと主張する。このため、従

属論は、総ての経済や社会が先進工業諸国のような発展経路を辿るとする近代化論的な考え方を否定している。

　従属論の立場に立つ著名な研究者としては、フランク（Andre Gunder Frank）、アミン（Samir Amin）、カルドーゾ（Fernando H. Cardoso）などがいる。アンドレ・ガンダー・フランクは、チリに移住したドイツ人の経済学者であり、『従属的蓄積と低開発（Dependent Accumulation and Underdevelopment）』を著した従属論の中心的唱導者である。フランクは、支配・従属の南北関係を表す概念として「中心都市（metropolis）と衛星都市（satellite）」を提示した。彼は、中心都市と衛星都市という世界資本主義の分業体制が存続する限り、中心である先進諸国は衛星である「第三世界（Third World）」諸国から経済余剰を搾取することによって発展する。他方で、こうした搾取のために、第三世界諸国は「低開発の発展（development of underdevelopment）」から逃れられず、国内政治においても抑圧的・強権的な体制が生まれやすいと考えた。

　サミール・アミンは、エジプトの経済学者であり、『世界的規模の資本蓄積（Accumulation on a World Scale）』を著し、「中心と周辺」という概念を提示した従属論の代表的理論家である。アミンは、従来のマルクス主義の帝国主義理論をアフリカの現実に照らして修正し、「周辺資本主義社会構成体（Social Formations of Peripheral Capitalism）論」といわれる独自のマルクス主義理論を展開した。彼によれば、世界資本主義システムの第三世界諸国への浸透は、第三世界諸国を前資本主義的社会構成体から「周辺資本主義社会構成体」へ移行させた。そして、先進諸国の中心資本主義社会構成体とは異なり、周辺資本主義構社会成体は、第三世界の総ての生産関係を資本主義化するわけではないが、支配的な資本主義的生産関係がその他の生産関係を接合し、支配することで、第三世界全体の搾取構造を形成していると主張した。

```
┌───────────────┤ 第5章 ├───────────────┐
```

現代の国際政治理論

(1) 新マルクス主義

a. 世界システム論

　「世界システム論（world-system theory）」の特徴は、次のような
ものであった。世界システム論は、国際システムの「全体」の構造を
捉え、そしてシステム「全体」の変容のメカニズムを解明しようとす
る点において、1980年代の包括的かつ歴史的な視点を持つマクロ的
国際政治理論の特徴を示している。マルクス主義の学派に属する世界
システム論は、世界システムにおける経済的要因を重視して、「資本
主義世界経済（capitalist world economy）」という資本主義の世界的
分業体制の形成とその歴史的発展という視点から、システムの構造と
変動を理解しようとする。この理論は、世界システムの階層構造に焦
点を当て、先進諸国と中進諸国と発展途上諸国との関係を「中核・準
周辺・周辺」という三層構造で把握し、中核諸国による（準）周辺諸
国に対する支配と搾取、そしてこの構造に由来する周辺諸国における
低開発性と政治・経済的な問題についての原因解明を目指している。
こうした世界システム論の研究者には、ウォーラースティン
（Immanuel Wallerstein）やチェース＝ダン（Christpher Chase-
Dunn）などがいる。

b. ウォーラースティンの世界システム論

　イマニュエル・ウォーラースティンは、1974年、1980年、1989
年、2011年に『近代世界システム（Modern World System）Ⅰ・
Ⅱ・Ⅲ・Ⅳ』を著しているアメリカの歴史社会学者で、世界システム

論の中心的唱導者である。ウォーラースティンは、その誕生以来常に
利潤と市場の拡大を図るという資本主義の論理を主軸に、歴史的に発
展する世界システムの変動（拡大と停滞のサイクル）を明らかにしよ
うとして、次のような学説を展開している。

　15世紀中頃～17世紀中頃に形成された「近代世界システム」は、
一元的な国際分業体制である「世界経済」、複数の国家を含む多元的
な「主権国家システム」、および複数の異なる「文化システム」から
構成される。この世界経済は「資本主義世界経済（capitalist world-
economy)」であり、一元的な国際的分業体制となっている。また、
資本主義世界経済は、国内において様々な階級分化と階級関係を生み
出すとともに、近代世界システム内部に「中核（core)・準周辺
（semi-periphery)・周辺（periphery)」という三層構造を作り出した。

　資本主義の原理に由来する三層構造自体は不変で永続的であり、先
進産業を有して周辺を支配する豊かな「中核」と低開発で貧困に喘ぎ
中心に搾取される「周辺」が常に存在する。世界システム論において
は、従属論とは異なり、中核と周辺の関係は固定的ではなく、長期的
にみれば国家はその三層構造のなかを周流する。すなわち、周辺諸国
も経済の発展によって、準周辺へ、さらに中核に上昇できる。

　資本主義は利潤と市場の拡大をその基本原理としているために、資
本主義世界経済の歴史的発展は世界的規模の長期的な拡大と停滞（縮
小）のサイクルを生み出す。この拡大と停滞に対応して、中核諸国の
なかで世界システムの覇権を握る「覇権国（hegemon)」の発展と衰
退の過程がある。すなわち中核諸国の中から覇権国が抬頭し、覇権国
が世界システムを管理するとき世界経済と政治は安定する。逆に、覇
権国が衰退して管理能力を喪失したとき、世界経済と政治は不安定と
なり、最終的には覇権交替のための覇権戦争が勃発する。

(2)　グローバリズム

　a．グローバリズムの理論

　　国際政治学における「グローバリズム（globalism)」の成立背景

は、次のようなものであった。1970 年代以降、国際交流や国際関係
の多様化と拡大とともに、諸国家が協力して全地球的な規模で包括的
に対処しなければならない諸問題、すなわち「グローバル・イシュー
ズ（global issues）」が発生し、全世界的な関心が高まっていった。
これらのイシューは、人類の生存や福祉に係わる平和・開発・人権・
環境・女性などの問題であり、これらの実現が国際政治の重要な課題
となった。この時期、ローマ・クラブから発表された報告書である
『成長の限界（The Limit to Growth)』は、1960 年代のような人口増
加率と経済成長率が持続するとすれば、人類は 100 年以内に人口爆
発、食料不足、環境汚染、資源の枯渇などに直面するということを警
告した。さらに、「全人類的視野」や「宇宙船地球号」などの概念が
登場し、経済や環境について地球規模での管理や計画などが提案さ
れ、そして「新世界政府論」とも呼べる考え方が表れたた。

　グローバリズムの特徴は、次のようなものであった。グローバリズ
ムでは、グローバル・イシューをいかに実現するか、また国際社会に
おいて分配の公正をいかに達成するかなど、実戦的かつ規範的な課題
が主要な研究対象となるグローバリズムは、国家中心的な現実主義的
視点を批判し、全地球的かつ人道的視点への転換を主張する点におい
て、理想主義的な性格を持つ。グローバリズムは、たんなる規範的・
理想主義的な研究にとどまることなく、世界全体を一つの生態的・社
会的な総合的システムと捉える点において、科学的な分析手法を用い
ている。グローバリズムは、国際社会が相互依存や国際組織を通じて
機能的な分野での協力を拡大させることによって、国家間の政治的協
力、紛争の平和的解決、さらには超国家的な共同体の創設にいたるこ
とが可能であると主張する点において、国際統合論の新機能主義と類
似している。グローバリズムの研究者としては、フォーク（Richard
A. Falk）、メンドロヴィッツ（Saul H. Mendlovitz）、坂本義和などが
いる。

b．グローバリズムの研究者

　リチャード・フォークは、国際問題の解決に法理論を適用する規範的アプローチをとり、1975 年に『未来世界の研究（A Study of Future World)』を著したアメリカの国際法学者である。フォークは、1960 年代の後半から、「各自の価値から理想的な世界秩序を構想し、現実の世界からそのような世界秩序に到達する道筋を明らかにする」ことをスローガンにかかげ、このような研究の一つとして「世界秩序モデル・プロジェクト（WOMP)」を推進した。また、彼は、平和・経済的福祉・社会的構成・生態系の均衡という全人類的な価値を含む公正な世界秩序を実現するために、グローバルな視点に立つ新たなアプローチを主張した。

　坂本義和は、日本における平和研究の第一人者であり、1962 年に『核時代の国際政治』、1982 年に『軍縮の政治学』などを著した。坂本は、今日の世界を生態的・社会的システムとして捉え、その構成単位である人間の生活にとって基本的に必要とされる衣食住・安全な水・衛生・健康・教育など社会サービスや雇用および社会参加などの「基本的人間ニーズ（basic human needs)」を実現すべきと主張した。彼は、一貫して「非武装平和主義」の立場をとり、非軍事化と核廃絶を前提とする新世界秩序の追求を唱えた。

　チャールズ・ベイツ（Charles R. Beitz）は、グローバリズムの立場に立つ研究者とは言えないが、国際社会における正義と公正の問題について研究しているので、ここで言及しておく。ベイツは、アメリカの政治学者であるが、1979 年に『政治理論と国際関係（Political Theory and International Relations)』を著した。彼は、個人間や国家内ではない国家間において、分配の公正がはたして適用できるのか、できるとしたらその理由は何か、さらにそもそも分配の公正とは何であるのかという「政治哲学分析」を研究の課題としている。彼の研究の多くおいて、社会正義の原理として、人間の基本的諸自由に関する「平等な自由原理」、および社会的不平等に関する「格差原理と機会均等原理」を提示したロールズ（John Rawls）の正義論が基盤

64

となっている。

(3)　新現実主義

a．新現実主義（neo-realism）理論

　　新現実主義の成立背景は、次のようなものであった。1970年代の
オイル・ショックやドル・ショックによって国際経済体制が不安定化
した時期に、経済・貿易問題の解決と調整に関して国家や政府が大き
な役割を果たしたため、国家や政府の重要性が再び認識されるように
なった。さらに、1970年代後半から、米ソ間の核軍拡競争またソ連
のアフガニスタン侵攻によって米ソ間の緊張が再び高まったため、東
西のデタントは終わりを告げ、「新冷戦」の時代が到来した。こうし
た状況を背景として、国際関係を国家や政府中心に捉え、また国家間
の権力政治に焦点を当てる現実主義が再び力を得てきた。

　　第二次世界大戦以降、米国の圧倒的な軍事力と経済力を基盤にして
維持されてきた米国の覇権は、ソ連の軍事力の増強、他の西側諸国の
パワーの相対的増大、ドル危機によるブレトン・ウッズ体制の崩壊、
また米国の経済力の相対的低下などによって次第に揺らぎ始めてい
た。学問的領域においても、こうした「覇権国アメリカの衰退」の背
景と意味を国際システムの全体構造に焦点を当てながら、さらに長期
的・歴史的な視点から考察しようという動きが出てきた。

　　新たに登場した新現実主義理論の特徴は、次のようなものであっ
た。従来の現実主義理論が国際政治現象を大国間の水平的な対立関係
として捉えていたのに対して、新現実主義理論は国際政治システムの
全体構造（システム内のパワーの分布状況）が国家間の相互作用を規
定するというマクロ的視点を重視する。また、新現実主義理論は、国
際政治システムにおける階層性や国家の役割分化を指摘し、さらに全
体構造の歴史的変動をもその視野に入れている。この点において、新
現実主義理論は「構造的現実主義（structural realism）」と呼ばれる。

　　新現実主義理論は、国家や国益や国力や権力政治を国際政治現象の
基本的な決定要因と見なしている点において、現実主義の学派に属す

る。すなわち、新現実主義理論は、非国家行為体、経済・社会的争点、非軍事的影響力、および脱国家的・相互依存的関係に対する国家行為体、安全保障的争点、軍事的影響力、および政府間・権力政治的関係の優位性を認めている。しかし、この理論は、自由主義の主張を部分的に取り入れている点において、従来の現実主義とは異なっている。すなわち、この理論においては、現在の国際政治現象における非国家行為体の果たす役割、経済・社会的争点の重要性、非軍事的手段の有効性、脱国家的・相互依存的関係の拡大、そして機能的・多元的協調の可能性が大きいことも認識されている。

b．構造的現実主義と二極安定論

　ケネス・ウォルツ（Kenneth N. Waltz）は、1959年に『人間、国家、戦争（Man, the State, and War）』、また1979年に『国際政治理論（Theory of International Politics）』を著したアメリカの国際政治学者である。

　ウォルツによれば、国際システムは、中央集権的制度の不在という意味でアナーキー（anarchy）である。アナーキーの「国際システム」は、「自助（self-help）」のシステムであり、総ての国家は自らその最高価値である「生存」を追求するため、国際システムはつねに戦争状態におかれている。このように、国際システムの全体構造は、アナーキー、同質的な国家同士の相互作用、および国家のパワーの分布から成り立っている。そして、この全体構造が国際システム内の国家の行動や相互作用を決定する主な要因となる。

　国家の行動は、国家の「相対利得」計算によって展開される。つまり国家は、協力によって相手が獲得すると思われる利得と自国のそれとの大小を比較し、みずからが不利にならないように行動する。したがって、国家間関係は、協力によって損をするよりもむしろ対立を続ける、あるいは自分だけで利得を獲得しようとする国家行動の繰返しとなる。

　この国際システムにおいて、パワーは国家の生存を確保する手段と

して必要であり、総ての国家は同盟の形成と運用を通じて「勢力均衡」の形成へと向かうことになる。

　国際システムの構造は、国家の能力（capability）の分布状況として特徴づけられる。このシステム構造は、国家間の相互作用から生み出されるものであるが、一度、この構造ができあがると逆にシステム構造が国家の行動を拘束し、また国際システムにおける国家の地位を規定する。国際システム構造は長期にわたって持続的であり、第2次世界大戦までの多極構造とそれ以後の二極構造が存在する。二極構造は、多極構造と比較して情報などの点で不確実性が少ないために、多極構造よりも安定的である。このように、ウォルツは、国際システムのアナーキーという観点から現実主義を再定式化し、独自の勢力均衡論、すなわち二極安定論を展開した。

ｃ．覇権安定論

　覇権安定論（hegemonic stability theory）の成立背景は、次のようなものであった。1970年代から、第二次大戦後つづいてきた米国の卓越した力の相対的な低下という問題が国際政治学における最大の関心となり、この現象の原因とそれが国際政治に与える意味合いが、国際政治経済秩序の安定性と絡めて議論されるようになった。こうしたなかで、国際秩序の安定は国家間の力の均衡ではなく、強大な力を持つ「覇権国（hegemonic state）」の存在に求められるという仮説が提出されるようになった。

　覇権国とは、他の国々を圧倒する政治・軍事・経済・情報などの領域における強大な影響力を有し、またこうした力によって国際秩序や国際経済体制などの国際公共財を単独で供給することが可能であり、そしてこうした実績によって支配の正当性を獲得している世界的な大国である。国際システムの歴史を覇権国の盛衰の歴史として捉え、国家システムにおいて秩序と無秩序の交替が継続的に生じたという歴史認識を持つ。すなわち、覇権国が強大な影響力や正統性にもとづいた国際システムの管理能力を有する時には、国際システムは安定する。

逆に、覇権国がこのような能力を喪失する時には、覇権システム構造が崩壊するため、国際システムが不安定となり、国際秩序が失われていく。

　この覇権安定論は、さらに経済的覇権安定論、覇権循環論、および覇権システム変動論に分類できる。

d．経済的覇権安定論

　チャールズ・キンドルバーガー（Charles P. Kindleberger）は、国際経済学の著名な研究者であるが、『大不況下の世界：1929-1939（The World in Depression, 1929-1939)』のなかで経済的覇権安定論について述べた。キンドルバーガーは、国際経済体制の安定性は「覇権国の存在」にかかっているとする仮説を提示した。しかし、彼の「経済的覇権安定論」が適用される問題領域は国際経済関係に限定されている。

　キンドルバーガーは、国際通貨・金融体制が安定するためには19世紀のイギリスや第2次世界大戦後の米国のような経済分野における「支配的な国家（dominant state)」の存在が必要であると主張する。1970年代における保護主義の抬頭や国際金融体制の不安定化などの国際経済における様々な混乱は、戦後の国際経済体制を創出しまた維持してきた支配的な国家である米国の相対的な地位の低下に由来するものであるという仮説である。この「支配的な国家の存在は国際経済の安定をもたらし、また支配的な国家の不在は国際経済の不安定化をもたらす」という仮説は、単に戦後の現象だけではなく1930年代の大恐慌や19世紀のパクス・ブリタニカの説明にも適用されている。

e．覇権循環論

　国際政治学者であるジョージ・モデルスキー（George Modelski）は、「世界指導力の長期循環（the long cycles of world leadership）論」という覇権循環論を唱えた。世界システム論を唱えたウォーラースティンが資本主義世界経済という経済要因を重視しているのに対し

て、モデルスキーは「グローバル政治システムにおける世界大国やグ
ローバル戦争」という政治的要因を重視している。

　モデルスキーによれば、中央集権的ではないが、グローバルな問題
や関係を管理するための世界的規模の「グローバル政治システム
（global political system）」が存在した。そして、グローバル政治シス
テムにおいて最も強大な力をもつ「世界大国（world power）」が、
このシステムを管理し、このシステムに秩序を与える。すなわち、世
界大国が強大な力に基づくシステムの管理能力を有しているときに国
際秩序は維持され、また世界大国のそうした力が衰えてシステムの管
理能力を失ったときには国際秩序は崩壊する。1500 頃にグローバル
政治システムが形成されて以来、このシステムを管理する５つの世界
大国、すなわち、ポルトガル・オランダ・イギリス・第２次イギリ
ス・米国が出現した。そして、これらの世界大国の盛衰に対応して、
約 100〜120 年を一周期とする５回の長期循環が生じた。

　この覇権循環のサイクルは次のようなものである。グローバル政治
システムにおいて覇権戦争としての「グローバル戦争（global war）」
に勝ち残った大国が新たな世界大国として覇権を確立する。またこれ
によって旧世界大国はその地位を失う。新たな世界大国はグローバル
政治システムにおいて新たな秩序を提供し、このシステムの新たなサ
イクルが始まる。しかし、グローバルな秩序は世界大国の単独の力に
よって維持されており、かつ世界大国はその秩序維持のために膨大な
資源を消耗していくため、世界大国はその管理能力を喪失していき、
最終的に秩序が低下していく。グローバル政治システムにおける秩序
の低下に対して、新たな世界大国が出現するまでシステム自体が適切
に十分な秩序を供給できないため、システム内で秩序がさらに低下し
て、グローバル戦争へと到る。

ｆ．覇権システム変動論

　ロバート・ギルピン（Robert Gilpin）も、覇権安定論の著名な研究
者の一人である。ギルピンは、1981 年に著した『世界政治における

戦争と変動（War and Change in World Politics)』のなかで、経済学の費用・便益分析やシステム論の構造分析の手法を用いて、覇権国の存在と国際政治システムの安定や変動との関係をマクロ的かつ歴史的に解明しようとした。

　ギルピンによれば、「覇権国（hegemonic power)」とは、覇権戦争の勝利によって示された強大な影響力を有し、またこうした力によって国際秩序や国際経済（自由貿易）体制などの国際公共財を単独で供給することが可能であり、そしてこうした実績によってリーダーシップの正当性を獲得している世界的な大国である。こうした強大な力を有する覇権国が存在するとき、他の諸国は覇権国の築いた秩序やリーダーシップに従うため、国際政治システムの安定がもたらされる。しかし、覇権国は、国際秩序を維持するためのコストを単独で負担する傾向があり、また他の大国の力の相対的増大によって、覇権の確立から時が経つにつれて覇権国の力は必然的に衰退していくことなる。そして、覇権国の力が衰退して国際秩序を維持する能力を失った場合、挑戦国や他の大国が自国の利益を追求し始め、国際政治システムは不安定となり、次の覇権国の地位を求めて大国間に「覇権戦争（hegemonic war)」が起こる。この覇権戦争に勝ち残った大国が、覇権国として抬頭して新たな国際秩序を形成する。こうした覇権的国際秩序として、これまで19世紀のパクス・ブリタニカ（Pax Britannica）と20世紀のパクス・アメリカーナ（Pax Americana）が存在する。

　覇権安定論の立場からすれば、冷戦を覇権国（米国）と挑戦国（ソ連）の角逐と捉え、また新冷戦の原因を米国の覇権の衰退およびソ連という挑戦国の抬頭ということに求めることが可能である。こうしたギルピンの主張は、現在の国際政治において、米国は本当に衰退しているのか、またそれに対していかなる政策をとるべきかという政策論争をもたらした。

(4) **新自由主義**

a. 新自由主義（neo-liberalism）理論

　新自由主義の成立背景は、次のようなものであった。1970年代から1980年代にかけて、国際経済体制の不安定化や新冷戦を迎え大きな政治・経済的混乱が生じたが、この混乱の中で、こうした問題の解決や調整において国家や政府が大きな役割を果たし、さらに国際政治経済における国家間の共同管理体制が進展していった。こうした現状を背景として、これまで現実主義に批判的であった自由主義者が、国際政治における国家や政府の役割、また安全保障問題の重要性を再評価していった。そして、自由主義者は、現実主義理論との対話のなかで現実主義理論の現実分析能力を再認識し、それらを取り入れながら現状を説明できる新たな自由主義理論を模索していった。

　新自由主義理論の特徴は、次のようなものであった。新自由主義理論は、自由主義の学派に属するものであり、国際政治現象において非国家行為体、経済・社会的争点、非軍事的な影響力、および脱国家的・相互依存的な国際関係を重視している。それゆえ、この理論は、国際的な規範・規則・組織・制度を通じて国際関係は基本的に調和可能であるとして、機能的・多元的関係にもとづく国際協調の可能性を肯定する。しかし同時に、新自由主義理論は、現実主義の国家を重視する観点も採り入れており、主権国家を国際関係の重要な行為体と見なしている。それゆえ、この理論は、国家はそのパワーを行使して国益を追求するという現実主義的要素も肯定しており、また国際経済（自由貿易・金融）体制が安定する上で、国家や政府は大きな役割を果すと考えている。

　新自由主義理論は、国際経済体制を支える枠組（レジーム）・組織・制度を分析することによって、この体制の安定や不安定をもたらす要因を究明し、また体制が変動するメカニズムを解明することに関心があった。

　新自由主義理論には、クラズナー（Stephen D. Krasner）やコヘイン（Robert O. Keohane）などによって提示された国際レジーム論、

さらにコヘインによる新自由主義制度論などがある。

b．国際レジーム論

　国際レジーム（international regime）論の特徴は、次のようなものであった。国際レジームとは、「国際関係のある特定の領域において、行為体の期待が収斂するところの一連の暗示的もしくは明示的な原則、規範、規則、政策決定手続きなどの総体」である。国際レジーム論は、国際政治現象の様々な争点領域においてのレジームの存在を明らかにし、これが国家行動に与える影響を分析し、さらにレジームの形成と変容のメカニズムを解明しようとする。国際レジーム論は、単に規範、制度、慣行などを分析の対象とするだけでなく、政策決定者の動機、認知、学習などの心理的要因をも複合的に取り扱おうとする。国際レジーム論は、初期においては国際的相互依存を管理する機能が重視されていたが、その一般的な適用可能性によって、現在では安全保障など様々な分野に応用され、歴史的にも長期的な視点を取り入れたものになっている。

　国際レジーム論の立場に立つ研究者としては、ハース（Ernst B. Haas）、クラズナー（Stephen D. Krasner）、ヤング（Oran R. Yang）、およびコヘイン（Robert O. Keohane）などがいる。

　ロバート・コヘインのレジーム論の特徴は、次のようなものであった。現実主義の覇権安定論は国際レジームの形成後もその安定化のために覇権国の存続が不可欠であると主張していたが、コヘインは、1984 年に著した『覇権後（After Hegemony）』のなかで、覇権国が衰退した後も主要先進国の共同管理によって覇権国がつくり上げたレジームを維持していくことが可能であるとして、以下のように議論を展開した。特定のプレーヤーから構成されるレジームでは、互いに行動を監視することが可能な状況であり、相手の行動の予測可能性が高い。また同一プレーヤーによる反復的ゲームにおいて、一方が裏切りを選択した場合に短期的に利益を得るが、後のゲームにおいて相手側も報復のため裏切りを選択するようになるため、相互の裏切りの繰り

返しとなり、両者とも長期的に損失を被ることになる。したがって、同一プレーヤーによる反復的ゲームにおいては、プレーヤーは、経験的学習から長期的に自己利益を守るためには相手の利益も尊重しながら相互に協調する必要があることを認識するので、互いに協調を選択するようになる。

　現実の国際政治においても、共通利益を生み出す国際レジームが存在する場合、これを構築して維持してきた覇権国が衰退しても、プレーヤーの共通利益を維持するためにレジームを共同で管理・運営していこうという意図が働き、レジームが存続することが可能である。実際に、オイル・ショックのときに、石油消費国である先進工業諸国がエネルギー政策を協調するために国際エネルギー機関（IEA）が形成されたが、この機関を中心とするエネルギー政策協調のレジームは、米国の覇権的リーダーシップの衰退後も有効に機能していた。

c．新自由・制度論

　「新自由・制度論（neo-liberal institutionalism）」の成立背景は、次のようなものであった。コヘインなどの新自由主義者は、1980年代以降、覇権安定論などの新現実主義者たちとの討論を通じて、アナーキーとなる恐れのある覇権後の世界において、すなわち対立や紛争が起こる可能性のある国際関係において、どのようにして国家間協力が生まれまた維持されるのかという問題に関心を集中していった。この研究のなかで、彼らは、政府間組織や非政府組織などの国際組織（international organization）、また外交特権や相互主義などの非公式の国際的慣習（convention）が、相互理解のための適切な情報を提供し、背信を防ぐための相互の監視を容易にし、あるいは倫理的関心を惹起するなどの機能を果たすことによって、国家が単独では達成不可能な「利己的利益の共通化」、つまり国家間の協力の契機を与える存在であると捉えるようになった。その結果、彼らは、これらの国際組織および非公式の国際的慣習をもレジームと同様の機能を果たすものと見なして、それらを国際レジームとともに「国際制度（international institution)」と総称するようになった。このような新自由主義の理論は、相互利益にもとづく国際協調の可能性という機能主義的な立場に立つ国際制度論であり、1980年代後半までに新自由主義のなかでも特に新自由・制度論と呼ばれるようになった。

　新自由・制度論の特徴は、次のようなものである。新自由・制度論は、覇権安定論などの新現実主義理論と相互依存論などの自由主義理論との折衷的な立場に立つ。すなわち、新自由・制度論は、国際政治現象を国家中心に捉えており、主権国家を国際関係の主要なアクターと見なし、また基本的にアナーキーな国際社会における国家による国益やパワーの追求を前提条件として考える。しかし、新自由・制度論においては、国際制度は国家行動の影響やその相互作用から自立性を有しており、逆に国際的な規範・レジーム・組織・制度がそれらの国家行動や相互作用を制約・拘束することによって国際協調を容易にすると見なされる。新現実主義が国家間の対立の調整は困難であると考えているのに対して、新自由・制度論は、国家間の利益の対立は国家間相互の協調を通じてまた国際制度を通じて調整可能であると考えている。

　新自由・制度論は、国際情勢の激変、とりわけ冷戦の終焉、欧州統合の進展、国連の活動の拡大などに促されて現在も発展を遂げつつある。新自由・制度論の分析対象も、機能的・経済的な争点領域から軍事と安全保障の争点領域へと拡大しただけでなく、その議論は米ソ間の「核学習」のような国家間の非公式政治ルールの形成過程、政治エリートの信念や理念の「制度化」、さらには民主主義という政治・社会制度と平和（戦争の不在）との間の有意的な因果関係、冷戦後の「国際統治（international governance）」の中核となるべき国際連合の改革の可能性など、広範な問題領域に広がるようになっている。

第３部　国際政治における国家行動

第6章

国家の基本的行動

⑴ 国際社会における国家の行動

a．国際行為体と国家

　「国際行為体（international actor）」とは、国際社会における行為体として意思を決定し、それを実行する能力を持ち、他の行為体と相互作用をおこない、それらに影響を与え得るものである。すなわち、国際行為体とは、国際社会において政治的に重要な役割を果たす行為主体である。

　国際行為体として、主権国家である「国家行為体（state actor）」、そして「政府間組織、非政府組織、多国籍企業、超国家組織」などの「非国家行為体（non-state actor）」が存在する。なかでも、国家行為体は国際社会における最も重要な国際行為体である。国際行為体としての国家は、対外的な目的としての国益を達成するために、手段としての国力を用いて、環境としての国際社会に働きかける。

b．国家の行動様式の分析

　この章においては、国際政治が展開される国際社会において最も重要な構成単位である「国家」に分析の焦点を当てる。そして、国家が目指す対外的な目的、それを実現するための対外的な手段、またこれらを前提にして形成される国家間の相互作用などの「国家の行動様式」について分析する。換言すれば、国家行動の能動的・自律的・主体的な側面を分析する。

(2)　国家の対外的目的

a．国家の国益と対外的目的

　　国際行為体としての国家は、対外的な目的としての国益を達成するために、手段としての国力を用いて、環境としての国際社会に働きかける。

　　ここで、「国益（national interest）」とは、国家や国民にとって重要な価値や利益であり、国家がその対外行動において追求すべきものである。国益は、国家がその対外的行動において従うべき指針、判断基準、行動規範である。ただし、国家全体にとって利益となり、総ての国民が一致して利益と見なすようなものは存在しないため、何が「国益」かを明確にすることは容易ではない。そのため、現実の政治過程においては、その国の政策決定過程に参加する政府指導者が国家や国民の利益になると考えることが国益となってしまう。このように、国益は本来的に人間の価値観や利益と係わっており、非常に主観的な概念であるため、一般的・普遍的にこの内容を規定できない。そのため、国益は曖昧な概念であるとして、「分析概念」としての有効性が疑問視されることもある。

　　「対外的目的」は、国益を実現するために国家が対外的行動をとるに際しての「具体的目標」である。国益がより抽象的・理念的・普遍的な概念であるのに対して、対外的目的はより具体的・現実的・個別的な概念である。現実の国際政治の場においては、政府が策定した対外政策の具体的目標が国家の対外的目的となる。

b．国益と対外的目的の種類

　　国家が追求する国益と対外的目的には様々な種類があり、以下のように分類される。

　　第1は、「生存的価値」に係わる国益と対外的目的である。国家の生存的価値に係わる国益は「（軍事的）安全保障の維持」であり、具体的な対外的目的には、国家の独立の維持、領土の保全、および国民の防衛などが挙げられる。

　第2は、「生活的価値」に係わる国益と対外的目的である。国家の生活的価値に係わる国益は「国民経済や福祉の維持と発展」であり、具体的な対外的目的には、国内産業の保護と育成、海外資源や市場の確保、自由貿易体制の維持、および国際的自然環境の保全などが挙げられる。

　第3は、「精神的価値」に係わる国益と対外的目的である。国家の精神的価値に係わる国益は「国家威信や国民精神の維持と発揚」であり、具体的な対外的目的には、国際的地位や威信の維持、国家的理念や文化（イデオロギー、宗教、政治・社会制度）の擁護、および国民的一体性の維持などがある。

　第4は、「パワー・ポリティクス的価値」と言うべき利益であり、国家は他国に対する自国のパワー的優位性を確保しようとする。すなわち、他国よりも自国が大きなパワーを有していれば、自国の国益や目的を達成することが容易となるので、国家は他国に対する自国の影響力を維持しまた拡大しようとするのである。このように、国際政治においては国家が影響力（パワー）を有していること自体が利益となるため、国家は他国に対する政治（外交）的影響力、軍事的影響力、経済的影響力、および文化的影響力など様々な影響力を保持しまた拡大しようとする。とりわけ、パワーを拡大する余裕のある大国、すなわち米国や旧ソ連のような「超大国」や「覇権国」がこうした価値や利益を追求する傾向がある。

　国家はこれら複数の価値や国益を同時に追求していくため、国際社会においてはこうした国益の追求と配分をめぐる対立と協調が存在し、これらが国際政治現象の本質を成している。第2次世界大戦後の冷戦は、単に東西陣営間のイデオロギー的対立だけではなく、安全保障的な対立や経済的な対立も複雑に絡んで引き起こされたものである。

　こうした国益と対外的目的の間には、基本的な優先順位が存在する。生存的価値である安全保障的利益は、国家にとって不可欠な「核心的価値」であり、時間的にも短期的かつ早急に達成されるべき目標

である。生活的価値である経済・福祉的利益は、国家にとっての「中
範囲の価値」であり、また安全保障ほど緊急性がない中期的な目標で
ある。精神的価値である理念・文化的利益は、国家にとっての「周辺
的価値」であり、時間的にも緊急性のない長期的な目標である。どん
なに経済・福祉的利益の重要性が増大したとしても、国家の安全保障
的利益に優位することはなく、これらの国益の間には「安全保障的利
益 ＞ 経済・福祉的利益 ＞ 理念・文化的利益」という優先順位が基
本的に存在する。

c．国家による対外的目的の選択

　国家は、国際政治の様々な局面において、国益および具体的な対外
的目的の優先順位を決定していかなければならない。たしかに、上述
したように、国益（対外目的）の間には「安全保障 ＞ 経済・福祉 ＞
理念・文化」という基本的な優先順位が存在する。しかし、国家は、
国内から生じる様々な対外的諸要求を充足させ、また変化し続ける国
際環境に適切に対応するために、対外政策の決定過程において対立す
る価値や利益を調整し、そしてそれらを実現するための対外的目的の
優先順位をその時々の局面において再設定しなければならない。

　対外的目的の優先順位を決定することに伴う困難は様々に存在す
る。困難をもたらす要因の第1は、国内において利害調整をすること
自体に困難が伴うことである。総ての国民にとって利益となるように
国民の間で利害を調整して、対外的目的の優先順位を決定することは
不可能である。例えば、海外からの農産物の輸入自由化の問題におい
て、国内の諸集団の利益を調整することは非常に困難である。すなわ
ち、日本への農産物の輸入自由化に際して、輸入自由化によって増大
する消費者の利益と自由化によって失われる国内農業の利益、消費者
の利益と食料自給という安全保障的利益、また農産物の輸入を拒むこ
とによって護られる国内農業の利益とその報復として外国から輸入を
拒まれることによって失われる日本の輸出産業（工業）の利益などが
激しく対立し、調整することが難しい。

　要因の第2は、政府の有する情報が不完全であるということである。対外的目的の優先順位を決定するに際して、合理的・客観的判断を下すために十分な情報や知識が必要とされる。しかし、どんな政府でも、国内と比べて国外の情報収集能力は低いために、各国政府の政策決定者は十分な情報や知識を有していない。そして、緊急事態においては特に情報不足となるが、政策決定者はそれでもその状況で対外政策の決定をおこなわざるを得ない。さらに、日本政府の対外的情報収集能力は他の先進国政府と比べて非常に劣っている。日本は、米国・ロシア・イギリスのような情報組織、無線傍受設備、また偵察衛星などを十分に持っていない。日本政府よりも日本の商社の方が、より多く、速く、正確な情報を持っていると揶揄されることもある。

　要因の第3は、現代の国際社会の変化とともに、国家間の争点すなわち国際問題が多様化しまた複雑化したことである。冷戦期には東西陣営間の対立が激しく、核戦争の可能性さえあったため、経済問題よりも安全保障問題に優先順位がおかれた。しかし、冷戦後には戦争の可能性が低下し、そして国家間の経済的・社会的交流が増大しまた国家間の相互依存が深化したため、従来と比べて経済問題やその他の社会問題に係わる争点に優先順位が置かれるようになった。すなわち、安全保障に係わる対外的目的だけでなく、経済・福祉また国家理念・文化に係わる対外的目的も同時に追求されることになり、対外的目的の優先順位の決定がより複雑なものとなっていった。

　要因の第4は、政策決定への参加者の増加によって、政策決定過程が複雑化してきたことである。国際問題の多様化・複雑化とともに、これまで外務省や防衛省が中心であった対外政策の決定過程へ、財務省・経済産業省・農林水産省・環境省などの他の省庁が必然的に参加することになった。そして、国内政治における議会の発言力が増大したこと、また民主化の進展によって国民世論やマスコミの影響力が強まっている。このように、対外政策の決定過程は高度に政治的・外交的な判断を必要とするにもかかわらず、多くの人々や組織が関与するようになったため、対外政策の決定過程における合理的な判断が、す

なわち対外的目的の優先順位の選択が困難になっている。

⑶　国家の対外的手段

a．パワーと国力

　　国際行為体としての国家は、対外的な目的としての国益を達成する
ために、手段としての国力を用いて、環境としての国際社会に働きか
ける。もちろん、国際社会には他の多くの国家が含まれている。

　　ここで、「パワー（power）」とは、ある行為体が自己の意図するよ
うに他の行為体の行動をコントロールする能力である。言い換えるな
ら、「パワー」とは、ある行為体が他の行為体に自己の望むような行
動を取るようにさせるか、または自己の望まない行動を取らせないよ
うする能力である。そしてパワーは、実体的にも関係的にも認識でき
るものであり、「実体的側面」と「関係的側面」の二つの側面から捉
えられる。

　　そして、「国力（national power）」とは、国家が国際社会において
対外的目的（国益）を実現するために用いる対外的手段、すなわち国
家の有する様な個別のパワーを総合したものである。中央集権的政府
の存在しない国際社会においては、政治的合意の形成と執行が国内社
会のように制度化されておらず、こうした合意の形成と執行が国家間
のパワー関係よって決定されるので、「国力」は「国益」とならんで
国際政治における最も重要な要素である。

b．パワーの実体的側面

　　パワーは「実体的側面」と「関係的側面」の二つの側面から認識で
きる。パワーの「実体的側面」は、実際の影響力を生み出す基盤や源
泉としての人的・物的資源と能力である。その資源と能力は、「パ
ワー基盤（power base）」、「パワーの潜勢力（power potential）」、「パ
ワーの源泉（power resource）」、また「能力（capability）」と呼ばれ
る。

　　実体的側面から認識されるパワー基盤の構成要素には、「有形的な

要素」と「無形的な要素」がある。第1の「有形的（tangible）要素」とは、パワーを行使する主体が利用できる有形の資源や能力である。そして、その要素には、地理的条件、天然資源、人口、産業規模、社会基盤、軍備などが含まれる。

第2の「無形的（intangible）要素」とは、パワーを行使する主体が利用できる無形の資源や能力である。その要素には、国民性（国民の政治意識や一体性）、国民や軍隊の志気、政府の政治的指導力や外交能力（対外交渉能力、情報の収集・分析能力、政策立案能力、戦略）、軍隊を運用する指揮官の能力など精神的・心理的要素が含まれる。

パワーが計測可能かどうかという点について、パワー基盤の有形的要素はかなり客観的・具体的な存在なので、量的な測定はある程度可能であると思われる。しかし、パワー基盤の無形的要素はかなり主観的・抽象的なものなので、その測定は困難である。

c．パワーの関係的側面

パワーの「関係的側面」は、パワー基盤が行使されときに、パワーを行使した主体とパワーを行使された客体との間に表れた「実際的効果」である。その効果は、「影響力（influence）」と呼ばれる。人的・物的資源としての「パワー基盤」が実際的効果としての「影響力」へ転化される過程は複雑であり、様々な要因が関係している。このため、パワー基盤の量と影響力の量とは必ずしも正比例的な関係にはない。

パワーを関係的側面から捉える影響力は、さらに次の二つの点について考慮されなければならない。考慮すべき第1の点は、「心理的要素」である。パワーを関係性から捉えるとき、パワーを行使する主体がパワーを行使される客体をコントロールするという「強制的要素」だけでなく、客体が主体にコントロールされることに同意するという「心理的要素」を考慮する必要がある。パワー関係においては、主体に同意を与える「客体の意志や感情」という心理的要素が重要であ

る。つまり、客体が主体によるコントロールを心理的に拒否する限り、主体はパワー基盤をいくら増大させても客体をコントロールすることができない。

　考慮すべき第 2 の点は、「影響力の相対的側面」である。パワーを行使する主体が同じでも、パワーが行使される客体やその時の国際状況が以前と異なれば、パワーの実際の効果は異なってくる。つまり、ある主体がパワーを行使するとき、同じパワー基盤を用いても、客体が異なれば「客体のもつパワー基盤の量」および「客体の心理状況」が異なるので、パワーの行使の実際の効果は異なってくる。また、同じ客体にパワーを行使しても、主体と客体を取り巻く国際状況が以前と異なれば、国際状況が両者のパワー関係にあたえる影響は異なるので、パワーの行使の実際の効果は以前と異なってくる。

　パワーを関係的側面から捉えた場合、パワーを実体的側面から捉えた場合以上に、パワーの不可測性の問題が生じる。前述したように、パワーの実体的な構成要素のなかで「有形的な要素」はある程度は測定可能であるが、「無形的な要素」はほとんど測定が不可能である。さらに、それらが複合的に組み合わされて生まれる「影響力としてのパワー」は実体がないために量的な測定はほとんど不可能となる。このため、パワーは測定のための客観的・具体的な基準がない。核兵器やミサイルの開発という軍事力の変化、経済のグローバル化や経済的相互依存の深化という経済力の変化、原子力エネルギーやコンピューターの開発という科学技術の進歩、そして冷戦の終焉や米国の覇権の衰退という国際関係の変化によっても、パワー基盤の量やその構成要素の重要性が変化する。このため、パワーの測定は、政策決定者や研究者の主観的・直観的判断に頼ることにならざるを得ない。

d．影響力の形態

　国際行為体としての国家は、対外的目的としての国益を実現するために、手段としての国力を用いて、環境としての国際社会に働きかける。そして、国家が用いる国力、すなわちパワー基盤を複合的に組み

合わせて生まれる「影響力」には、様々な種類のものがある。

　第1は「外交的影響力」であり、相手国への説得・妥協・譲歩などの外交交渉を通じての影響力である。外交交渉は他の総ての影響力を背景としておこなわれるため、交渉においては、国際法の規定や国際道義などの国際規範も考慮されるが、同時に軍事力の行使や経済的利益の剥奪という脅迫、また経済・安全保障的利益の供与という約束が用いられる。

　第2は、「経済的影響力」であり、相手国への経済的利益の供与や剥奪を通じての影響力である。経済的「利益の供与」には、相手国への資金援助（贈与・借款）、技術的援助、経済・貿易関係の開始や促進などがある。また、「利益の剥奪」には、相手国への援助の停止、経済・貿易関係の停止や阻害などがある。

　第3は、「軍事的影響力」であり、軍事的利益の供与や剥奪を通しての影響力である。軍事的「利益の供与」には、兵器の供与、軍事顧問団の派遣、軍事同盟の締結、および安全保障的な保護などがある。軍事的「利益の剥奪」には、砲艦外交などの軍事的威嚇、軍事的封鎖、および軍事力の行使などがある。

　第4は、「心理的影響力」であり、相手国国民に対する心理的操作を通じての相手国政府に対する影響力である。この影響力には、対外宣伝活動と文化・学術交流がある。「対外宣伝活動」は、相手国の国民世論また国際社会の国際世論を通じてその国の政府へ影響力を行使しようとする間接的な方法である。この活動の一環として、外国において自国の文化センターを設置すること、海外ラジオ放送などを通じて自国に都合のよい思想や主張を相手国に広めること、また他の諸国の政府やマスコミへの働きかけを通じて相手国の政府へ圧力をかけることなどがある。但し、この手段が有効に働くには、相手国が政治的に民主化されていることが前提となっている。「文化・学術交流」は、国家間の相互理解の醸成や相手国における自国の支持者や同調者の育成を目指す間接的かつ長期的な影響力の行使である。この交流には、展覧会・博覧会・学術会議などを開催すること、また無償留学生

を受け入れることなどがある。

　第 5 は、「非公式影響力（秘密工作）」であり、政府の公式な活動ではない秘密の非公式な活動を通じての影響力である。非公式影響力は、各国の「情報機関（intelligence agency）」が、外交的・経済的・軍事的・心理的影響力を秘密裡に用いて行使される影響力である。情報機関として、アメリカの「中央情報局（CIA）」、イギリスの「秘密情報部（SIS, MI 6）」、旧ソ連の「国家保安委員会（KGB）」、ロシアの「対外情報庁」、および中国の「国家安全部」や「人民解放軍・聯合参謀部第 2 部」などが存在する。この影響力の具体的ものとして、相手国における情報収集、情報操作、政治的裏工作、要人の暗殺などがある。

　影響力の種類を、価値や利益を供与する「報酬」、価値や利益の供与を予告する「約束」、価値や利益の剥奪を予告する「脅迫」、および価値や利益を剥奪する「処罰」のように分類することも可能である。

　国家は、自国が利用できる様々なパワー基盤を影響力に転化させ、さらにそれらの影響力を効果的に組み合わせた「総合的影響力としての国力」を用いて、対外的目的を追求していく。例えば、米国、ロシア、中国のような、大きなパワー基盤を持ち、そしてそれらを影響力に効果的に転化できる能力を持つ国家ほど、対外的目的の達成が容易となる。

e．影響力の有効性の問題

　影響力の有効性は、それが行使される環境によって異なってくる。このため、現代の国際社会において、「軍事的影響力」の有効性が次第に減少している。その理由の第 1 は、第 2 次世界大戦以前の国際社会において軍事力の行使は国家の権利として認められていた。しかし、国連憲章、平和条約・協定の締結などによって軍事力の行使が非正当化されるようになった。理由の第 2 は、ベトナム戦争（1965～75）、アフガン戦争（1978～89）、中東紛争（1948～）、アフガン紛争（2001～）、イラク戦争（2003～）などの歴史的な経験から、イデオロ

ギー・宗教・民族問題に対して軍事力があまり有効ではないことが明らかとなった。理由の第3は、経済・社会的交流が増大しそして経済・社会的相互依存が増大したため、また冷戦の終焉によって東西陣営の対立が緩和したため、国際関係において貿易、通貨、金融、資源、エネルギー、環境、難民などの軍事力によって解決できない経済・社会的問題が増加しまたその重要性が増大したことである。

これとは逆に、「経済的影響力」の有効性は増大している。その理由は、現代の国際社会において経済・社会的交流が増大しまた経済的相互依存が深化したことによって、国家間相互が経済・社会的に影響を受けやすくなったためである。

また、現代の国際社会において、「心理的影響力」の有効性が増大している。その理由は、国家間のコミュニケーション手段が増加しまた多様化したことによって、相手国民への心理的影響力の行使が容易となったためである。そして、国内政治の民主化が進展したことによって、国民の世論やマスコミの論調が政府の政策決定過程に反映しやすくなったためである。

「外交的影響力」は、他の総ての影響力を背景として行使される複合的なものであるため、他の影響力の有効性の変化を考慮しなければならない。現代の国際社会においては、軍事的影響力の有効性が低下して、非軍事的影響力の有効性が増大している。また、国家行為体の増大、脱国家的関係の増大、国内問題と国際問題との連携、国際的相互依存の深化などによって、国際政治が大きく変容している。このため、利害調整能力、政策構想能力、国際的指導力などの協調的手段によって問題解決を図る必要がある。したがって、外交的影響力の重要性が増大しているといえる。

```
┌━━━━━━━━━━━━━━┥□ 第 7 章 □┝━━━━━━━━━━━━━━┐

        国家の対外政策の形成過程

└──────────────────────────────────────┘
```

⑴　対外政策

　国際行為体としての国家は、対外的な目的としての国益を達成するために、手段としての国力を用いて、環境としての国際社会に働きかける。この章においては、国家の対外的目的や手段を含む対外政策がどのように形成されるのかという政府内部の「対外政策の形成過程」について分析する。

a．対外政策と外交

　「対外政策（foreign policy）」とは、政府の追求すべき対外的目的およびそれを実現するための対外的手段などの国家の対外的行動に関しての基本的な政府の方針・計画である。

　これに対して、「外交（diplomacy）」とは、対外政策を実施する手段としての政府間の相互作用およびその過程であり、具体的には、政府間の交渉、対外的な事務的処理、外交儀礼的行事などである。

b．対外政策の内容

　国家（政府）が実現すべき価値・利益である国益によって対外政策の内容、すなわち国家の対外的な目的と手段は大きく規定される。国益の具体的目標としての対外的目的、およびそれを達成するための国力を構成する対外的手段が有機的に結合されたものが、対外政策である。

　政府の対外政策の目的、すなわち対外的目的は、国家が国際社会において国益を実現するために具体的に設定する目標である。対外的目

的には、安全保障目的として独立の維持、領土の保全、国民の防衛があり、また経済・福祉的目的として国内産業の保護と育成、海外資源や市場の確保、自由貿易体制の維持があり、また精神・文化的目的として国際的地位や威信の維持、国家的理念や文化の擁護、国民的一体性の維持などが含まれる。

　政府の対外政策の手段、すなわち対外的手段は、国家が国益（対外的目的）を実現するために用いられ、それら対外的手段の総体が「国力」となる。対外的手段には、外交的影響力として外交交渉（説得、妥協、譲歩）があり、また経済的影響力として経済的利益の供与（資金援助、技術的援助、経済・貿易関係の開始や促進）および経済的利益の剥奪（援助の停止、経済・貿易関係の停止や阻害）があり、また軍事的影響力として軍事的利益の供与（兵器の供与、軍事顧問団の派遣、軍事同盟の締結、安全保障的な保護）および軍事的利益の剥奪（軍事的威嚇、軍事的封鎖、軍事力の行使）があり、また心理的影響力として対外宣伝活動や文化・学術交流、また非公式の影響力として秘密工作などが含まれる。

　対外政策における目的と手段の関係、また国益と国力の関係は、双方向的な関係である。すなわち、対外政策において、国家が掲げる「国益や対外的目的」がそれらを実現するために用いられる「国力や対外的手段」を一方的に規定するのではない。国家が保有しかつ用いることができるパワー基盤には限界があるため、「国益や目的」も国家の現有の「国力や手段」によって逆に規定される。それゆえ、対外的目的と対外的手段の両者は、相互に規定的なものである。

(2)　**対外政策の形成過程**
　a．対外政策形成過程の一般的モデル

　　〔対外政策の形成過程〕

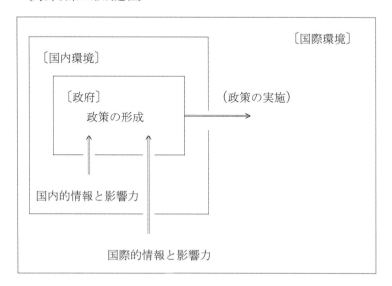

　　対外政策の形成に影響を与える情報と影響力は、様々なものがある。もちろん、対外政策を形成するのは政府であるが、政府の内部においても様々な行政官庁および議会が対外政策の形成に影響を与える。

　　対外政策の形成においては、行政府のなかでも外務・防衛省が最も中心的な役割を果たす。しかし、現代の国際社会において経済・社会的交流および相互依存が増大したことによって、国際関係において経済・社会的問題が増加したため、他の省庁（財務省、経済産業省、農林水産省、環境省など）の関与が増大している。ただし、こうした多くの省庁が対外政策の形成に関与することは、対外政策形成過程の複雑化および「外交の多元化」をもたらす。

　　議会も対外政策の形成に対して様々に関与している。議会は、その

「立法措置」によって行政府の対外的な活動や権限を規制することができ、またその「予算権限」によって行政府の対外的活動を制限することができ、また、「行政監督権」によって行政府に対する調査権および外務委員会での審議権を有しており、また署名された条約に対する「批准権」によって条約を承認することができる。このような様々な権限にもとづいて、議会は対外政策の形成過程に影響を与えることができる。

〔政府内の政策形成過程〕

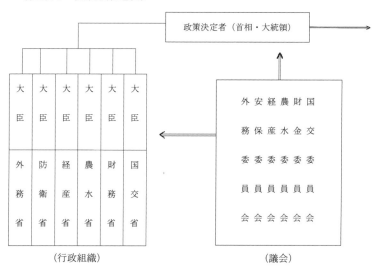

また、国内政治においては、与党を中心とする政党、マスコミ（第4権力）、国内利益集団、国民世論も、対外政策の形成過程に影響を与える。さらに、国際的には、外国政府、国際機関、外国の利益集団、国際世論が、対外政策の形成過程に影響を与えることができる。

b．アリソンの対外政策形成モデル

　米国の国際政治学者であるグラハム・アリソン（Graham T.

Allison）は、1971 年に著した『決定の本質（Essence of Decision)』
のなかで、政府内における対外政策形成過程の分析をおこない、以下
のような三つの政策形成過程モデルを提示した。

　第 1 のモデルは、「合理的行為者モデル」である。このモデルにお
いては、「政府は周囲の環境に合理的に対応する単一的（統一的）行
為体である」という前提に立つ。このモデルでは、政策決定過程は、
政策決定者が明確な目標を設定し、それを実現するための複数の手段
を選定し、それぞれを効率性や費用・便益の観点から評価し、そして
最良のものを選択する合理的プロセスであると見なしている。またこ
のモデルは、対外政策分析の伝統的なモデルとして認識されており、
国際政治学においてはこのモデルを前提にして議論することが多い。
しかし、現実の政策形成過程においては、政策決定者が、状況を正確
に分析し、それに対応するための目的を設定し、それを実現するため
の手段を選択するなどの「最良の決定」をおこなう上で必要となる
「十分な情報・知識またそれらを処理する能力」を常に備えているわ
けではない。

　第 2 のモデルは、「組織過程モデル」である。このモデルにおいて
は、「政府は半ば自律的な行動様式をもつ多くの組織のゆるやかな複
合体である」という前提に立つ。このモデルでは、政策形成過程は、
官僚組織内の標準作業手続（SOP）に基づいた準機械的なプロセスで
あると見なしている。このモデルは、次の二つの官僚主義の特徴をう
まく捉えている。先ず、「前例主義」であり、官僚組織は、問題に対
して慣例的・ルーティン的にしか対応せず、新たに生じた前例のない
問題や事態に対応することを苦手とするという特徴である。次は、
「部局主義」であり、官僚組織は、国家的（全体的）合理性ではなく
組織的（部分的）合理性の観点から問題に対応し、国家的利益（国
益）ではなく組織的利益（省益）を優先して問題を処理する傾向があ
る。

　第 3 のモデルは、「政府内（官僚）政治モデル」である。このモデ
ルにおいては、「政府は権限と管轄事項を分有し、それに関する役割

を積極的に果たそうとする多くの組織の複合体である」という前提に立つ。このモデルでは、政策形成過程は、組織上の地位と役割に基づき行動する（言い換えるなら、行政府内のそれぞれの組織の目的や利益を代表し、それらを追求する）組織の長である「プレーヤー」の間のゲーム的な相互作用（政治的な駆け引きや取り引き）のプロセスであると見なしている。また、プレーヤーは、国家安全保障的利益、組織的利益、国内政治的利益、個人的利益に同時に関心を持つと想定されている。しかし、このモデルは、プレーヤー間のゲーム的側面を重視しすぎている。

　上述したようなアリソンの政策形成過程モデルは、行政府内だけの政策形成過程に分析が集中している。たしかに、対外政策の形成過程において行政府が中心的役割を果すことも事実であるが、より広範な政治過程に目を向ける必要もある。

c．他の政策形成過程モデル

　他の政策形成過程のモデルの一つとして、「府間政治モデル」がある。米国においては議会の対外政策形成過程への影響力が強いため、行政府の組織だけでなく、行政府と立法府（議会）との間の政治過程を考察する必要があるため、政府内政治モデルの適用範囲を議会にまで拡大したものである。

　他のもう一つのモデルとして、「国内政治モデル」がある。このモデルにおいては、国内政治の全体的構造をモデル化して捉えている。このモデルでは、国内政治に大きな影響を与える政治制度・政治組織・政治主体などの様々な構造的側面を考察する。このモデルでは、「大統領制と議院内閣制」との相違、また日本の保守独裁時代の「自民党・官僚・財界」の対外政策形成に対するそれぞれの影響力などを考察できる。

d．対外政策の形成過程の変化

　現在の国際社会においては、対外政策の形成過程が次のように変化

しつつある。

　変化の第 1 は、対外政策の形成過程が「民主化・公開化」していることである。従来、対外政策の形成は君主や国家元首の専権事項であり、国際関係においては政府による秘密外交が普通であった。しかし、現代では民主政治や公開外交の理念の確立とともに、対外政策の形成過程に対する議会や世論の影響力が増大し、より公開されたものとなった。

　変化の第 2 は、対外政策の形成過程の内容が「多様化」していることである。従来、対外政策の内容は、高度に政治的な問題や安全保障に関する問題、いわゆる高次元の政治に係わる争点が中心であった。しかし、脱国家的関係の増大および経済的・社会的相互依存の深化とともに、貿易、通貨、金融、資源、エネルギー、環境、難民などの経済・社会的問題、いわゆる低次元の政治に係わる争点が増大したため、こうした問題が対外政策形成の多くを占めるようになった。

　変化の第 3 は、対外政策の形成過程が「複雑化」していることである。すなわち、外交の民主化が進展したため、また国内問題と国際問題のリンケージによって国際問題への関心が増大したため、「議会や世論」の政策形成過程への影響力が増大した。さらに、行政府内部での対外政策形成において、従来は外務省や防衛省が主導権を握っていたが、国際関係における経済・社会的問題の増加とともに、経済産業省・農林水産省・財務省・国土交通省などの「多数の経済省庁」が政策形成過程へ関与するようになった。その結果、政策形成過程に関与する人々や組織が増加して、対外政策の形成過程が複雑化している。

　このような対外政策形成過程の複雑化によって、対外政策の形成と実施における政治家の「国民世論への迎合」および政府内部での対立が生まれ、対外政策の形成や実施における混乱をもたらしている。

　上述した対外政策形成過程における「民主化」には、問題点も存在する。すなわち、国民世論の介入によって適正な対外政策の形成や実施が阻害されるということである。その理由の一つとして、一般大衆は対外問題に関する十分な知識や判断能力を持っていないことが挙げ

94

られる。それにもかかわらず、大衆の多くはマスコミやインターネットなどに煽動されて感情的な判断を下し、そして自己中心的で短絡的な行動をとる。こうした傾向は、2001年9月11日に起った同時多発テロの後の米国国民の反応などにも見られた。このとき米国国民は、テロリストだけではなくイスラム教徒全体を激しく憎悪して、アフガン攻撃やイラク攻撃を短絡的に支持した。他の理由として、政治家が「国民へ迎合」するということが挙げられる。政治家は、自分の保身や次の選挙のために国民受けする政策を選択する傾向があるため、国家や国民にとって本当に重要でまた長期的展望をもった政策が選択されにくい。

　現在、欧米先進工業諸国において、大衆迎合主義（populism）や劇場型政治が広まり、民主政治が衆愚政治へと堕落する恐れがある。

　このように、国内政治の変化が、対外政策の形成に様々に影響を与える。

(3) 日本の対外政策の形成過程
a．日本の対外政策

　日本の対外政策は、国際協調主義に基づく「積極的平和主義」の立場に立ちながら、「地球儀を俯瞰する外交」を展開してきた。日本政府は、国益の増進に力を尽くすとともに、国際社会の平和と繁栄に貢献し、平和国家としての歩みを更に進めていくことを目指している。

　この目的のために、日本政府は次の六つを重点課題として外交に取り組んでいる。第1に、日本の外交・安全保障の基軸でありまた東アジア地域と国際社会の平和と繁栄にも大きな役割を果たしている「日米同盟」を更に強化すること。第2に、北朝鮮による日本人拉致、核兵器やミサイルの保有といった諸問題を包括的に解決して「日朝国交正常化」を図ること。第3に、中国・韓国・ロシア・インド太平洋地域の主要なパートナー諸国などの「近隣諸国との安定的な関係」を築いていくこと。第4に、緊迫する中東情勢へ対応するため、経済のみならず、政治・安全保障・文化・人的交流を含めた幅広い分野におい

て「中東地域諸国との関係」の強化に努めること。第 5 に、自由で開かれた国際経済システムを強化するためのルール作りを日本が主導することによって、世界の主要国が一致して「主要な世界経済の課題」に団結して取り組むこと。第 6 に、平和構築、テロ、軍縮・不拡散、法の支配、人権、女性、防災、国際保健、環境・気候変動など「地球規模の課題に対して国際貢献」を進めること。

　日本政府は、このような対外的な目的を掲げ、またこれらを実現するために対外的な手段を選択するなどして、対外政策を遂行している。

b．日本の対外政策形成過程

　日本の対外政策の形成過程は、「三脚柱システム」と言われている。つまり、首相や外相などの「対外政策の決定者」に「自民党、財界、外務官僚」の三者が大きな影響を与える構造となっている。

　自民党（自由民主党）は、1955 年の保守合同による誕生以来、一党優位体制のまま、長く日本の政治を支配してきた政党である。その党名が示すように、自由主義と民主主義を標榜する保守主義の政党である。日本の対外政策はこの自民党の影響を大きく受けるため、米国を中心とする自由主義諸国との連携を重視して、米国との日米安全保障条約に基づく「対米協調（追随）外交」を展開してきた。また、党内に多数の派閥が存在するため、政策形成において党内のコンセンサスを重視する「コンセンサス外交」を執ってきた。そして、自民党は戦後の日本政治において「単独政権」であった時期が長かったため、それに主導された日本の対外政策において「外交の一貫性」が維持されてきた。

　財界（経済界）は、大企業を中心とした経営者が構成している社会であり、日本経済団体連合会（日経連）、日本商工会議所、および経済同友会（同友会）などが、財界の中心となっている。財界は、自民党などの政界に対して多額の政治献金をおこなっており、日本の政治に対して強い影響力を持っている。このため、日本の対外政策は経済

的利益を重視する「経済第一主義外交」であり、対外政策を官民一体となって遂行するため、「日本株式会社」と揶揄されることもあった。日本の対外政策において、国内産業を保護・育成することが重要な課題であり、一方で、日本の農業を守るため、農産物の輸入を制限する「保護主義的」な貿易政策を執ってきた。他方で、家電産業や自動車産業を発展させるため、工業製品の輸出を促進する積極的な貿易政策を執ってきた。

　日本の対外政策は、実質的に外務省の外務官僚によって企画・立案された原案をもとにして自民党や政府の議論を経て決定されていく。このため、日本の対外政策は、外務官僚が大きな影響力を持つ「官僚主導」の対外政策である。官僚主導のため、「前例主義」によって対外問題が処理され、そこには「外交の一貫性」が維持される。また、官僚制に特有の「稟議制」は、官僚組織の末端に位置するものが、稟議書（決裁文書）を起案し、それを組織の上位の役職のものに順次回覧し、それぞれの役職の承認を経て官僚組織の最高権限者によって決裁される方式である。こうした政策形成過程が外務省においても多く、そこには「コンセンサス外交」が維持される。しかし、このような前例主義や稟議性を重視する政策形成過程は、緊急の問題や危機的状況には対応することが困難である。

　日本の対外政策は、自民党の長期政権、経済第一主義、および官僚指導という特徴のため、その政策形成や実施において一貫性やコンセンサスが見られ、安定した対外政策が遂行されている。このことは、対外政策が漸進的にしか変更されず、国際社会の変化に十分に対応できないという問題を併せ持っている。また、近年、国際関係の争点として経済・社会問題が増加してきたことによって、大蔵省・経済産業省・農林水産省などの経済官庁が対外政策の形成へ関与することが多くなり、政策形成過程が複雑化し、「多元外交」となっているという批判がある。このように、日本の対外政策には、その遂行において強力なリーダーシップが存在せず、緊急の問題や危機的な状況に十分に対応できないという問題を残している。

```
┌─────────────────────┤ 第 8 章 ├─────────────────────┐
│                                                          │
│                                                          │
│               国家間の相互作用                           │
│                                                          │
│                                                          │
└──────────────────────────────────────────────────────────┘
```

⑴　国家の利益と力にもとづく国家間の安定性

　中央集権的な政府が存在しない国際社会において、国家の行動や相互作用は、国家間のパワー関係と利益関係によって決定され、また国際社会の安定性もこれらによって影響を受ける。

ａ．利益と力にもとづく国家間の関係

　国家間における利益関係、すなわち国家間の利益が一致しているかまた一致していないかが、国家間の関係を大きく規定する。すなわち国家間の利益が一致する場合、国家間の関係は「協調関係」となる。しかし、国家間の利益が一致しない場合、国家間の関係は「対立関係」となる。

　国家間における力（パワー）の関係、すなわち国家間の力関係が同等であるかまた格差があるかが、国家間の関係を大きく規定する。すなわち、国家間の力関係が同等である場合、国家間の関係は「対等関係」となる。しかし、国家間の力関係に格差がある場合、国家間の関係は「上下関係」となる。

　国家間の基本的関係は、上述した利益関係および力関係によって大きく影響を受け、これらの組み合わせによって次のような関係が生まれる。

　第 1 の国家間関係は、「敵対関係」である。この国家間関係においては、国家間の利益が一致せずかつ力関係が同等であるため、国家は互いに対立しながら力によって自国の利益を実現しようとする。この関係は、第 2 次世界大戦前における「列強諸国」間の関係に当てはま

り、この関係において列強諸国は植民地の獲得や経済権益の確保をめ
ぐってゼロ・サム的な闘争を繰り広げていた。

　第2の国家間関係は、「協力関係」である。この国家間関係におい
ては、国家間の利益が一致してかつ力関係が同等であるため、国家は
相互の利害の調整と協調によって共通利益を達成しようとする。この
関係は、現在のヨーロッパ連合（EU）諸国間の関係に当てはまり、
この関係においてEU諸国は互いの政策協調や共通政策によって共通
の経済的・安全保障的利益を実現している。

　第3の国家間関係は、「支配・従属関係」である。この国家間関係
においては、国家間の利益が一致せずかつ力関係に格差があるため、
力のある大国が力のない小国を力によって支配し、従属的な地位に押
さえつけて、自国の利益を達成しようとする。この関係は、冷戦期の
ソ連と東欧諸国間の関係に当てはまり、この関係において東欧諸国は
ソ連の経済・安全保障的利益に奉仕させられていた。

　第4の国家間関係は、「指導・追従関係」である。この国家間関係
においては、国家間の利益が一致してかつ力関係に格差があるため、
力のある大国が力のない小国を指導する形で共通利益を達成し、そし
て大国だけでなく小国もその共通利益の一部を享受できる。この関係
は、冷戦時における米国と日本、または米国と西欧諸国間の関係に当
てはまり、この関係において米国だけでなく日本や西欧諸国も経済・
安全保障的利益を得ていた。

〔利益と力にもとづく国家間の関係と安定性〕

		利益関係	
		不一致	一致
力関係	同等	敵対関係	協力関係
	格差	支配・従属関係	指導・追従関係

（安定）

（安定）

　この国家間関係は、人間関係も含めて総ての行為体間の関係に当てはまる。ここでは、それぞれの関係はモデルとして抽象化された関係であり、現実の国家間の関係はこれらの総ての関係が少しずつ含まれている。

　また、〔敵対関係 < 支配・従属関係、協力関係 < 指導・追従関係〕の順で行為体間の関係の安定性が高い。

b．国家間関係の安定性

　上述の分析から、国家間関係が安定するには次のような条件が必要である。

　第1の条件は、国家間に「共通利益」が存在することである。それゆえ、国際社会において、集団防衛や集団安全保障のような軍事的安全保障、また自由貿易体制や経済的相互依存のような国際経済における協調によって、国家間の共通利益を生み出し、さらにその領域が増

大させることが重要である。

　第2の条件は、国家間関係において強力な国家や国際組織による「リーダーシップ」が存在することである。国際社会において中央集権的政府が存在しないため、これに代わってリーダーシップをとる強力な国家（国際組織）の存在が重要である。これらの国家や国際組織が国際社会のルールを設定し、また国家間の利益の調整や共通利益の実現を図ることが必要である。

　ただし、力や利益の他にも国際社会の安定性に影響を与える要因は存在するので、これらの要因だけでは国際関係の安定性を断言できない。

⑵　国家の力と満足度にもとづく国家間の安定性

　国際社会における国家の行動は、国家の有する国力と国際社会の現状への満足度によって規定される。そのため、国際社会の安定性も、国家の国力と満足度という要素によって影響を受ける。

a．国家の力と満足度に基づく国家行動

　国家が有する「国力」は、その国家が国際社会の現状を維持または変更する能力を規定する。すなわち、大きな国力を有する「大国」は、現状を維持または変更する「能力」が大きい。そして、小さな国力しか有しない「小国」は、現状を維持または変更する「能力」が小さい。

　国際社会の現状に対するある国家の「満足度」は、その国が現状を維持または変更しようとする「意図」に影響する。国際社会の現状に満足する国、すなわち「現状満足国」は現状の変更を望まず、現状を維持しようとする「意図」を持つ。また、国際社会の現状に不満な国、すなわち「現状不満国」は現状の維持を望まず、現状を変更しようとする「意図」を持つ。

　国家の行動は、上述したように国家の有する国力および国際社会への満足度によって規定され、これらの相違により次の四つの行動形態

が生まれる。

第1に、国際社会において、大国でかつ現状満足国は、現状を維持する能力と意図を十分にもち、積極的に現状維持的な行動をとる。すなわち、この国は積極的な「現状維持国」となる。

第2に、国際社会において、大国でかつ現状不満国は、現状を変更する能力と意図を十分にもち、積極的に現状変更的な行動をとる。すなわち、この国は積極的な「現状変更国」となる。

第3に、国際社会において、小国でかつ現状満足国は、現状を維持する能力を十分にもたないが、現状を維持する意図をもっており、国力の可能な限り現状維持的な行動をとる。すなわち、この国は消極的な「現状維持国」となる。

第4に、国際社会において、小国でかつ現状不満国は、現状を変更する能力を十分にもたないが、現状を変更する意図を持っており、国力の可能な限り現状変更的な行動をとる。すなわち、この国は消極的な「現状変更国」となる。

b．国際社会の安定性

国際社会の現状を維持または変更しようとする国家の国力と満足度、すなわち国家の能力と意図によって、国際社会の安定性が決定される。

国際社会の現状に満足しかつ現状を維持しようとする意図を持つ国々の力の総体を、「現状維持勢力」とする。また、国際社会の現状に不満でありかつ現状を変更しようとする意図を持つ国々の力の総体を、「現状変更勢力」とする。この場合、国際社会の現状に不満な現状変更勢力よりも、現状に満足な「現状維持勢力」が大きい場合は、国際社会は「安定」する。しかし、国際社会の現状に満足な現状維持勢力よりも、現状に不満な「現状変更勢力」が大きい場合は、国際社会は「不安定」となる。

とりわけ、パワー・ポリティクス的な国際社会において「大国」の影響力は大きいため、「大国の意図」によって国際社会の安定性が決

定される。すなわち、現状の維持を意図する大国が多ければ、国際社会は非常に安定する。しかし、現状の変更を意図する大国が多ければ、国際社会は非常に不安定となる。

c．国際社会の安定性の歴史的分析
　　〔第２次世界大戦前〕
　　第２次大戦前の国際社会においては、多くの植民地や保護領を有していたイギリス・フランスなどの「先発資本主義諸国」は、従来からの植民地帝国の維持を目指し、現状の維持を望んでいた。これに対し、植民地を有しないドイツ・イタリア・日本などの「後発資本主義諸国」は、既存の植民地の再分割を目指し、現状の変更を望んでいた。このため、両勢力の間で「帝国主義」的な対立が深まっていった。また、ソ連は、国家としての生存を図るため、また共産主義勢力の拡大のため、現状の変更を望んでいた。この時期の国際社会は、現状維持勢力と現状変更勢力が対立していたため、非常に不安定であった。

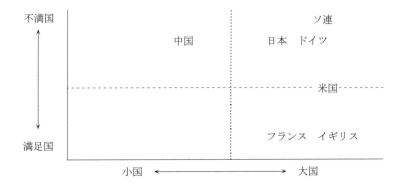

　　〔第２次世界大戦後（冷戦前期）〕
　　第２次大戦後の冷戦前期の国際社会においては、超大国となった共産主義のソ連が、東側諸国と同盟して共産主義勢力の拡大を目指し、

現状の変更を望んでいた。しかし、同様に超大国となった米国は、イギリスとフランスなどの西側諸国と同盟して、自由主義の政治体制および資本主義の経済体制を擁護するために、現状の維持を望んでいた。この時期の国際社会は、「2極構造」であり、自由主義と共産主義のイデオロギー対立という形で現状変更勢力と現状維持勢力とが対立していたために、少し不安定であった。

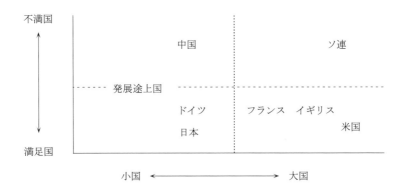

〔冷戦中・後期〕

　冷戦の中・後期の国際社会においては、フランスと中国は米国とソ連の覇権に反発して自立化を目指し、現状の変更を望んでいた。このため、この時期の国際社会は「多極構造」となり、複雑で混乱した状況となった。さらに、アジア・アフリカの発展途上諸国が、欧米中心の国際経済体制に不満をもち、新国際経済秩序（NIEO）を主張して現状の変更を望んでいた。しかし、日本とドイツは自由主義・資本主義の大国として発展し、現状の維持を望んだ。また、東側諸国のリーダーとして現状から相応の利益を得ていたソ連は、以前ほど現状の変更を望まなくなっていった。この時期の国際社会は、現状維持勢力の力がさらに拡大したため、以前より安定性が高まった。

104

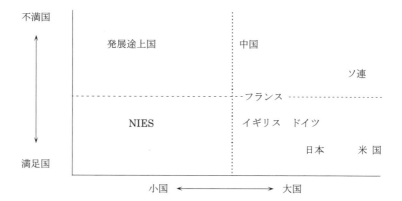

〔冷戦後〕

　冷戦後の国際社会においては、自由主義・資本主義である米国・日
本・ドイツ・イギリス・フランスなどの大国の多くが現状の維持を望
んでいる。これまで現状の変更を望んでいた共産主義のソ連が崩壊し
て、自由主義・民主主義を掲げるロシアとなり、従来よりも現状の維
持を望むようになった。発展途上諸国の一部は NIES（新興工業経済
地域）として著しい経済発展を遂げたため、また産油国は石油の輸出
によって多大な利益を得るようになったため、それらの諸国は次第に
現状の維持を望むようになった。しかし、中国が経済的・軍事的に発
展し、これまで以上に強大化したため、更なる現状の変更を望んでい
る。このような現在の国際社会は、多極構造システムではあるが、現
状の維持を望む大国が多くまた現状の変更を望む大国が少ないため、
非常に安定性が高くなっている。

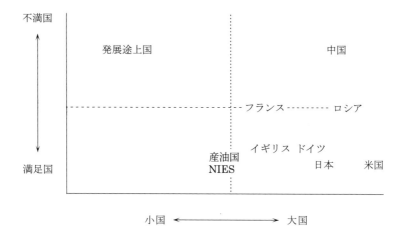

第4部　国際システムの構造と変動

第9章

国際システム

⑴ 国際システムと力の構造

a．国際システム

　始めに、「国際システム（international system）」という言葉の意味をここで明確にしておきたい。第1章で述べたように、国際（international）という語は「国家（国民）間の」という意味である。また、システム（system）という語は、一般システム理論の立場から、「複数の要素が相互に関連して一つの全体をなしているもの」、また「相互作用をおこなう諸要素の複合体」であると定義される。さらに、これを詳しく説明すると、システムとは、第1にシステムを構成する「構成要素（component）」が存在し、第2に構成要素の間におこなわれる「相互作用（interaction）」が存在し、第3に相互作用のなかに規則性をもった関係性である「構造（structure）」が存在し、そして第4にシステムの内と外を分ける「境界（boundary）」が存在するという条件を満たす集合体である。

　したがって、「国際システム」とは、構成要素として複数の「国家」が存在し、国家間の相互作用として多様な「国際関係」が存在し、国際関係のなかに構造としての「国際的な役割・組織・制度」が存在し、そして他の領域の社会的システムや自然システムとの間に境界が存在するものを意味する。ただし、現在の国際社会においては、国家だけではなく国際組織・非政府組織・多国籍企業などの国際行為体も様々な領域で活躍しており、これらの行為体のなかで国家間関係に影響を与えるものは国際システムの構成要素と見なすべきであろう。

　1950年代に一般システム理論や社会システム理論の影響を受けて、

曖昧な「国際社会」という言葉の代りに、より学問的な概念として国際システムという用語が用いられるようになった。国際システムの研究においては、国際社会を様々な国家間関係から構成される一つの全体システムとしてとらえ、構成要素の相互作用を全体構造に関連づけて理解しようとする。

b．力（影響力）の関係としての国際関係

　国際社会を国家間のシステムすなわち「国際システム」として捉えた場合、国際システムには国家間の「力の構造（power structure）」が存在する。国際社会には、力（影響力）を有する国家が存在し、これらの諸国が力を行使するため、国家間の相互の力関係である力の構造が生まれる。

　そして、国家や政府の行動が、政策決定者の「自由意思」によって決定されるだけでなく、国家を取り巻く国際社会という「与えられた環境」によっても影響を受けるため、国際社会における「力の構造」が国際関係に大きな影響を与える。このように、環境としての力の構造が国際社会における行動を大きく拘束し、また国家の地位や役割を大きく規定する。

　そして、国際システムを国家間の力関係、すなわち「力の構造」から認識できるとするならば、このシステムは政治システムであるので、「国際システムは、国際政治システム（international political system）」と言い換えることができる。

c．極の分布状況としての力の構造

　国際社会における力の構造は、「極（pole）」の分布状況として把握することができる。ここで、極とは、国際システムにおいて大きな影響力を持つ国家または国家集団であり、国際システムにおける中心的かつ最も重要なアクターである。国家集団としての極は、単に複数の国家が一時的に結びついた同盟関係と異なり、極内部にはリーダーシップをとる強大な国家が存在しており、極内部の結束力が強く、ま

た極は長期的に存続するものである。例えば、冷戦期の北大西洋条約機構やワルシャワ条約機構、および現在の EU などである。

　強力な国家や国家集団から形成される「極の分布（distribution of pole）」が国際システムの力の構造を構成する。そして、極の分布の特徴は、「極の数（単極〜双極〜多極）」、「極の力の大きさ（弱小〜強大）」、「極の間の力関係（同等〜格差）」、そして「極の間の利害関係（一致〜不一致）」によって規定されるため、これら極の数や力の大きさや利害関係が変化することによって力の構造、さらに国際システムの在り方が変わってくる。

(2)　カプランの国際システム論

　米国の国際政治学者であるモートン・カプラン（Morton A. Kaplan）は、1957 年に『国際政治におけるシステムと過程（System and Process in International Politics）』において、国際システムを 6 種類のモデルに類型化し、それぞれのシステムの特徴を分析した。

a．勢力均衡システム（多極システム）

　勢力均衡システムの「構成要素」は、大国である。この国際システムは、5 ヵ国以上の大国によって構成され、国際機構はあったとしても強力な制裁力をもたない。このシステムの「構成要素間の相互作用」の特徴として、システム内で絶対的優位に立つ国家や国際機構の出現を阻止するため、主要な国際行為体である大国によって短期的な同盟を自由に結び変えるという勢力均衡政策がとられる。このシステムは歴史的に存在し、18〜20 世紀初めに欧州に存在した古典的な国際システムがその例である。

b．緩い双極システム

　緩い双極システムは、それぞれ超大国を盟主とする二つの同盟ブロック、非ブロック諸国、国際機構から構成される。この国際システムの「構成要素間の相互作用」の特徴として、ブロック・リーダーに

率いられる二つの同盟ブロックが対立しあっている。このシステムに
おける両ブロック内部の結束力は強いが、ブロック内諸国はブロッ
ク・リーダーである超大国に対してある程度自律的であり、ブロック
外の国際行為体との相互作用を容認されている。また、このシステム
においては、非ブロック諸国や国際機構が両ブロック間の対立の調停
や仲裁に重要な役割を果たす。このシステムは歴史的に存在し、第2
次大戦後の米ソの両超大国が敵対する冷戦期の国際システムがその例
である。

c．固い双極システム

　固い双極システムは、それぞれ超大国を盟主とする二つの強固な同
盟ブロックから構成される。この国際システムにおいては、非ブロッ
ク諸国は消滅し、国際機構は弱体化している。このシステムの「構成
要素間の相互作用」の特徴として、ブロック・リーダーに率いられる
二つの同盟ブロックが対立しあっている。またこのシステムにおいて
は、両ブロック内はブロック・リーダーである超大国の強い支配下に
あり、ブロック内諸国の独自の行動は強く規制されている。このシス
テムは、緩い双極システムよりも分極化が更に進んだ国際システムで
あるが、歴史的には存在していない。

d．普遍的国際システム

　普遍的国際システムは、普遍的国際機構とこれに参加する主権国家
から構成される。この国際システムの「構成要素間の相互作用」の特
徴として、普遍的な法の支配と相互主義に基づき、国際機構によって
国際紛争や対立が平和的に解決される。またこのシステムにおいて
は、主権国家は自国の国益も追求するが、システム全体の利益を優先
する。このシステムにおいては、国際連合が現在よりも強力な政治的
な権限を持ち、国連を中心とした集団安全保障体制が確立され、国際
の平和と安全のために十分な機能を果たすようになっている。現在の
EUはこのシステムに近いものであるが、その範囲はヨーロッパに限

定されているので、このシステムは歴史的にはまだ存在していない。

e．階層的国際システム

　階層的国際システムは、中央政府的な「世界政府」と地方政府的な国家から構成されるが、国家の主権は喪失しているため、実質的には、国際システムではなくなっている。この国際システムの「構成要素間の相互作用」の特徴として、超国家的な世界政府が各国家や民族に対して中央集権的な統治をおこなう。ただし、このシステムの成立過程の違いによって、国際システムの性質も異なってくる。すなわち、単一の国家が他の国家を征服することによってこのシステムが成立した場合には、このシステムは支配的（独裁的）なシステムとなる。しかし、普遍的国際機構が超国家的な権限を次第に持つようになってこのシステムが成立した場合には、このシステムは、非支配的（民主的）なシステムとなる。このシステムは、国内政治システムに近いものであり、歴史的にはまだ存在していない。将来的に実現されるべきものであり、人類にとっては最終的に目指すべき社会システムである。

f．単位拒否国際システム

　単位拒否国際システムは、国家の規模は等しくないが、総てが大量破壊兵器（核兵器）を保持する多くの主権国家から構成される。この国際システムの「構成要素間の相互作用」の特徴として、各国が他の総ての国に対して核による報復能力（核抑止力）をもつ関係にあり、相互に孤立した手詰まりの関係にある。このシステムは、核兵器や大量破壊兵器が世界中に拡散した場合の国際システムであり、歴史的にはまだ存在していない。しかし、冷戦後の世界においては、地域大国が独自に核開発や生物・化学兵器の開発をおこなっており、このシステムに類似したシステムが出現する恐れもある。

g．カプランの国際システム論の評価

　カプランの唱える国際システムは、理念型としての国際システムである。すなわち、勢力均衡システムと緩い双極システムは歴史的に存在した現実のシステムであるが、他のシステムは理論的に構築された仮説的なシステムであり、そこでの彼の議論は説得性や現実性に乏しい。

　また、カプランが提示した国際システムのモデルは、類型化が不十分である。すなわち、単一の超大国が国際システムにおいて指導的役割を果たす単極構造の国際システムも考慮する必要がある。例えば、第2次世界大戦直後またソ連の崩壊直後の米国中心の国際システムは、単極構造の国際システムと見なすことができる。

　こうした国際システムの類型化自体から大きな成果は得られなかったが、カプランの国際システム論は、その後における国際システム論の発展の重要な契機となり、国際政治学の発展に大きく貢献した。

(3)　極の数と国際システムの安定性

　上述したカプランの国際システム論は理論的に不十分な内容であったので、この節では、極の分布に基づいた国際システム論をさらに詳しく論じる。

a．国際関係の安定性

　国際システムは、本章の(1)で述べたように、システムの構成要素として複数の「国家」が存在し、国家間の相互作用としての多様な「国際関係」が存在し、国際関係のなかに構造としての「国際的な役割・組織・制度」が存在し、そして他の領域の社会的システムや自然システムとの間に境界が存在するものをあらわす。

　また、国家間関係の多くは、第8章の(1)で述べたように、国家間の利益と力の関係によって決定される。そして、〔敵対関係 ＜ 支配・従属関係、協力関係 ＜ 指導・追従関係〕の順で行為体間の関係の安定性が高い。

　それゆえ、国家間関係が利益と力の関係によって決定されるのであ

114

れば、国際システムも利益と力の関係によって決定され、さらに国際システムの安定性もそれらの影響を強く受ける。

　もちろん、国際システムの安定性に対して影響を与える要因は他にも多くあり、力と利益の観点だけではなく他の要因をも考慮して、国際システムの安定性を判断すべきである。

〔利益と力にもとづく国家間関係の安定性〕

		利益関係	
		不一致	一致
力関係	同等	敵対関係	協力関係
	格差	支配・従属関係	指導・追従関係

（安定）→

（安定）

　さらに、国際社会の安定性は、第8章の(2)で述べたように、「現状維持勢力」と「現状変更勢力」との関係によって決定される。すなわち、国際社会の現状に満足な「現状維持勢力」が現状に不満な「現状変更勢力」よりも大きい場合は、国際社会は「安定」する。しかし、国際社会の現状に不満な「現状変更勢力」が現状に満足な「現状維持勢力」よりも大きい場合は、国際社会は「不安定」となる。とりわけ、パワー・ポリティクス的な国際社会において「大国」の影響力は

強いため、「大国の意図」によって国際社会の安定性が決定される。すなわち、現状の維持を意図する大国が多ければ、国際社会は非常に安定する。しかし、現状の変更を意図する大国が多ければ、国際社会は非常に不安定となる。

b．単極の国際システム

　単極の（unipolar）国際システムは、他の総ての国家に優越して指導的な地位にある超大国（superpower）が一国だけ存在し、そして超大国に対して劣勢な地位にある複数の諸国が存在する国際システムである。ここでは、超大国が重要な国際問題を単独で効果的に解決でき、その他の国々がいかように連帯しても、超大国のそうした意図を阻止する力を持っていない。

　この単極の国際システムにおいては、超大国の力が他の総ての諸国に優越しているため、超大国と他の諸国との「国際関係の特徴」は「垂直的」なものとなる。そして、それらの間の利益関係が一致する場合は指導・追従的関係となり、また利益関係が不一致の場合は支配・従属的関係となる。そして、国際システム全体は超大国の指導下に在り、その意思によって国際関係が決定されるため、国際関係は他のシステムと較べて「単純」な関係となる。

　上述したように、この単極の国際システムにおいては、国際関係の特徴は他の国際システムと較べて「垂直的」かつ「単純」な関係である。またこの国際システムにおいては、超大国およびそれに追従する諸国は国際社会の現状に満足している「現状維持勢力」であり、また一部の諸国は現状に不満な「現状変更勢力」となっているので、「現状維持勢力」が「現状変更勢力」よりも大きくなっている。それゆえ、この国際システムにおいては、システム内の対立は強大な超大国の力によって容易に解決でき、超大国の国力が他に優越するかぎり対立が戦争に発展する可能性は少ない。このため、単極システム全体としての「安定性」は、かなり「安定」したものとなる。

　もちろん、国家間の利益関係が不一致の場合よりも、利益関係が一

致した場合（経済的・社会的相互依存関係にある場合や集団安全保障体制が確立している場合）の方がシステムの安定性が高まる。

〔単極システムの歴史的事例〕

　第2次世界大戦直後（1945〜49）の時期はこの単極システムに近いものである。この時期、米国は政治・軍事・経済などあらゆる領域において他の諸国に優越した力（影響力）を有しており、国際社会のリーダーとして戦後の国際社会を構築していった。

　例えば、米国は、当時、世界全体の GNP の 45％以上を独占する経済力を有していた。米国は、戦時中からイギリス・フランス・ソ連に対する軍事・経済援助をおこない、それと引換えにイギリス・フランスの植民地帝国を解体させ、そして戦後には西欧に対するマーシャル・プランを実施し、そしてドルを基軸通貨とする自由貿易体制（IMF／GATT 体制）を確立するなど、経済的に大きな影響力をもった。また、米国は、戦後、強力な陸・海・空軍力を世界的に展開し、また核兵器を独占するなど、軍事的に強大な力を持っていた。さらに、米国は、こうした経済・軍事力を基盤としてイギリス・フランス・西ドイツ・日本など西側諸国を米国へ従属させ、ソ連に中国国民党政府を承認させ、そして国連本部をニューヨークに設置させるなど、政治的にも大きな影響力を発揮していた。第2次世界大戦後において、米国の力の優位によってもたらされた国際社会の安定した状況を「パクス・アメリカーナ（Pax Americana）」と言う。

c．多極の国際システム

　多極（multipolar）の国際システムは、同程度の力を有する大国が多数存在する国際システムである。国際システムにおいて絶対的優位に立つ国家の出現を阻止するため、大国によって短期的な同盟を自由に結び変えるという勢力均衡政策がとられる。この国際システムは、カプランの「勢力均衡システム」に類似している。

　多極の国際システムにおいては、大国間の力がほぼ対等なため、大国間の「国際関係の特徴」は「水平的」なものとなる。そして、それ

らの間の利益関係が一致する場合は協力的関係となり、また利益関係
が不一致の場合は敵対的関係となる。そして、この国際システムにお
いては、多数の国家間において様々な協力関係や敵対関係が存在し、
また国家間の利害が錯綜しているため、国際関係は「複雑」な関係と
なる。

　上述したように、多極の国際システムにおいては、国際関係の特徴
は他の国際システムと較べて「水平的」かつ「複雑」な関係である。
また、複数の大国は、その時々の国際状況によって自国の立場をかえ
るため、「現状維持勢力」と「現状変更勢力」との力関係が変化しや
すい。それゆえ、この国際システムにおいては、多数の大国が国益を
独自に追求するため、利害の衝突が起こりやすく、同盟・敵対関係が
激しく変化し、また戦争が頻繁に起こる可能性がある。このため、多
極システム全体としての「安定性」は、「不安定」なものとなる。

　もちろん、国家間の利益関係が不一致の場合よりも、利益関係が一
致した場合（例えば、経済的・社会的相互依存関係にある場合や集団
安全保障体制が確立している場合）の方が国際システムの安定性が高
まる。

　〔多極システムの歴史的事例〕
　18世紀〜20世紀前半の時期の古典的な国際システムが、多極シス
テムに近いものである。この時期、欧米の列強諸国は、国益の追求や
植民地の拡大によって、互いにパワー・ポリティクスを展開してい
た。代表的な列強諸国として、18世紀には、イギリス・フランス・
オーストリア・ロシア・スペインなどが挙げられ、19世紀には、ス
ペインに代わってアメリカ・ドイツ・イタリアが加わり、20世紀に
は、オーストリア・ロシアに代わってソ連・日本などが登場した。

d．双極の国際政治システム
　双極（bipolar）の国際システムは、他の諸国に優越した力を有す
る二つの超大国が存在し、それらを中心として二つの同盟ブロックが
形成されているシステムである。この国際システムにおいて、それぞ

118

れの超大国は、同盟諸国との連携を支配し、そして同盟関係にない諸国への支配の拡大を求めて互いに競い合っている。この国際システムは、カプランの「緩いまた固い双極システム」と類似している。

　双極の国際システムの「国際関係」には、二つの特徴が見られる。第1に、それぞれの「同盟ブロック内」は超大国の指導下にあるため単極システムと同じであり、超大国と他の諸国との「国際関係の特徴」は「垂直的」かつ「単純」なものとなる。そして、それらの間の利益関係が一致する場合は指導・追従的関係となり、また利益関係が一致しない場合は支配・従属的関係となる。第2に、二つの「同盟ブロック間」の関係は二つの超大国の二国間関係に等しくなるので、その「国際関係の特徴」は「水平的」な関係となる。また、二つの超大国が国際関係を支配するため、多国間関係と較べて相互の意図と能力を把握しやすく、同盟ブロック間の危機管理が容易である。そのため、様々な国際関係が存在して、国家利益が錯綜している多極システムと比べて、国際関係はそれほど「複雑」なものとはならない。そして、二つの同盟ブロック間の利益関係が一致する場合は協力的関係となり、また利益関係が一致しない場合は敵対的関係となる。

　上述したように、双極の国際システムにおいては、単極システムの「垂直的」かつ「単純」な国際関係および二国間の「水平的」かつ「やや複雑」な国際関係という二つの国際関係の特徴が混在している。それゆえ、この国際システムにおいて、それぞれのブロック内では超大国およびそれに追従する諸国は利益関係が一致している「現状維持勢力」である。また、二つのブロック間では、二つのブロックの利益関係が一致すれば両ブロックとも「現状維持勢力」となり、また二つのブロックの利益関係が一致しなければ、それぞれのブロックが「現状維持勢力」と「現状変更勢力」とにわかれる。それゆえ、双極システムにおいては、システム内およびブロック間の利益関係を考慮しなければ、簡単には双極システム全体の「安定性」について議論できない。

　しかしながら、この国際システムにおいては、それぞれの同盟ブ

ロック内は単極システムと同じであり、国家間関係は「安定」している。また、二つの同盟ブロック間の関係は超大国どうしの二国間関係に等しく、多極システムより「やや安定」したものとなる。このような観点からすれば、双極システム全体の「安定性」は、単極システムよりは「不安定」だが、多極システムよりは「安定」したものと考えられる。もちろん、国家間の利益関係が不一致の場合よりも一致した場合（例えば、経済的・社会的相互依存関係にある場合や集団安全保障体制が確立している場合）の方がより安定性が高まる。

〔双極システムの歴史的事例〕

双極システムの事例として第2次世界大戦後の国際システムが挙げられることが多いが、この国際システムは明確に双極システムと言い切れないところがある。この双極システムにおいては、西側陣営の力が東側陣営に対して優位に立っており、ほぼ西側が東側を封じ込めていた。この国際システムでは、三重の力関係の格差が存在した。すなわち、米国の他の西側諸国に対する力の優位、ソ連の他の東側諸国に対する力の優位、そして西側陣営の東側陣営に対する力の優位の三つである。米国とソ連の間が「相互核抑止状況」に在ったことも、システムの安定化に貢献してきた。

e．現在（冷戦後）の国際システム

現在の国際システムは、冷戦時代の双極システムが崩壊して、次のような三つの国際システムが混合している。

第1の国際システムは、5つの極（米国・ロシア・中国・EU・日本）を中心とする多極システムである。冷戦後の国際システムにおいては、ソ連が崩壊して超大国としての地位を失い、東側ブロックが解体した。ロシアがソ連の後継国となったが、その軍事力・経済力は弱体化した。また、米国の影響力が、他の大国の力の増大とともに相対的に低下した。日本およびドイツを含むEUの政治・経済力が増大した。また、中国の経済・軍事力が大きく増大しつつある。

第2の国際システムは、米国が他の諸国に優位する単極システムで

ある。冷戦後の国際システムにおいては、米国の力は以前よりも低下したが、未だに政治・経済・軍事・情報の領域において世界最大の力を持ち続けており、国際的に指導的な地位にある。たとえば、国際システムにおけるパワーの要素を区分して極の分布を見ると、軍事的要素では米国だけの単極システム（ただし、核戦力を重視すれば米国とロシアの2極システム）、経済的要素では米国・EU・中国・日本の4極システム、そして政治的要素では米国・EU・ロシア・中国・日本の5極となっている。このように、米国はパワーの様々な要素において他の諸国に優位している。

　第3の国際システムは、国際連合中心の普遍的国際システムである。普遍的国際システムは、全世界を包括するような普遍的国際機構とこれに参加する主権国家から構成される。冷戦後の国際システムにおいては、東西陣営の対立がなくなったため、国際連合の本来の機能が活性化し始め、その役割や影響力が増大した。国際社会にとって重要な様々な問題が、国連の場において議論され、解決されるようになってきている。

　現在の国際システムは多極システムと単極システムと普遍的国際システムが混じり合っているため、現在の国際関係の特徴もこれら三つの国際システムの特徴が混在している。多極システムの国際関係の特徴として、冷戦時代よりも大国間の力の格差がなくなり、より水平的（協調的または対立的）な国際関係となっている。単極システムの国際関係の特徴として、米国が未だに世界的に最大の影響力を持ち、指導的地位にあるため、垂直的（指導・追従的または支配・従属的）な国際関係が残っている。また、普遍的国際システムの特徴として、普遍的な法の支配と相互主義に基づき、国際機構によって国際紛争や対立が平和的に解決される。国際連合は、国際的に政治的権威を持つ機関として各国の行動に正当性を付与する地位を確立し、そして全世界的な問題（例えば、集団安全保障、第三世界の開発や発展、環境問題など）に対応する上で次第に重要な役割を果たすようになっている。

　現在の国際システムは、上述したように混合した国際システムであ

るため、安定性に関しても三つの国際システムの安定性の特徴を持つ。

　現在の国際システムを多極システムとして見れば、このシステム内の複数の大国はその時々の国際状況によって自国の立場をかえるため、「現状維持勢力」と「現状変更勢力」との力関係が変化しやすく、不安定な国際システムとなる。実際に、先進諸国間の経済・貿易問題の多発、第三世界でのナショナリズムの高揚と紛争の多発などの問題が生じている。

　現在の国際システムを単極システムとして見れば、超大国およびそれに追従する諸国は国際社会の現状に満足している「現状維持勢力」であり、安定した国際システムとなる。確かに、今でも米国が国際政治、国際安全保障、国際経済の分野において世界的に指導力を発揮している。

　現在の国際システムを普遍的システムとして見れば、国際機構とその加盟諸国の多くは国際社会の現状に満足している「現状維持勢力」であり、単極システムほどではないが安定した国際システムとなる。冷戦後の国連の機能の活性化によって、国際の平和と安全の実現、また経済・社会的問題の解決が容易になりつつある。

　このような現在の国際システムは、現状の維持を望む大国すなわち現状維持勢力が多く、また現状の変更を望む大国すなわち現状変更勢力があまりないため、非常に安定性が高くなっている。これらのいずれの国際システムにおいても、利益関係が不一致の場合よりも一致した場合の方がより安定性が高まる。

〔システムの安定性に関する他の要因〕

　世界的な経済・社会的な相互依存の深化、東西間のイデオロギー対立の消滅、様々な国際組織の発展、世界的な軍縮・軍備管理の進展などの要因が国際システムに大きな影響を与えており、極の数や力の大きさや利害関係に基づく視点だけではシステムの安定性に関して十分に議論できず、他の要因も考慮する必要がある。

　現在の国際社会においては、安定化の要素が増大している。国際経

済・社会の領域において相互依存関係が発展・深化したため、多くの国々（取り分け先進工業諸国）はこの関係を壊してまで自国の利益を追求したり、戦争に訴えたりすることが困難となり、相互に自制的な行動を取る。また、東西のイデオロギー的対立が消滅したため、資本主義と共産主義の対立に基づく全面戦争の可能性がなくなった。そして、様々な領域や様々な地域において国家間の利害を調整する多くの国際機構や組織が設立されている（国際連合、先進国サミット、世界貿易機構、欧州安全保障協力機構）。さらに米・ソ間における第1次・第2次戦略兵器制限条約（SALT1・2）および第1次・第2次戦略兵器削減条約（START1・2）、また全世界的な核実験禁止条約や核不拡散条約が締結され、核戦争の脅威が低下している。

　逆に、国際社会において、不安定化の要素も増大している。先進工業諸国間において、安全保障問題に代わって貿易摩擦などの経済問題が顕在化した。また、ナショナリズムの高揚による民族・宗教対立が増加している。そして、第三世界に対する通常兵器の移転が増大しているため、世界の各地域における地域紛争が多発している。しかしながら、国際社会を全体的に見ると、現在の国際システムには、安定化の要因が多くなっている。

第 10 章

世界システム論

　イマニュエル・ウォーラースティン（Immanuel Wallerstein）は、アメリカのマルクス主義学派の歴史社会学者であり、1974 年、1980 年、1989 年、2011 年に『近代世界システム（Modern World System）Ⅰ、Ⅱ、Ⅲ、Ⅳ』を著した。ウォーラースティンは、これらの著書のなかで、16 世紀以降、一元的な国際分業体制である「資本主義世界経済」、複数の国家を含む多元的な「主権国家システム」、および複数の異なる「文化システム」から構成される一体としての「近代世界システム」が存在していたと主張し、近代世界システムの構造とその変動を歴史的・体系的に説明した。

(1)　世界システムの形成とその構造

a．資本主義世界経済の成立

　「資本主義（capitalism）」は、一般的に次のように説明される。すなわち、資本主義は、生産手段を資本として所有する「資本家」が、「利潤の獲得」を目的として、生産手段を持っておらず自己の労働力しか売るものをもたない「労働者」から「労働力」を商品として買いとり、それを上回る価値を持つ「商品の生産」をおこなう経済体制である。この経済体制は、16 世紀以降に封建制の次ぎに現れた体制であり、産業革命によって確立された。これに対して、ウォーラースティンは、賃金労働者の存在を前提とせず、資本主義を「利潤の最大化を目的とする市場向け生産体制である」、また「資本主義は、こうした生産と交換（通商）の拡大過程において搾取を通じて資本の蓄積を押し進め、国内的には階級分化と階級関係を生み出していった」と

説明している。

　国家は、対内的にも対外的にも自国のブルジョアジーの集合的利益を最大化するために、すなわち資本主義のために生み出された機構である。近代ヨーロッパにおいて、大商人やブルジョアジーが支える中央集権的で強力な国民国家とそうでない分権的で弱体な前近代的な国家との間に、「力の格差」ができあがっていった。強力な国家は、自国民の経済的利潤を最大化するために経済や市場に介入し、弱体な国家に対して貿易での「不平等（不等価）交換」を強いるようになり、強力な国家と弱体な国家との間で搾取が生じ始めた。不平等交換を強制する強力な国家が「中核（core）」諸国となり、逆にこれを強制される弱体な国家が「周辺（periphery）」諸国となり、そして中核諸国が周辺諸国を分業体制や植民地化を通じて経済的に支配するようになった。また、これらの中間的立場にあった国が「半周辺（semi-periphery）」諸国となっていった。「長い16世紀」と呼ばれる「15世紀半ばから17世紀半ば」の間に北西ヨーロッパを中核として、ラテン・アメリカや南アジアを周辺とする国際的「分業体制」を発展させていった。

　こうして形成されていった世界経済が、「資本主義世界経済（capitalist world economy）」である。この世界経済は、利潤の極大化を目指す市場向け生産のために成立した一元的な世界的分業体制である。この世界経済は、経済余剰の不平等な収奪・配分構造としての「中核・半周辺・周辺」という三層構造を持つ近代世界システム（modern world system）を生み出した。この世界システムは、単一の経済システムであるが、政治的には複数の主権国家に、また文化的には複数の文化圏に分化しているシステムである。

b．世界システムの三層構造

　資本主義世界経済が生み出した世界システムの三層構造、すなわち中核、半周辺、周辺は、次のような特徴をもつ。

　中核（core）は、世界システムの三層構造の頂点に位置する。中核

は、強力な国家機構を有し、多角的な生産、また熟練した高賃金労働
による高加工度の商品生産をおこなう地域である。中核の諸国は、そ
の時代の最先端の産業を有しており（17 世紀は、織物産業、造船業、
金属加工業など）、そして高度な技術を用いて、生産性（付加価値）
の高い商品を生産し、多くの収益を得ることができる。中核は、世界
的な分業体制における生産と通商を支配し、そして不等価交換によっ
てさらに資本力を拡大していく。

　周辺（periphery）は、世界システムの三層構造の底辺に位置す
る。周辺は、国家機構が弱体であり、特化された生産、また未熟練の
低賃金労働による低加工度の商品（原料）生産をおこなう地域であ
る。周辺の諸国は、その時代の最先端の産業を有しておらず、そして
高度な技術がないため、生産性（付加価値）の低い商品を生産し、収
益を多くは得ることができない。周辺は、中核によって経済的・政治
的・文化的に支配され、不等価交換によって経済余剰を搾取される。

　半周辺（semi-periphery）は、世界システムの三層構造の中間、す
なわち中核と周辺の中間的な立場にある。それゆえ、半周辺は、周辺
に対しては中核的な地位にあり、また中核に対しては周辺的な地位に
ある。半周辺は、部分的に中核としての利益を得ているため、周辺と
団結して中核の支配に対して反抗することがない。半周辺諸国の主要
な関心は、周辺的地位への転落を回避し、かつ中核的地位を目指すこ
とである。半周辺諸国は、積極的に保護主義的政策を推進することに
よって、強力な中核諸国との経済的競争から自国の産業を保護し、同
時に自国の産業の生産効率を高めることによって世界市場における自
国の競争力を向上させようとする。そのため、半周辺は、中核で時代
遅れになった産業を積極的に受け入れようとする。

　三層構造における構成国の地位は固定的ではなく、長期的に見れ
ば、国家は三層構造のなかを上昇または下降するなど「周流」してい
る。例えば、経済力や軍事力が衰えて、中核から半周辺や周辺へ没落
する国家がある。逆に、それらが強力になり、周辺や半周辺から中核
へ興隆する国家がある。中核においては、大国の間で、激しい経済的

126

競争や覇権争いがおこなわれている。ただし、国家の地位の周流が
あったとしても、資本主義的分業体制に基づく世界システムの三層構
造自体は不変である。

〔三層構造の図式化〕

⇧ ：経済余剰の搾取

↑↓：国家の周流

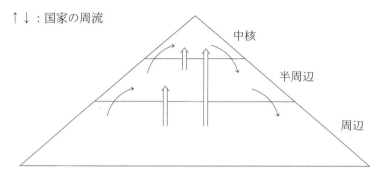

(2)　世界システムの長期変動

　a．長期サイクル

　　資本主義世界経済としての近代世界システムは、三層構造を保ちな
がら、拡大と停滞を繰り返しているが、この拡大と停滞の交替の波が
「長期サイクル（long cycle）」である。長期サイクルは、世界経済の
拡大と停滞をともなう資本主義的生産の盲目的な発展過程である。こ
の長期サイクルは、アメリカの経済史家であるロンド・キャメロン
（Rondo Cameron）の唱える「ロジスティック・カーブ」、すなわち
資本主義経済における過去数百年に及ぶ長期的なインフレーションと
デフレーションの波を基礎としている。

　　そして、長期サイクルの拡大と停滞の波は、覇権国の興隆と衰退と
密接に関連している。すなわち、長期サイクルの拡大期には後に覇権
国となる大国が経済的に発展し、軍事力を増強し、また政治的勢力を
拡大していく。そして、長期サイクルの拡大から停滞の転換期には、
覇権国の経済力・軍事力・政治力が絶頂に達して、その力によって世
界システムが安定化する。そして、長期サイクルの停滞期には、覇権

国の経済力・軍事力・政治力が衰退して世界システムが不安定化して
いく。そして、長期サイクルの停滞から拡大の転換期には、覇権国の
統治能力は失われるため、世界システムは混乱状態になり、最後には
新たな覇権を巡って覇権戦争に至る。言い換えるならば、この長期サ
イクルの変動は、覇権国が牽引しており、覇権国の勢力の盛衰と結び
ついている。

b．長期サイクルの拡大のメカニズム

　「長期サイクルの拡大」は、資本主義世界経済の拡大と深化によっ
てもたらされる。資本主義経済の根本には、経済的利潤を獲得しよう
とする動機がある。具体的には、商品の生産量の増大、生産費の低
下、商品価格の上昇、新たな動力源の開発などが資本主義経済におい
て新たな利潤を生み出す。これらの利潤獲得の機会があれば、資本主
義は、地理的に市場を拡大することよって、また技術革新によって、
また新たな動力源や生産工程を開発することによって、その利潤を最
大化するために盲目的に生産力を拡大し続けるという長期的傾向があ
る。

　世界経済の地理的拡大は、経済的利潤の増大をもたらす。すなわ
ち、商品の販売市場の拡大は、商品の需要の増大もたらし、さらに商
品価格の上昇をもたらす。同様に、技術革新による生産過程の機械化
や新たな動力源の開発も、経済的利潤の増大をもたらす。これらの技
術革新は、商品の生産量の増大や生産費の低下をもたらす。新たな動
力源、燃料、材料の利用によって新たな産業を誕生させることにもな
る。例えば、「水力」を利用した製糸業、「蒸気機関」を利用した織物
業や造船業や鉄道産業、「内燃機関」を利用した自動車産業、「石油」
を利用した石油化学工業、「電気」を利用した家電産業やコンピュー
ター産業などが新たな産業として登場した。

　こうした資本主義的利潤を獲得しようとする人々の動機が、人々の
経済活動への参加を活発化させ、「長期サイクルの拡大期」を生みだ
す。すなわち、経済活動における利潤獲得の機会が大きい場合、資本

家や企業家による経済への新たな参入や投資が増大するため、資本主義の経済活動全体が拡大していく。

c．長期サイクルの停滞のメカニズム

　「長期サイクルの停滞」は、資本主義世界経済の停滞によってもたらされる。近代世界システムにおいては、世界政府が存在せず、それによって世界経済が管理されていないために、資本主義世界経済における商品の生産は、自己の利潤の最大化を目的とする個々の生産単位すなわち資本家の手によって無計画におこなわれる。その結果、市場に対して過剰な商品の供給がおこなわれる。他方で、商品への需要は所得によって裏打ちされているが、その所得は各国家内の階級闘争と政治的妥協によって決定され、一定期間、固定的に維持される。その結果、商品に対する需要は一定のままである。このように、近代世界システムが「経済的には一体化」しているが「政治的に統一されていない」ことが、商品の供給と需要の矛盾を生じさせ、そして商品が売れ残るため、資本家の利潤の減少をもたらす。さらに、この状況は、商品に対する需要の減少も引き起こすことになる。

　また、次のような要因が商品の生産費を増大させる。第1は、中核地域おける「プロレタリア化」、すなわち人々の中産階級化と商品の利潤率の低下が進むことである。中核地域においては、資本主義経済の発展によって賃金労働者が増大し、さらに有効需要を拡大する必要性および労働運動や政治的配慮によって労働者の所得が上昇していく。第2は、半周辺と周辺地域における「被搾取者の政治化」が進むことである。資本主義世界経済によって搾取されている半周辺や周辺地域においては、人々の政治的意識が次第に高まり、中核諸国に対して資本主義的搾取の是正を求める運動が強まっていく。第3は、資本主義世界経済における「テクノクラート（technocrat）化」が進むことである。「テクノクラート」とは、官僚や経営者のように政治・経済また科学技術についての高度な専門的知識をもつ管理者のことを指す。そして、資本主義や社会の発展とともに、支配階級のなかで資本

家よりもテクノクラーの重要性が増すため、支配階級内部でテクノクラートへの所得の再分配が進んでいく。

　これらの原因によって、商品に対する需要が減少しまた商品の生産費が増大するため、資本家の利潤が低下していく。資本主義的利潤を獲得しようとする人々の動機が、逆に、人々の経済活動への参加を減少させ、「長期サイクルの停滞期」を生みだす。すなわち、経済活動における利潤獲得の機会が少ない場合、資本家や企業家は従来の産業から撤退して、投資が減少するため、資本主義の経済活動全体が縮小していく。

(3)　世界システムの発展の段階的区分

a．世界システムの拡大期と停滞期

　ウォラースティンは、資本主義世界経済の長期サイクルにおける拡大期と停滞期の各段階を「ステージ（stage）」と呼んでいる。そして、ウォラースティンは、次のような拡大と停滞のステージの存在を挙げている。ただし、ステージの区分の年代については、この理論を唱え始めた頃と現在では、少し異なっている。本書では、最も新しい『近代世界システムⅣ』を参考にしている。

　　　①第1次拡大期（15 世紀中頃〜17 世紀前期：1450〜1600/40）
　　　②第1次停滞期（17 世紀前期〜18 世紀前期：1600/40〜1730/50）
　　　③第2次拡大期（18 世紀前期〜19 世紀初頭：1730/50〜1789/1840）
　　　④第2次停滞期（19 世紀初頭〜19 世紀末期：1789/1840〜1873/1914）
　　　⑤第3次拡大期（19 世紀末　〜20 世紀後期：1873/1914〜1968/89）
　　　⑥第3次停滞期（20 世紀後期〜　　　　　　：1968/89〜　　　　　）

〔近代世界システムにおける各ステージ〕

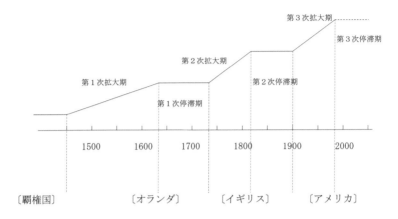

b．第1次拡大期（15世紀中頃〜17世紀前期）

　第1次拡大期は、「ヨーロッパ世界経済（European world-economy）」の成立期である。この時期には、大航海時代になって貿易が拡大し、また農・水産物の商品化にともなって市場経済が発展したことよって、「商業革命や価格革命」が起こり、ヨーロッパに限定されていたヨーロッパ地域経済が「ヨーロッパ世界経済」へと拡大していった。

　この時期は、「農業資本主義（capitalist agriculture）」の時代であった。農業資本主義とは、農産物や水産物を商品として生産し、また販売する資本主義である。それだけではなく、繊維（毛・綿織物）、造船、金属製品（農器具や兵器）などの手工業も発達していた。

　この時期は、「オランダの覇権」の時代であった。オランダは、ハプスブルグ家（スペイン・オーストリア）との三十年戦争（1618〜38）に勝利した。そして、この時期の後半に、強力な海軍力と貿易支配力を基盤として、世界システムにおける商業的覇権を握った。アムステルダムは世界的な中継貿易と金融の中心地となった。

　この時期の世界システムの三層構造は、次のようなものであった。この時期には、資本主義の世界的分業体制と近代国家の形成にとも

なって、北西ヨーロッパを中核、地中海ヨーロッパを半周辺、東ヨーロッパ・西半球（アメリカ大陸）を周辺とする三層構造の世界システムが形成された。

c．第 1 次停滞期（17 世紀前期〜18 世紀前期）

　第 1 次停滞期は、ヨーロッパ世界経済の「収縮（再編）期」であった。この時期には、資本主義経済が停滞期に入ったため、経済余剰が減少し、通商や貿易の分野における中核諸国間の競争が激化した。

　この時期は、「重商主義（mercantilism）」の時代であった。重商主義は、国内の金銀の蓄積を目指す「重金主義」、輸出促進と輸入制限による貿易黒字の拡大を目指す「貿易差額制度」、国内産業の保護、および物資供給地と販売市場としての植民地の拡大を重視する政策である。この重商主義の時代においては、オランダ・イギリス・フランスの間で、三度にわたるイギリス・オランダ戦争（1652〜54、1665〜67、1672〜74）、ファルツ継承戦争（1689〜97）、スペイン継承戦争（1702〜13）、オーストリア継承戦争（1744〜48）、およびフレンチ・アンド・インディアン戦争（1754〜63）などの植民地再分割競争が発生した。

　この時期は、オランダの覇権の衰退期であった。イギリスやフランスが重商主義政策をとり、オランダの経済的覇権に挑戦したため、オランダは劣勢に立ち、世界システムにおける覇権を次第に失っていった。

　この時期の世界システムの三層構造は、次のようなものであった。これまで、周辺であったスウェーデン・プロイセン・ニューイングランドなどが半周辺に上昇した。逆に、半周辺であった地中海ヨーロッパ・南西ドイツが周辺へ転落した。

d．第 2 次拡大期（18 世紀前期〜19 世紀初頭）

　第 2 次拡大期は、資本主義世界経済の「大拡張期（地球的規模への拡大期）」であった。この時期には、ヨーロッパの中核諸国が、資本

主義的生産力の拡大に必要な市場や原料資源の獲得をめざし、近代技術に基づく武器や艦船を用いて経済活動を全地球的な規模に拡大していった。その結果、ヨーロッパ世界経済が「全世界的な資本主義世界経済」へと発展した。

　この時期は、「産業資本主義（industrial capitalism）」の時代であった。産業資本主義とは、機械制大工場において賃金労働者を雇って商品生産をおこなうことによって剰余価値を生み出す資本主義である。この時期には、中核諸国において産業革命によって工業化が進展し、農業に代わって工業部門の生産量が拡大していった。同時に中核諸国内では、賃金労働者が発生して都市人口が次第に増加していった。

　この時期は、「イギリスの覇権」の時代であった。イギリスは、フランスとのナポレオン戦争（1792〜1815）に勝利した。そして、産業革命後の工業発展によって「世界の工場」としての地位を確立した。イギリスは、この時期の後半に、工業と通商における優位および強大な海軍力を背景にして世界システムにおける経済的覇権を握り、イギリス中心の自由貿易体制を構築した。さらに、イギリスは、植民地を拡大して世界の四分の一の領土を支配し、「太陽の没することのない帝国」と呼ばれた。この時期、イギリスの経済力と軍事力の優位によって国際社会に安定がもたらされたが、こうした平和を「パクス・ブリタニカ（Pax Britannica）」と言う。

　この時期の世界システムの三層構造は、次のようなものであった。これまで資本主義世界経済の範囲の外におかれていたロシアが世界経済の半周辺に、さらにアジア・アフリカが周辺に組み入れられた。これによって、西ヨーロッパを中核とし、地中海ヨーロッパ・東ヨーロッパ・ロシア・米国を半周辺とし、西半球・アジア・アフリカを周辺とする三層構造の世界システムが形成された。

e．第2次停滞期（19世紀初頭〜19世紀末期）
　第2次停滞期は、資本主義世界経済の「収縮（再編）期」であった。この時期には、資本主義世界経済が停滞し、欧米諸国が「大不

況」(1873〜96) に入ったため、経済余剰が減少し、再び中核諸国内部で経済的対立が激化した。中核諸国内部で、産業資本主義の発展とともに労働者が増大し、その所得が上昇し始めるなどの社会的変化が生じた。

　この時期は、「第 2 次重商主義」の時代であった。この時期には、資本主義世界経済の停滞のために中核諸国の間で経済ナショナリズムが高まり、保護貿易主義（重商主義）が広まった。この時期の後半は「帝国主義（imperialism）」の時代であり、重商主義の時代と同じように植民地再分割競争が発生した。列強諸国が、いまだ分割されていなかった地域（アフリカ、中東、太平洋、中国）の分割競争を始め、またこれまで獲得した植民地や経済権益についても再分割をおこなった。植民地をあまり保有していないドイツ、イタリア、アメリカ、日本などが積極的に植民地の獲得に乗り出したため、植民地の再分割が激しくなった。

　この時期は、イギリスの覇権の衰退期であった。ドイツや米国が保護貿易的政策を取りながら工業化を進め、イギリスの経済的覇権に挑戦した。イギリスは、フランス、ドイツ、イタリア、ロシアなどとの植民地再分割競争のなかで、世界システムにおける覇権を次第に失っていった。

　この時期の世界システムの三層構造は、次のようなものであった。これまで周辺の地位にあった日本が資本主義世界経済の半周辺に組み入れられた。また、半周辺の地位にあった米国とドイツが中核の地位に近づいていき、最終的に中核諸国の一員となった。

f ．第 3 次拡大期（19 世紀末期〜20 世紀後期）

　第 3 次拡大期は、資本主義世界経済の「質的拡大期（構造的深化の時代）」であった。この時期は、第 2 次産業革命と独占資本の形成を通じて資本主義世界経済が統合され、質的・構造的に深まっていった時期である。

　この時期は、「独占資本主義（monopoly capitalism）」の時代であっ

た。「独占資本」とは、経済活動における資本と生産が巨大企業に集中しており、少数の巨大企業が市場を独占的に支配しているような資本の形態である。この時期には、鉄鋼・機械・造船などの重工業、また石油を資源とした化学工業などが発展した。こうした石油・電力を動力源とする重化学工業部門の技術革新は「第2次産業革命」と呼ばれた。さらに、この時期は「金融資本（financial capital）」が発展した。金融資本は、独占資本化した「銀行資本」が同様に独占資本化した「産業資本」と結びつき、またこれを支配することによって、両者の人的・資本的癒着が生じた資本の形態である。そして、金融資本も独占資本化して、少数の金融資本が一国の経済活動を独占的に支配するようになった。

　この時期は、「米国の覇権」の時代であった。米国は、ドイツとの二度にわたる「ユーラシア戦争（第1次・第2次世界大戦）」に勝利する。米国は、ドルを基軸通貨としてIMFとGATTを基盤とする世界的な自由貿易体制と国際分業体制を構築して、世界システムにおける経済的覇権を確立した。また、米国は、強力な核兵器や通常兵器を大量に保有し、米国の軍事力を世界的に展開させて、圧倒的な軍事力を誇示した。そして、米国は、西側諸国のリーダーとして君臨し、またソ連に対する「封じ込め政策」を実施して、政治的に最大の影響力を有していた。この時期、米国の経済力・軍事力・政治力の優位に基づいて世界システムに安定がもたらされたが、こうした平和を「パクス・アメリカーナ（Pax Americana）」という。

　この時期の世界システムの三層構造は、次のようなものであった。これまで、世界システムの半周辺であった米国・ドイツ・日本が、中核の一員となった。また、ロシアに代わったソ連は、革命後に周辺へ転落したが、第2次大戦後には半周辺の一員として復帰した。その結果、西ヨーロッパ・北アメリカ・日本を中核として、地中海ヨーロッパ・東ヨーロッパ・ソ連を半周辺とし、西半球・アジア・アフリカを周辺とする三層構造の世界システムが形成された。

g．現在のステージ

　現在の世界システムは、既に第 3 次停滞期に入った可能性が高い。国際関係の様々な領域において、長期サイクルにおける停滞期の兆候が見られる。

　第 1 に、この時期の国際経済の状況について、次のことが言える。第 2 次世界大戦後の世界経済は大きく発展していたが、1970 年代のオイル・ショック以降、次第に景気が停滞し始めていった。このため、世界各国とりわけ先進工業諸国は、自国の経済を護るために「保護主義」的政策を執るようになった。冷戦期には東西陣営の対立が激しく安全保障問題が重視されたため、西側陣営内の経済対立は大きな国際問題とならないように慎重に処理されてきた。しかし冷戦後には、安全保障問題の重要性が低下したため、先進工業諸国間における経済問題が顕在化して重視されるようになった。また、冷戦後、NIES や ASEAN 諸国、さらに中国などが急速な経済成長を遂げて、安価で多くの製品を先進工業諸国へ輸出するようになった。その結果、先進工業諸国間、すなわち日米間、米欧間、また日欧間においては、従来から存在した経済摩擦が、冷戦後にさらに激しいものとなった。また、NIES や ASEAN 諸国などの新たに経済発展を遂げた半周辺である国々と先進工業諸国との間においても、冷戦後に経済摩擦が発生するようになった。

　第 2 に、この時期の安全保障的状況について、次のことが言える。冷戦体制の崩壊によって、東西陣営間のイデオロギー的・軍事的緊張が緩和し、そして消滅したため、各国の安全保障上の脅威が低下した。その結果、各国が米国とソ連への軍事的に依存する必要性が低下したため、東西陣営内部の連帯や結束、すなわち同盟関係が弱まっていった。

　米国は世界経済におけるその影響力が相対的に低下し、また冷戦の終結によって米国の軍事力の重要性が低下した。他方で、ソ連の後継国であるロシアは、軍事的にも経済的にも弱体であるため、その対外的影響力が著しく低下した。その結果、それまで超大国として君臨し

ていた米国とソ連の国際的管理能力が著しく弱体化した。

　冷戦体制が崩壊した後、冷戦期に米国やソ連の従属的地位にあった国家や民族のなかで「ナショナリズムやエスノ・セントリズム」が高まった。その結果、それらの国家や民族は、政治的に自立化し始めた。また、冷戦的緊張が消滅したため、旧ソ連諸国や第三世界において従来から懸案となっていた領土・民族・宗教の問題に関心が移り、これらの問題が再燃した。このように、冷戦後、各国家や各民族が自己の欲求や利益を積極的に追求し始め、それらの対立によって新たな地域紛争が多発するようになった。さらに、「テロリズム」という形での国家間・民族間の紛争も増大している。

　第3に、米国の「覇権」について、次のことが言える。一般に、資本主義世界経済を基盤とする世界システムを形成また維持する上で、「覇権国」が積極的な役割を果たしている。すなわち、諸国家の国益にとって重要な分野および国家間の利害対立が大きい分野において「国際的な規範や制度」を形成また維持するためには、覇権国の強力なリーダーシップが必要となる。それゆえ、覇権国のリーダーシップが衰えれば、国際的な規範や制度も崩壊していくと考えられる。

　現在の米国は、従来と比べてその経済力・軍事力が次第に低下し始めている。逆に、中国が経済的・軍事的に発展してその影響力が強大化している。ソ連が崩壊してロシアとなったが、ロシアはいまだにその影響力を拡大しようとしている。日本およびドイツは大国として発展し、それらの影響力は増大している。このような状況のために、世界システムにおける米国の政治的影響力は相対的に衰退している。それだけではなく、米国は、アメリカ・ファーストを唱え、自らリーダーシップを放棄しようとしている。

　上述したように、現在のステージは、停滞期としての特徴が多く現れており、世界システムにおける第3次停滞期に当たるものと考えられる。

⑷　世界システムにおける長期サイクルと覇権循環

　資本主義世界経済の拡大と停滞の波である長期サイクルと世界政治に
おける覇権国の興隆と衰退は密接に関連している。長期サイクルの拡大
期に、後の覇権国が次第に勢力を拡大していき、中核諸国のなかでの激
しい覇権戦争に勝利する。そして、サイクルの拡大から停滞の転換期
に、覇権国の力が絶頂に達して、世界システムに安定をもたらす。そし
て、長期的サイクルの停滞期に、覇権国が次第に衰退して世界システム
が不安定化していき、最後には世界秩序の崩壊に至る。このように、世
界システムにおける長期サイクルと覇権循環とは密接に関連している。

a．覇権

　ウォーラースティンによれば、覇権（hegemony）とは、「ある中
核国の生産物が他の中核諸国との間においてさえも概して競争力があ
るほど効率的に生産され、それゆえ、ある中核国が最大限に自由な世
界市場からの最大の受益者となるような状態である」と定義される。
また、「覇権とは、いわゆる『諸大国』の間の対抗関係が極めて不均
衡で、ある一国が真に『同輩中の第一位（primus inter pares)』の地
位にあるような状況をさす。すなわち、ある一国が、経済、政治、軍
事、外交、さらに文化の領域において（少なくとも実効的な拒否権の
行使によって）自らの支配と願望を強制し得る」と述べている。覇権
の事例として、17 世紀中頃（1620〜72）のオランダによる覇権、19
世紀前・中期（1815〜73）のイギリスによる覇権、20 世紀後期（1945
〜96）の米国による覇権が存在する。
　これまで、近代世界システムにおいて登場した覇権国は、次のよう
な類似した四つの特徴を持っている。
　第 1 の特徴は、覇権国が世界システムの「経済領域における相対的
な優位性」を持っていたことである。覇権国は、農・工業の「生産効
率性」、世界貿易や貿易外収支の「通商部門」、また銀行業務や投資活
動などの「金融部門」という三つの主要経済領域において優位性を獲
得していた。この経済的優位性が、覇権国の政治・軍事的影響力を拡

大また維持する経済的・財政的基盤となる。しかし、他の総ての中核
諸国に対する生産的・通商的・金融的な優位性も短い期間しか維持さ
れず、他の中核諸国の経済的・技術的追い上げによって次第に失われ
ていく。

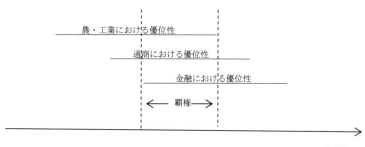

第2の特徴は、覇権国は「イデオロギーと政策」に係わっていた。
覇権国は、覇権期の間はグローバルな「自由主義」を唱え、世界経済
における生産要素（財・資本・労働）の自由移動の原則、さらに自由
な議会制度、恣意的な官僚支配の抑制、市民的自由などを主張した。
自由主義や自由経済は、経済的優位性をもつ覇権国にとって経済的利
益を獲得する上で都合のよい思想や体制でもある。

第3の特徴は、覇権国が「グローバルな軍事力（global military
power）」を保持していたことである。覇権国は、自国の経済的利益
や国際秩序を維持するために軍事的にグローバルな影響力を行使でき
る「海軍国（現代は海・空軍国）」である。しかし、覇権国は自国の
覇権的地位を維持するために陸軍力を増強していく傾向があり、その
結果、覇権国は国家収入や人的資源を消耗させるため次第に弱体化し
ていくことになる。

第4の特徴は、覇権国が「世界戦争（world war）」において勝利
したことである。覇権は、30年の長期に及びまた主要な軍事大国の
ほとんどを巻き込む世界戦争を通じて獲得された。オランダはハプス
ブルグ家（スペイン・オーストリア）との三十年戦争（1618〜1948）

を通じて、イギリスはフランスとのナポレオン戦争（1792〜1815）を
通じて、米国はドイツとのユーラシア戦争（1914〜1945）を通じて、
覇権を確立していった。

b．長期サイクルと覇権循環の連動

　覇権の時期は、これまで 3 回あった長期サイクルの拡大期から停滞
期へ移る転換点付近に存在する。オランダの覇権は第 1 次拡大期と停
滞期の転換点付近（1620〜72）に、イギリスの覇権は第 2 次拡大期と
停滞期の転換点付近（1815〜73）に、米国の覇権は第 3 次拡大期と停
滞期の転換点付近（1945〜67）に存在した。

　これまで歴史に登場した覇権国は次のような覇権の隆盛と衰退のパ
ターンを辿ってきた。

　第 1 は、「覇権の上昇期」である。この時期には、中核諸国のなか
のある国家が、新たな技術開発によって高い生産効率をもつ産業を生
み出し、そして長期的に見て他の中核諸国に対する経済的優位性を獲
得して、そして「上昇する大国」として覇権への道を歩み始める。そ
のため、覇権の地位の継承を巡って中核諸国間で激しい競争（覇権戦
争）が展開される。

　第 2 は、「覇権の勝利期」である。この時期には、上昇する大国は
覇権戦争に勝利し、覇権的地位を確立する。引続き、覇権国は経済的
利益を拡大し、そして他の諸国に優越する力を貯えていく。さらに、
新たな覇権国は、自国を中心とした新たな世界経済秩序（自由な国際
経済体制）を確立する。

　第 3 は、「覇権の成熟期」である。この時期は、覇権の絶頂期であ
る。覇権国は、経済的優位性を保持し、また自国に有利な世界経済秩
序を維持して、そして世界経済の中心となる。世界経済は停滞期に入
ることがあるが、覇権国は経済的優位性と有利な世界経済秩序がある
ため、その地位を維持することができる。また、覇権国では労働者や
エリートの所得の上昇によって生産コストが高まり、覇権国の国際的
な競争力が次第に失われていく。生産技術や効率性が覇権国から他の

諸国へ広がり、他の諸国の経済的競争力は高まっていく。

　第4は、「覇権の衰退期」である。この時期には、世界経済が衰退するなかで自国の利益を維持するために、各国は保護貿易的になり、中核諸国の間で激しい経済競争が展開される。覇権国は次第にその経済的優位性を失い、それに伴い世界システムにおける覇権国の政治・軍事的影響力が低下するため、世界経済秩序は崩壊していく。

　このように、覇権の上昇期と覇権の勝利期が資本主義世界経済の「長期サイクルの拡大期」と一致し、また覇権の成熟期と覇権の衰退期が「長期サイクルの停滞期」と一致することになる。

⑸　世界システムの将来

　これまで解説してきたウォーラーステインの「世界システム論」に基づいて、世界システムの将来像について推測する。この将来像はいろいろと考えられるが、世界システムは次のような方向に進む可能性がある。

ａ．資本主義世界経済の継続

　先ず、世界システムにおいて、資本主義世界経済という単一の世界経済が、継続する場合である。ただし、この方向に進むための前提として、資本主義世界経済が再び拡大期に入ることが必要である。例えば、資本主義世界経済の空間的（宇宙的）拡大、また第3次産業革命などが実現されなければならない。そして、これらが実現された場合、次のような可能性が考えられる。

　第1は、米国が再び覇権を獲得する可能性である。そのためには、米国が中核諸国のなかで第3次産業革命を先駆けて実現して、再び「世界経済の中心」として発展する。そして、それによって得られる経済的余剰と財政力をもとにして、米国の経済的利益や国際秩序を維持するための「グローバルな軍事力」を再び保有する。さらに、米国の政治的リーダーシップを維持・強化するために、米国の同盟国や友好国との「条約・同盟網」を再構築する。米国の覇権を存続させるためには、このような条件が必要となる。

　第 2 は、米国に代わる「新たな覇権国」が登場する可能性である。世界システム論によれば、新たな覇権国が登場するには、覇権戦争を経過する必要がある。しかし、覇権戦争が起こった場合、全世界的な混乱と災禍が伴うため、この方向は回避すべきである。ただし、覇権戦争なしに新たな覇権国が誕生できるのであれば、新たな覇権国の登場は望ましい方向の一つである。

　第 3 は、複数の中核諸国による「共同覇権」が誕生する可能性である。

　米国と他国の二国による覇権（bi-hegemony）の可能性がある。また、現在の主要国首脳会議（summit）を強化・制度化することによって、多国間の共同覇権の可能性もある。現在、経済力や軍事力を拡大している中国が、単独で新たな覇権国となることを目指すのか、また世界の分割支配を前提にした米国との共同覇権を目指すのか、それとも従来より穏健化して多国間の共同覇権を目指すのか、現時点では判断できない。

b．資本主義世界経済の崩壊

　次に、資本主義世界経済という単一の世界経済が崩壊する場合である。前提として、世界経済の停滞がさらに続き、経済活動が低下していくため、資本主義世界経済が拡大期に入らないという場合である。そして、この場合、次のような可能性が考えられる。

　第 1 は、「世界経済のブロック化」という可能性である。資本主義世界経済における交流が次第に減少し、次のような資本主義の地域経済に分裂していく可能性がある。一つは、「アメリカ経済圏」であり、米国、カナダ、中・南米が含まれる。二つは、「ヨーロッパ経済圏」であり、EU、東ヨーロッパ、ヨーロッパ・ロシア、アフリカが含まれる。三つは、「東アジア経済圏」であり、中国、日本、東アジア、西太平洋、極東ロシアが含まれる。

　第 2 は、「新たな世界システム」へ移行する可能性である。資本主義世界経済が混乱するなかで、この危機を解決するために「世界政

府」が成立する。同時に、世界の各国・各地域において社会変革運動を基盤にした民主的な世界秩序が形成される。つまり、「単一の資本主義世界経済および複数の主権国家からなる国家間システム」という近代世界システムが、「単一の世界経済および単一の世界政府」という新たな世界システムへ移行するのである。しかし、この可能性は非常に少ない。

```
┌══════┤第 11 章├══════┐
│                      │
│  世界指導力の長期サイクル論  │
│                      │
└──────────────────────┘
```

　世界指導力の長期サイクル論（long cycles of world leadership）の主
唱者であるジョージ・モデルスキー（George Modelski）は、アメリカ
の「新現実主義」の立場に立つ国際政治学者である。モデルスキーは、
15 世紀以降のグローバル政治システムにおいて、「グローバル戦争」の
発生と「世界大国」の盛衰が約 100 年周期のパターンで存在することを
指摘し、グローバル・システムの秩序と無秩序の交替が覇権循環に対応
していることを説明した。また、ウォーラースティンが世界システム論
において資本主義世界経済という経済要因を重視しているのに対して、
モデルスキーはグローバル政治システムにおける世界大国やグローバル
戦争という政治的要因を重視している。

⑴　グローバル政治システムの構造
　世界システムのなかに、中央集権的ではないが、グローバルな問題や
関係を管理するための世界的規模の政治システムが存在する。このグ
ローバル政治システムにおいてもっとも強大な力をもつ「世界大国」
が、このシステムを管理し、このシステムに秩序を与える。そして、16
世紀以来のグローバル政治システムにおいて、ポルトガル・オランダ・
第 1 次イギリス・第 2 次イギリス・アメリカという五つの世界大国が出
現した。

ａ．グローバル政治システム
　モデルスキーの言う「グローバル政治システム（global political
system）」は、「グローバルな問題や関係を管理するため制度や取決

144

め」であり、「グローバルな相互依存の管理のための構造」であると
定義される。このグローバル政治システムは、ウォーラースティンの
世界システムと同様に 1500 年前後に誕生した。また、この政治シス
テムは、特定の地域に限られた政治システムではなく、グローバルな
相互作用を管理する「ネットワーク支配」のシステムである。そし
て、このシステムは非領土的システムであり、最近では大気圏や大気
圏外まで含まれるが、基本的に海洋の広範な相互作用の管理をおこな
うシステムである。さらに、このシステムは、国際秩序（国際安全保
障と国際経済）や正義のような広義での「国際的公共財」の供給と管
理をめざす政治システムである。このグローバル政治システムを図で
表せば、下のようになる

〔覇権システムの構造〕

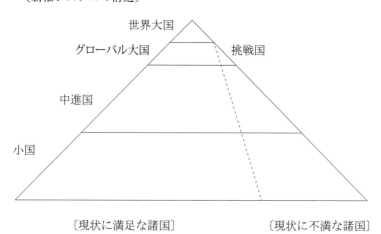

b．世界大国

　モデルスキーは、グローバルな影響力を有する大国を「グローバル
大国（global power）」と呼ぶが、グローバル政治システムは、世界
大国、挑戦国、およびその他のグローバル大国から構成される。世界
には、世界大国や挑戦国などのグローバル大国よりも能力の劣る中・
小諸国が存在するが、これらの諸国はグローバル政治システムにおい

て重要な役割を果たしておらず、システムの構成要素とは見なされない。

　「世界大国（world power）」は、グローバル大国のなかでも突出した能力をもち、グローバル政治システムを管理し、またこのシステムに秩序を与える。世界大国は、強大な「世界指導力（world leadership）」を持つ「国民国家」である。世界大国は、自らの費用負担において自らの利益に即した「国際秩序（同時に国際的公共財）」を供給する役割をほぼ独占的に果たした。また、世界大国は、国際貿易、投資、金融の分野における「ルール作り」に決定的な役割を果たし、自国の主導経済だけでなく「世界経済システム」の発展の枠組を提供した。16 世紀にグローバル政治システムが形成されて以来、これまでポルトガル（16 世紀前半）、オランダ（17 世紀前半）、第 1 次イギリス（18 世紀前半）、第 2 次イギリス（19 世紀前半）、アメリカ（20 世紀後半）の五つの世界大国が出現した。

　世界大国は、次のような共通した特徴を持っていた。第 1 の特徴は、世界大国の島国性（insularity）である。世界大国は、島国あるいは半島という恵まれた地理的条件をもち、このために他国から地理的に隔離されていた。この特徴は、次のような利点をもたらす。先ず、外敵の侵略や攻撃からの防衛が容易である。このため、防衛費の負担を軽減し、国家資源を経済発展など他の分野に振り向けることができる。次に、海上交通ルートへ接近することが容易となる。このことは、海洋貿易・通商の発展を促進する上でも、また海軍力を育成・維持する上でも重要である。

　第 2 の特徴は、世界大国が「安定した開放的な（stable and open）」社会をもっていたことである。安定した社会は、内乱や革命のない結束力のある社会であり、そこでは国民の団結が強く、国内での政治・社会的連帯が可能である。さらに、開放的な社会は、国内の才能や能力のある人々を活用できる状況にあり、また他国からの移民や難民の優れた人々を受入れるので、その国の活力を高め維持することができる。こうした国内社会の統一と安定があって始めて国際的な

進出や関与が可能となり、そして開放的な社会であるからこそ他国や国際社会との交流が可能となる。

第3の特徴は、世界大国が「指導的経済（lead economy）」を発展させて世界経済におけるリーダーシップを持っていたことである。ここで指導的経済とは、単なる経済における産出高や規模でなく、技術革新に基づく指導的工業、世界貿易や投資における指導的役割、また革新的な世界的コミュニケーションの形成に貢献するといったような「世界経済の成長の中心」としての経済を意味する。こうした指導的経済によって生み出された経済的余剰を外交・軍事力へ転化することによって、世界大国が世界秩序を維持することが可能となる。

第4の特徴として挙げられるものは、世界大国がグローバルな範囲の「政治・戦略組織（politico-strategic organization）」を持っていたことである。政治・戦略組織とは、世界大国がグローバルな安全保障と経済秩序を維持するための能力であり、また世界大国になるためのグローバル戦争に勝つ能力である。具体的には、政治・戦略組織とは、グローバルな規模で海洋を管理する海軍力（現在は空軍力を含む）および海外基地、補給、情報システムなどである。

グローバル大国のなかには、世界大国に匹敵するまでにその国力を増大させた「挑戦国（challenger）」が登場し、世界大国に取って代わって自国を中心とする新たな国際秩序やルールを形成しようとする。このような世界大国と世界的指導力をめぐって競合して敗北した挑戦国は、次のような特徴を有する。第1に、挑戦国は、島嶼国家というよりはむしろ大陸国家であった。第2に、挑戦国の国内に政治・社会的分裂の要素があり、国内が不安定であった。第3に、挑戦国の経済は、それなりに豊かで生産性に富んでいたが、世界大国には及ばなかった。第4に、挑戦国は、グローバルに及ぶ政治・戦略組織を構築しようとしたが、その建設のための十分な資源や知識に欠けていた。こうした挑戦国には、ポルトガルに挑戦したスペイン（16世紀後半）、オランダに挑戦したフランス（17世紀後半）、イギリスに挑戦したフランス（18世紀後半）、イギリスに挑戦したドイツ（19世紀

末～20 世紀初頭)、アメリカに挑戦したソ連 (20 世紀後半) などがある。

　グローバル大国は、安定した国際秩序を前提にしてもっぱら自国の発展のために国家のエネルギーを注ぎ、次第に国力を増大させる。グローバル大国は、国際秩序の形成・維持のためのコストをあまり負担しないという点で、フリーライダー (ただ乗り) である。

c. グローバル戦争

　グローバル戦争 (global war) は、新たなグローバル政治システム構造を決定するための戦争であり、一世代の長さ (約 20～30 年) に及び、そして最終的に新たなグローバル秩序 (政治システム) を生み出すものである。

　グローバル戦争は、グローバル政治システムの決定的転換点であった。この戦争によって、従来のシステム構造が解体され、そして新たなシステム構造が形成された。グローバル戦争の勝者のなかから新たな世界大国が出現し、この戦争の終結の際に結ばれた平和条約を通じて新たな世界大国がその地位の正当性を確立する。この世界大国がグローバル政治システムの新たな関係や秩序を構築していく。また、世界大国の地位を目指し、グローバル戦争を引き起こす挑戦国は、これまでのところグローバル戦争に勝った例はない。新たに世界大国となるのは、第 2 次イギリスのような返り咲きのケースを別にすれば、世界大国の同盟国であることが通例である。

　15 世紀以来、これまでに生じたグローバル戦争には、次のようなものがあった。第 1 は、イタリア戦争とインド洋戦争 (1494～1516) である。この戦争によって、ポルトガルが世界的リーダーシップを握った。第 2 は、スペイン・オランダ戦争 (1580～1609) である。この戦争によって、オランダが世界的リーダーシップを握った。第 3 は、イギリスとフランス (ルイ 14 世) との抗争であるフランス戦争 (1688～1713) である。この戦争によって、イギリスが初めて世界的リーダーシップを握った。第 4 は、ヨーロッパの大国の多くを巻き込

んだフランス革命戦争とナポレオン戦争（1792〜1815）である。この戦争によってイギリスが二度目の世界的リーダーシップを握った。第5は、第1次世界大戦と第2次世界大戦（1914〜45）である。この戦争によって、米国が世界的リーダーシップを掌握した。

⑵　**グローバル政治システムの変動**

　グローバル政治システムにおける秩序の形成と崩壊は、世界大国の盛衰によって生じる。すなわち、世界大国が強大な力に基づいてシステムの管理能力を有しているときに国際秩序は維持され、また世界大国がそうした力が衰えてシステムの管理能力を失ったときには国際秩序は崩壊する。そして、15世紀末にグローバル政治システムが形成されて以来、このシステムを管理する世界大国の盛衰に対応して、5回の長期サイクルが生じた。

　a．世界指導力の循環

　「サイクル（cycle）」とは、グローバル政治システムの活動（機能）において「反復するパターン（recurrent pattern）」である。この循環は、システムが一定期間を経過した後に出発点に回帰することを意味する。そして、グローバル政治システムにおける「長期サイクル（long cycle）」は、1500年頃にグローバル政治システムが形成されて以来、約100年〜120年を一周期とする5回の長期サイクルが生じた。この長期サイクルは、グローバル政治システムを管理した世界大国の盛衰に対応している。

　世界大国の交替と新たな長期サイクルの発生は、グローバル戦争によって生じる。すなわち、グローバル戦争に勝利することによって新たな世界大国が誕生し、またこれによって旧世界大国はその地位を退く。さらに、新たな世界大国はグローバル政治システムにおいて新たな世界秩序を提供し、このシステムの新たなサイクルが始まる。

b．第 1 次長期サイクル

　第 1 次長期サイクル（1494〜1580）においては、ポルトガルが世界大国であった。ポルトガルが勝利したグローバル戦争は、フランスやスペインも介入したイタリア諸国間の戦争である「イタリア戦争（1494〜1516）」、およびポルトガルがディウ島沖でエジプト・アラブ諸国連合に対して大勝利を収めた「インド洋戦争（1509）」であった。

　グローバル戦争後の世界秩序を正当化したのは、ポルトガルがローマ教皇の仲介によってスペインとの間に結んだ「トルデシラス条約（1494）」であった。

　ポルトガルが成し遂げた制度的な革新（institutional innovation）は、当時、他のヨーロッパ諸国に先駆けて国家的規模での探検と発見の組織化を実施し、グローバルな海外基地ネットワークを建設し、そしてインド・ジャワなどとの東洋貿易を独占したことであった。また、ポルトガルのリスボンは、当時のヨーロッパの貿易・金融の中心であったアントワープとの仲継貿易地として発展した。

　ポルトガルが衰退する契機は、ポルトガル国内で宗教戦争によって混乱が生じ、当時、勢力を拡大していたスペインによって 1580 年に併合されたことであった。

c．第 2 次長期サイクル

　第 2 次長期サイクル（1580〜1688）においては、オランダが世界大国であった。オランダが勝利したグローバル戦争は、オランダの独立戦争にイタリア・フランス・ドイツも関与した「スペイン・オランダ戦争（1580〜1609）」であった。

　グローバル戦争後の世界秩序を正当化したのは、オランダの独立に関するスペインとの「休戦協定（1609）」であった。

　オランダが成し遂げた制度的な革新は、オランダが強力な「海洋支配権」を獲得していくと同時に、「航海自由の原則」や「自由貿易制度」を確立していった。また、オランダは「東インド会社」を設立し、東洋貿易を独占して多くの富を築いた。また、アムステルダム

150

は、多くの銀行、株式取引所、穀物取引所が存在し、ヨーロッパだけでなく、世界的な「貿易・金融の中心地」として繁栄した。

オランダが衰退する契機は、イギリスとの三度に渡る「イギリス・オランダ戦争（1652〜54、1665〜67、1672〜74）」であり、この戦争によってオランダは海上覇権を喪失した。さらに、フランスのルイ14世による二度のオランダ侵攻（1667〜68、1672〜78）によって、オランダの国内は疲弊した。

d．第3次長期サイクル

第3次サイクル（1688〜1792）においては、イギリスが世界大国であった。イギリスが勝利したグローバル戦争は、ヨーロッパとアメリカ・アジアの植民地において世界的規模で戦われた「イギリスとフランス（ルイ14世）との抗争（1688〜1713）」であった。

グローバル戦争後の秩序を正当化したのは、イギリスがフランスとの抗争の講和条約として結んだ「ユトレヒト条約（1713）」であった。

イギリスが成し遂げた制度的な革新は、強力な海軍を作り上げて「世界的な海上覇権」を掌握し、世界各地に「多くの植民地」を獲得し、そして「世界貿易を管理」することによって経済的な繁栄を誇ったことである。また、イギリスは、ヨーロッパにおける勢力均衡政策を展開し、ヨーロッパの安定のための「バランサー」として重要な役割を果たした。さらに、イギリスは、1694年に「イングランド銀行」を設立して国債を発行するようになり、ヨーロッパの金融に大きな影響を与えるようになった。

イギリスが衰退する契機は、米国が独立してイギリスの「第1次植民地帝国」が崩壊し、さらにフランス革命戦争とナポレオン戦争においてその力を消耗したことであった。

e．第4次長期サイクル

第4次サイクル（1792〜1914）においては、再び、イギリスが世界大国となった。イギリスが勝利したグローバル戦争は、ヨーロッパの

大国のほとんどを巻き込んだ「フランス革命」と「ナポレオン戦争
(1792〜1815)」であった。

　グローバル戦争後の秩序を正当化したのは、ナポレオン戦争の講和
条約である「パリ条約（1814）」および「ウィーン議定書（1815）」で
あった。

　イギリスが成し遂げた制度的な革新は、ヨーロッパにおいて正統主
義と勢力均衡に基づく「ヨーロッパの協調」をもたらしたことであ
る。イギリスは、再び強大な海軍を築き上げてグローバルな海上覇権
を掌握した。イギリスは、ラテン・アメリカ諸国の独立を支援してス
ペイン植民地帝国を崩壊させ、また中国・日本を開国させてグローバ
ル・システムへ取り込んでいった。さらに、イギリスは、世界に先駆
けて産業革命を進展させて「世界の工場」となり、世界的な自由貿易
体制と金本位制を確立し、そしてロンドンの「シティ」は世界の金融
の中心地となった。

　イギリスが衰退する契機は、ドイツとの建艦競争によって軍事支出
を増大させ、また帝国主義的な領土争奪戦争に巻き込まれ、そのエネ
ルギーを枯渇させていったことである。また、ロシア革命による市場
の喪失および 19 世紀末の大恐慌によって、イギリスの経済は次第に
停滞していった。さらに、イギリスの植民地支配の要であったインド
において大反乱（セポイの反乱：1857〜59）が生じて、「第 2 次植民
地帝国」が揺らぎ始めた。

f．第 5 次長期サイクル

　第 5 次サイクル（1914〜）においては、米国が世界大国である。米
国が勝利したグローバル戦争は、第 1 次・第 2 次世界大戦を含む「ド
イツ戦争（1914〜18、1939〜45）」である。

　戦争後の秩序を正当化したのは、第 1 次世界大戦の講和条約である
「ベルサイユ条約（1919）」および第 2 次世界大戦後の世界秩序を決定
した「ヤルタ会談、サンフランシスコ会議、ポツダム会談（1945）」
である。

　米国がなし遂げた制度的な革新は、「国際連合の設立」を通じて米国中心の国際政治を運営しようとしたことである。また、米国は、その卓越した軍事力によってグローバルな制海・制空権を掌握し、そして「戦略的核抑止体制」を築き上げたことである。米国は、宇宙開発を推進して大気圏外の支配権も拡大している。米国は、第三世界の「非植民地化」を進展させて多数の独立国を誕生させて自国の経済的市場として取り込み、また米国の多国籍企業が自由に活躍できる世界的な自由貿易・金融体制を確立した。

　米国が衰退する契機は、米国が冷戦においてソ連との軍拡競争を展開し、またベトナム戦争に巻き込まれ、多くの国家資源を浪費していったことである。また、日本やヨーロッパ諸国が戦後次第に発展を遂げ、米国との経済・技術競争を展開して米国の経済的優位を掘り崩している。

g．長期サイクルのパターン

　このような繰り返された長期サイクルの歴史を見ると、次のようなパターンが存在することが理解できる。一つの長期サイクルは、以下に述べるような、それぞれの局面（phase）が 25 年〜30 年の四つの局面から構成され、過去における全てのサイクルが同じパターンを繰り返している。

　第 1 の局面は、「グローバル戦争（global war）」の局面である。この局面は、世界大国の地位の継承を巡ってグローバル政治システムのなかで激しい闘争が展開される時期である。この時期に、グローバル戦争を勝ち抜いた世界大国が次第に抬頭してくる。また、この時期には、グローバル政治システムが混乱しているため、システム内においてはグローバルな秩序に対する大きな需要が生じている。

　第 2 の局面は、「世界大国（world power）」の局面である。この局面は、世界大国の力によってグローバル政治システムにおける秩序が形成・維持される時期である。この時期には、世界大国によるグローバルな支配とその正当性が確立され、システム内のパワーは世界大国

に集中している。そして、この時期には、世界大国のパワーによって、システム内におけるグローバルな秩序の供給は最大となる。世界大国は、国際秩序と国際的な諸制度の枠組みとルールを決定するパワーを持つとともに、このような国際秩序を維持するためにコストを負担する。

　第 3 の局面は、「非正当化（delegitimation）」の局面である。この局面は、世界大国のグローバル政治システムにおける支配の正当性が衰え始める時期である。世界大国は、自国だけではなく国際秩序（国際公共財）の維持のためにも多くの国力を割かなければならないため、次第にその圧倒的なパワーを相対的に低下させる。この時期には、世界大国の優越的地位に対して他国から異議が唱えられるようになる。この時期は、まだグローバル政治システムが安定しているため、グローバルな秩序に対する需要は少なく、すなわち秩序を維持することに対する認識が低く、秩序を維持する努力がなされないため、秩序の低下が始まる。

　第 4 の局面は、「分散化（deconcentration）」の局面である。この局面は、グローバル政治システム内のパワーが世界大国から他の諸国に分散し、大国間の寡占的競争状況となる時期である。この時期には、世界大国はその優越的力を喪失し、それに対する挑戦国や次の世界大国が台頭し始める。この時期には、グローバル政治システムにおける秩序はかなり低下し、最終的にはグローバル戦争へ至る。

(3)　長期サイクルのメカニズム

　グローバル政治システムにおいては、このシステムに内在する諸要因によって世界秩序の低下がもたらされる。しかし、こうした従来の世界秩序の低下に対して、このシステムそれ自体の基本構造のために新たな世界秩序が適切に供給されなかった。その結果、システム内において世界秩序の増大と低下が繰り返すという長期サイクルが生まれる。

　ａ．グローバル政治システムにおける長期サイクルの発生

　　グローバル政治システムにおいて、世界大国がその強大な軍事力や経済力によってグローバルな安全保障や自由貿易体制という世界秩序を供給している。そして、この世界秩序はシステム内の多くの国々によって利用、すなわち消費されていく。しかし、世界大国は次第にその力が衰えていき、このような世界秩序の消費に対して十分に秩序を供給することできなくなっていく。このような「システムの機能不全」によって、このシステムにおける世界秩序の増大と低下の繰り返しが生じる。すなわち、従来の世界秩序の低下に対して新たな世界秩序が十分に供給されるとき（世界秩序の低下≦世界秩序の供給）、グローバル政治システムは安定する。逆に、従来の世界秩序の低下に対して新たな世界秩序が十分に供給されないとき（世界秩序の低下＞世界秩序の供給）、グローバル政治システムは不安定となる。

　　このようなグローバル政治システムの世界秩序の増大と低下の繰り返しが、このシステムにおける長期サイクルである。さらに、このシステムの変動要因は内在的なもの、すなわち政治システムの機能不全という政治的なものである。この点において、グローバル政治システムは経済や文化などの世界システムの他の部分的システムから自立している。

　ｂ．世界秩序の低下をもたらすグローバル政治システム内の諸要因

　　グローバル政治システム内の次のような諸要因によって、システム内の世界秩序が低下する。第１の要因は、世界大国がほぼ単独での世界秩序を維持していることである。すなわち、世界秩序は世界大国の単独の独占的な軍事力や経済力によって維持されており、そのため世界大国はその秩序維持のために膨大な国家資源を消耗していく。その結果、必然的に世界大国はそのシステムの管理能力を喪失していき、最終的に世界秩序が低下していく。

　　第２の要因は、世界大国による利益の独占化である。すなわち、世界大国が自己の強大な力によってグローバルな利益の独占を図ろうと

するため、同様に利益の獲得を目指す他の大国との敵対や競争が生じる。その結果、グローバル政治システムが不安定化していく。

　第3の要因は、世界秩序が限られた基盤に依存していることである。すなわち、グローバル政治システムにおける世界秩序は、世界大国の有する軍事力およびその経済的利益の獲得の動機に基づいているため、世界の人々の共感や連帯また文化的コンセンサスなどの政治システムに安定性をもたらす他の要因が存在しない。その結果、このシステムの世界秩序は脆弱で不安定なものとなる。

　第4の要因は、世界秩序に対する選好が減少することである。すなわち、グローバル政治システム内の安定が続いていくとグローバル戦争の記憶が薄れ、人々や政策決定者の選好が世界秩序よりも他の社会的価値に対する欲求に移っていく。その結果、多くの国々が世界秩序を維持しようとする努力を払わず、他の価値を求めて争うようになり、そして各国の世界秩序を乱すような行動が増大していく。

　グローバル政治システムにおいては、上述したようなこのシステムに内在する諸要因によって世界秩序の低下がもたらされる。

c．世界秩序の低下に対する秩序供給の不十分性

　グローバル政治システムにおいては、基本的に中央集権的な政府が存在しないため、現在の世界大国の他に世界秩序を供給する役割を果たす国家や世界組織や世界的制度が存在しない。それゆえ、世界秩序を供給する者が世界大国の他に存在しないというシステムの基本構造のため、上述したような要因によってグローバル政治システムにおける従来の世界秩序が低下した場合、新たな世界秩序が適切に供給されることがない。

　グローバル政治システムにおける世界秩序は、強大な力を有する世界大国によって形成されまた維持されている。このため、従来の世界大国の力が衰えて世界秩序が低下したならば、世界秩序の回復は新たな世界大国が出現して新たな世界秩序を供給するのを待たなければならない。

世界秩序に対する需要と供給のタイム・ラグを示せば、次のように
なる。

〔長期サイクルの局面〕	〔需要〕	〔供給〕
グローバル戦争	最高	最低
世界大国	高い	最高
非正当	低い	高い
分散化	最低	低い

　グローバル政治システムにおける従来の世界秩序の低下に対して、
このシステムそれ自体の基本構造の問題から新たな世界秩序が適切に
供給されないという「需要と供給の不一致」によって、システム内に
おいて世界秩序の増大と低下が繰り返すという長期サイクルが生まれ
る。

⑷　**長期サイクルとコンドラチェフの波の関連**
　モデルスキーは、長期サイクルの主要な原因をグローバル政治システ
ムそれ自体に求めている。他方で、モデルスキーは、経済活動に向けら
れる基礎資源の豊富さと稀少さに関連して発生するコンドラチェフの波
を重視して、長期サイクルとコンドラチェフの波という二つの波は密接
に連関していると考える。

a．グローバル政治システムにおける革新期と停滞期の交替
　グローバル政治システムにおける「革新期」とは、グローバル政治
システムにおけるグローバルな政治構造の再編成と新たな国際政治体
制や国際組織の出現をもたらす時期である。反対に、「停滞期」と
は、こうした政治的革新が起こらない時期である。
　革新期と停滞期の交替によって、グローバル政治システムにおける
長期サイクル（約120年）は、それぞれが約30年のグローバル戦争
局面（革新期）、世界大国局面（停滞期）、非正当化局面（革新期）、
分散化局面（停滞期）の４つの局面からなり、このような革新期と停

滞期を繰り返している。

b．世界経済システムにおけるコンドラチェフの波

　コンドラチェフの波（Kondratieff waves）とは、世界経済システ
ムにおける景気循環であり、「拡大期」と「停滞期」の二つの局面か
らなり、1 周期が約 60 年である。世界経済システムにおける「拡大
期」とは、食糧や原料などの基礎資源が豊富な局面であり、物価の下
降期であり、また多くの経済的利益を生み出す新たな主導的経済が出
現する時期である。反対に、「停滞期」とは、世界経済システムにお
いて、基礎資源が稀少な局面であり、物価の上昇期であり、また経済
活動が停滞する時期である。コンドラチェフの波においては、拡大期
と停滞期の二つの局面がそれぞれ約 30 年の期間で交替する。

c．世界システムにおける政治と経済の交替的突出

　グローバル政治システムおよび世界経済システムはそれぞれ自律的
システムであるが、世界システムにおける共通の人的・物的資源を競
合的に消費しているため相互に連関性をもつ。すなわち、それぞれの
システムの「突出期」すなわちグローバル政治システムの「革新期」
と世界経済システムの「拡大期」が交互に現れ、一方がその突出期に
末解決のまま残した問題に対して、他方がそれに続く突出期に取り組
んで解決するというメカニズムを有している。

　グローバル政治システムの突出期（革新期）、すなわちグローバル
戦争局面と非正当化局面の時期には、政治システムは、経済システム
において発生して未解決のまま残された問題の解決に取り組む。この
時期には、政治的財への需要が高まり、政治システムにおいて多くの
基礎資源が使用されるため、経済システムにおいて資源が希少とな
り、物価水準が上昇する。

　ただし、グローバル政治システムにおいては、「一回おきに」特に
大きな突出期（革新期）が現れるが、これがグローバル戦争の時期で
ある。したがって、グローバル政治システムにおいては、「大革新・

158

停滞・革新・停滞」というサイクルが繰り返される。

　世界経済システムの突出期（拡大期）、すなわち世界大国局面と分散化局面の時期には、経済システムは、政治の突出期に浪費された世界システムの資源の回復に努める。この時期には、政治的財への需要が低下し、政治システムにおいて基礎資源があまり消費されないため、経済システムの資源が豊富になり、物価水準が下がる。

　グローバル政治システムにおける長期サイクル（約100〜120年）の1周期が、世界経済システムにおけるコンドラチェフの波（約50〜60年）の2周期と対応する。二つのサイクルの革新（拡大）と停滞の交替の歴史の一部は、次のようになる。

	〔局面〕	〔グローバル政治システム〕	〔世界経済システム〕
・1763〜1792	分散化	停滞期	拡大期
・1792〜1815	グローバル戦争	大革新期	停滞期
・1815〜1849	世界大国	停滞期	拡大期
・1850〜1873	非正当化	革新期	停滞期
・1874〜1913	分散化	停滞期	拡大期
・1914〜1945	グローバル戦争	大革新期	停滞期
・1945〜1973	世界大国	停滞期	拡大期
・1973〜2000	非正当化	革新期	停滞期
・2000〜2030	分散化	停滞期	拡大期

　モデルスキーは、政治システムにおける長期サイクルと経済システムにおけるコンドラチェフの波という二つのサイクルの対応が生じる原因が世界システムのなかで政治と経済が共通の人的・物的資源を競合的に消費するためであるとしている。しかし、これでは分析が不十分である。

(5)　グローバル政治システムの現状と展望

a.　グローバル政治システムの現状

　モデルスキーによれば、現在はグローバル政治システムにおける第

5次長期サイクルの「分散化」局面であり、このシステムの停滞期に当たる。

　米国の優越的パワーの喪失により、グローバル政治システム内のパワーが米国からEU、中国、日本などの他の諸国に分散し、大国間の多極的競争状況となる時期である。また、米国のパワーの喪失とともに、米国に対する挑戦国や次の世界大国が台頭し始める。

　米国のリーダーシップが衰えたため、グローバル政治システムにおける秩序はかなり低下する。この前の局面である非正当化局面において世界秩序や体制の部分的修正がおこなわれたので、この局面の初期においてある程度の政治的安定がもたらされるが、この秩序を維持する世界大国が存在しないため、国際秩序は長く続かず、再び不安定化していく。そして、最終的には、グローバル政治システムの秩序は崩壊し、グローバル戦争へ至る可能性がある。

　分散化の時期は、世界経済システムの突出期（拡大期）であり、経済は政治の突出期に浪費された世界システムの資源の回復に努める。しかし、この時期は、政治的財への需要が低下し、政治システムにおいて基礎資源があまり消費されないため、経済システムの資源が豊富になり、物価水準が下がる。また、この時期は、多くの経済的利益を生み出す新たな主導的経済が出現する時期であり、どこかの地域や国家で新たな技術革新に基づいた主導的産業が現れる。ただし、政治システムが極めて不安定なので、世界大国局面のときの拡大期と異なり、先進各国に出現した主導経済が世界的な経済発展を引き起こさない。

b．グローバル政治システムの展望

　ここでは、現在のグローバル政治システムにおける挑戦国や新たな世界大国の出現の可能性について考える。米国の覇権に対して挑戦国となる可能性が最も高かったソ連は、共産主義の崩壊とともに解体してしまった。ロシアがその後継国となったが、現在のロシアには挑戦国となる余力はない。その反面、中国が経済力・軍事力を拡大して強

大な国家となり、米国にとって最大の挑戦国となっている。しかし、中国は世界大国の４つの条件をまだ充たしておらず、またこの条件に適うような大国は、米国の他には存在しないので、新たな世界大国の出現の可能性は少ない。したがって、グローバル政治システムが多極化した混乱状況が、これからも長く続く可能性が高い。

これまでの分散化局面の最後には、グローバル戦争が生じた。しかし、グローバル戦争が起これば、核戦争へと拡大する可能性が高く、その場合は勝者のない絶滅戦争となる。それゆえ、核兵器を保有する大国はこうした危険を回避しようとするので、グローバル戦争が起こる可能性は少ない。また、グローバルな経済・社会的相互依存が深化しているので、この状況でグローバル戦争を起こすことは、各国の経済・社会的利益を大きく損なう。それゆえ、相互依存状況にある先進工業諸国は、現在の秩序を維持するために協調的行動を取らざるをえない。

グローバル戦争は絶対的に回避すべきなので、グローバル戦争以外の方法によって新たなグローバル政治システムへ移行する必要がある。

第１は、イギリスの二度目の覇権のように、米国の返り咲きによって新たなシステムへ移行する可能性である。米国は未だに世界最大の軍事力を保有しており、米国が新たな主導経済を発展させた場合、再び世界大国に返り咲く可能性がある。

第２は、米国と他の大国との共同覇権（bi-hegemony）を確立する可能性がある。この場合、米国主導で日本が補佐する形で両国が役割分担をおこない、新たなグローバル政治システムを管理する可能性がある。このような共同覇権は、パクス・アメリッポン（Pax Amerippon）と呼ばれる。また、現在、経済力や軍事力を拡大している中国と米国とが協力して共同覇権を形成することは、中国が共産主義国家であるかぎり可能性が低いと思われる。

第３は、大国間の協調による共同管理の可能性である。現在のサミット（主要国首脳会議）を制度化・組織化することによって、その

政治的役割を強化し、グローバル政治システムを管理する。他の方法
としては、国連の政治的・安全保障的機能を強化し、また国連の世界
における政治的役割を強化することによって、グローバル政治システ
ムを管理する。この管理形態が発展していけば、世界連邦の創設の方
向へ進んでいく可能性がある。

　このように、新たなリーダーシップや共同の政策形成のための政治
システムを構築することによって、平和的手段による新たなグローバ
ル政治システムへ移行することが可能である。

第12章

覇権安定論

　覇権安定論の主導者であるロバート・ギルピン（Robert Gilpin）は、アメリカの現実主義の立場に立つ国際政治学者であり、覇権安定論を唱える以前から、国際政治経済論においても『合衆国のパワーと多国籍企業（U. S. Power and The Multinational Corporation）』などの優れた業績を残している。彼は、『世界政治における戦争と変動（War and Change in World Politics）』を1981年に著し、ここで「覇権安定論」を展開した。彼は、この著書のなかで、経済学の費用・便益分析やシステム論の構造分析の手法を用いて、覇権国の存在と国際システムの安定や変動との関係をマクロ的かつ歴史的に解明しようとした。

⑴　**覇権的国際政治システムの構造**

　a．国家とその利益や目的

　　ギルピンは、国家を「収入を得る見返りに、保護と福祉を提供する組織」と定義している。

　　また、国家の目的として、第1に、経済的・安全保障的・その他の利益を増進するために領土そして時には国際システムに対する支配を拡大すること、第2に、他国の行動に対する影響力を増大させること、第3に、世界経済に対する影響力を支配するか少なくとも影響力を行使すること、を挙げている。ただし、国家は特定の利益を最大化することを求めるのではなく、収入と費用を考慮しながらこれらの国家目的の最適な組み合わせを見い出す努力をする。つまり、国内状況や国際情勢に応じて、国家はその目的の組み合わせを変更する。

b．国際システム

　ギルピンによれば、国際システムは、支配の形態に従う規則的な相
互作用によって結びつけられた国際社会の様々な存在の集合体であ
る。国際システムは、次のような三つの要素からなる。第 1 の要素
は、「様々な存在（diverse entities）」であり、これらは国際システム
の過程・構造・行為体・行為体の属性などを形成している。そして、
最も主要な存在（行為体）は「国家」である。第 2 の要素は、「規則
的な相互作用（regular interactions）」であり、これらは国家間の稀
な交流から親密な相互依存まで様々なレベルでおこなわれている。第
3 の要素は、「支配の形態（form of control）」であり、これらは非公
式なルールから公式な制度にまで及んで国家の行動を規制している。
国際システムは、諸国家が自己の利益を増進しようとする一連の「制
約と機会」を提供する。第 4 の要素は、「境界（boundary）」であり、
これが他のシステムやより大きな環境から国際システムを区分してい
る。

c．国際システムの支配の形態

　国際システムはアナーキー状態にあると一般に言われるが、ギルピ
ンは、国際システムにも「支配の形態」が存在すると主張する。

　ギルピンは、国内システムと同様に国際システムにも支配のメカニ
ズムが存在しているとして、国内と国際を対比させながら支配のメカ
ニズムを次のように示している。つまり、国内システムにおいて「政
府」に対応するものが国際システムにおいて「諸大国の優越」であ
り、「権威」に対応するものが「威信の階層」であり、「所有権」に対
応するものが「領土」であり、「法」に対応するものが「国際システ
ムのルール」であり、「国内経済」に対応するものが「国際経済」で
ある。そして、国際システムの支配や統治は、パワー分布と威信の階
層において優越する覇権国によってなされてきた。

　また、国際政治システムの支配（統治）の形態は、次の三つの要素
の働きであるとも述べている。第 1 の要素は、国家間の「パワーの分

布（distribution of power）」であり、このパワーの分布は、国際システムにおける構成要素間の相互作用の過程を管理する主要な形態である。

　第2の要素は、このパワー分布にもとづいて構築された国際システムにおける「威信の階層（hierarchy of prestige）」である。この「威信」とは、諸国家のパワーに対する他の国家による評価であり、日常的な国際政治過程において、パワーの実際の行使にかわって重要な役割を果たす。国際システムにおける「威信の階層」が明確で一般に受け入れられている時には、国際システムは平和で安定している。しかし、威信の階層が曖昧で一般に疑問に思われる時には、国際システムは不安定化して紛争や戦争が生じる。

　第3の要素は、国際システムにおける「権利と規則の集合（a set of rights and rules）」である。この権利と規則の集合は、外交・戦争・経済などの領域における国家間の相互作用を規定している。

　これらの「威信の階層」や「権利と規則の集合」などの国際政治システムの支配の形態の要素は、システム内の諸国家間の「パワーの分布」に基づいて構築され、これが国家間の支配関係や利益配分を決定する。

d．国際政治システムにおける覇権国の力の優越

　ギルピンによれば、優越する国家（dominant power）の支配の権利の正当性は、次の三つの要素に依存している。第1は、覇権戦争による勝利であり、それによって示された自国の意思を他の諸国に強いることのできる能力である。第2に、優越する国家の支配は、国際経済秩序や国家安全保障のような「公共財」を提供するために他の諸国に受け入れられる。第3に、優越する国家の地位は、イデオロギーや宗教などの多くの国家に共通する価値によって支えられている。

　国際政治システムの権利と規則の集合は、優越する国家のパワーや他の大国とのパワー関係（パワーの分布）によって決定されるため、最も強大なパワーを保有する優越する国家や他の大国の要求（利益）

が最も反映されている。

　ギルピンの覇権安定論によれば、優越する国家が国際システムを管理することで経済的相互依存の安定が生まれる。従来の相互依存論が経済的相互依存から国際的な安定が生じると主張するのに対して、覇権安定論の主張は、この点において因果関係が逆になっている。

(2)　国際政治システムの変動

　国際政治システムの変動は、支配の形態の諸要素である「パワーの分布」および「威信の階層や権利と規則の集合」の間の乖離によって引き起こされる。一方で、国際システムには、時間の経過とともに、各国のパワーの不均等な成長によって、新たなパワーの分布が生まれる。他方で、国際システムには、従来のパワーの分布にもとづいて構築された威信の階層や権利と規則の集合が残っている。こうした国際システムにおける支配の形態の内部矛盾によって、システムの変動が生じる。

a．国際政治システムの変動

　ギルピンは、国際システムの変動を論じるに際して、変動を次の三つに区分している。

　第 1 の「システム自体の変化（systems change）」は、国際システムを構成する「主要な行為体や政治体の特徴」が変わることである。例えば、国際システムの主たる行為体が帝国であるか、国民国家であるか、都市国家であるかというものである。言い換えるなら、帝国が支配する中央集権的な国際システムから国民国家が支配する分権的な国際システムへの変動である。

　第 2 の「システム内の変化（systemic change）」は、パワーの分布・威信の階層・権利と規則の集合という国際システムの支配の形態が変化することである。例えば、国際システムの頂点に位置する帝国や優越する国家が交替するような変化である。すなわち、従来の優越する国家が衰え、そして新たな優越する国家が抬頭してこれに替わるという「強力な国家の継続的な出現」がシステム内変化の本質であ

る。

　第3の「相互作用の変化（interaction change）」は、国際システム
における行為体間の政治的・経済的・その他の相互作用の修正であ
る。例えば、同盟構成・国際レジーム・脱国家的関係などの変化であ
る。

　ギルピンは、この三つのタイプの変化すべてを分析するのではな
く、「システム内の変化」に焦点をあてて分析を行っている。

　ギルピンによれば、国際システムの変化には漸増的（incremental）
な変化と革命的（revolutionary）な変化の両方がある。漸増的な変
化は、国家間の交渉によって平和的な調整がおこなわれることであ
る。そして、革命的な変化は、国内システムでは革命や内戦に当たる
ものであり、国際システムでは覇権戦争（hegemonic war）によって
引き起こされるような国際システムの変化のことである。

　国際システムにおいてパワーの分布・威信の階層・権利と規則の集
合というシステムの支配の形態の要素が調和的に変化するなら、シス
テムの平和的発展が起こる。しかし、パワーの分布は他の支配の形態
の要素よりも急速に進化する。パワーの分布と他の支配の形態の要素
の間の異なった変化が、国際システムの分裂や不均衡を生みだし、そ
してそれらが解決されなければシステムの変化を引き起こす。

　このように、国際システムにおける各国のパワーの不均等な成長
が、システムの支配の形態の諸要素の間における矛盾を生みだし、さ
らにはシステムの変化を引き起こす。

b．国際政治システムにおける国家行動

　前述したように、国際システムにおいて各国のパワーが不均等に成
長して、パワーの分布と他のシステムの要素の間に分裂や不均衡を生
みだした場合、それぞれの国家は次のような選択をおこなう。

　ギルピンは、経済学の合理的選択理論（rational-choice theory）、
すなわち経済主体の費用・便益（cost-benefit）計算に基づく合理的
選択行動を国家行動に適用している。彼の合理的選択理論において、

「ある国家が、経済・政治・技術の発展によって、国際システムの変革を企てた際に得られる期待利益が増大し、またそれに要する期待費用が低下した場合、その国家は国際システムの変革を企てる。また、国家は、こうした期待費用が期待利益を上回るまで、国際システムの変更を目指す」という基本的前提を立てている。そして、次の国家行動の五つの仮説から国際システムの変動を説明していく。

　第1に、もしいずれの国も国際システムの変更を企てることに利益を得ると確信しないならば、国際システムは安定している。（均衡状態にある。）

　第2に、国家は、もし期待利益が期待費用を上まわるならば（期待純益が有るならば）、国際システムの変更を企てようとする。

　第3に、国家は、さらなる変更の限界費用が限界利益と等しくなるか、またそれより大きくなるまで、領土的・政治的・経済的膨張を通じて、国際システムの変更を求めようとする。

　第4に、さらなる変更と膨張の費用と利益の間に均衡が一度達成したならば、現状を維持する経済的費用は現状を支える経済的能力よりも急速に増大する傾向がある。

　第5に、もし国際システムの不均衡が解決されないならば、システムは変容し、パワーの再配分を反映した新たな均衡が確立されるであろう。

　ギルピンの合理的選択モデルにおける前提や仮説は、これまでの伝統的現実主義者（traditional realist）の前提と大きく異なっている。伝統的現実主義者によれば、国際政治における国家の目的は自国のパワーの維持・拡大である。すなわち、国家のパワーは国家目的達成のための手段としてではなく、その追求自体が国家目的として規定されている。

c．覇権的国際政治システムの変動過程

　ギルピンは、国際システムにおける支配の形態における矛盾、すなわち「パワーの分布」および「威信の階層や権利と規則の集合」の間

168

の乖離によって引き起こされる変動の過程を次のように図式化している。

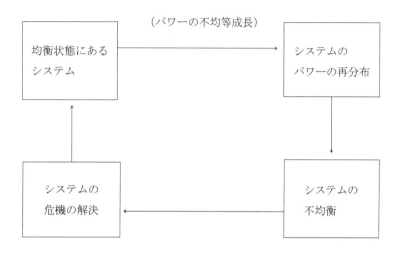

　第1段階は、「均衡状態にあるシステム」という段階である。この状態においては、国際システムにおける現存のパワー分布、威信の階層、権利と規則の集合などの現存の支配の形態は、現在の主要な国家の利益と支配的関係を反映している。均衡状態においては、多くの強力な国家が現存の制度に満足しており、いかなる強力な国家もシステムの変更における期待費用に見合う期待利益が生み出されないと考え、そしてシステムの変更を企てない。
　第2段階は、「システムにおけるパワーの再分布」という段階である。この段階においては、国際政治システムにおける国家間の「パワーの不均等な成長（differential growth of power）」が、国際システムにおけるパワーの根本的な再分布を引き起こす。こうしたパワーの再分布は、国家が国際システムを変更することで得られる期待利益を増大させ、また変更のための期待費用を低下させる。
　第3段階は、「システムの不均衡」という段階である。この段階では、国際システムにおける新たなパワーの分布と従来の支配的国家の

利益を反映している支配の形態の他の要素（威信の階層、権利と規則の集合）との間に乖離が生じ、システムが不均衡となる。

　第 4 段階は、「システムの危機の解決」という段階である。この段階では、国際システムにおける新しいパワー分布にもとづいた新たな威信の階層や権利と規則の集合を確立することが要求されるため、つまり国際システムの変動が要求されるため国際システムの危機となる。この危機の解決には、システムの不均衡の平和的な調整という解決も可能である。しかし、歴史的には、国際システムをどの国が支配するかを決定する覇権戦争が、主要な解決のメカニズムであった。

　このように、ギルピンは、国際システムにおける「パワーの分布と他の支配の形態の要素との矛盾」から、同時に、ある国家が国際システムを変更するための「利益と費用の変化」から、国際システムの変動が生じると主張する。

d．覇権戦争

　ギルピンによれば、覇権戦争（hegemonic war）は、国際システムにおいてどの国が優越するのか、またシステムを支配するのかを決定する戦争である。より詳しく述べれば、覇権戦争においては、第 1 に、国際システムにおける優越する国家と挑戦国との間の直接的対決を伴う。第 2 に、国際システムの特徴と支配めぐっての問題が基本的な争点となる。第 3 に、戦争において使用される手段が無制限であり、戦争の範囲がシステム全体に及ぶ。

　そして、この覇権戦争の勃発に係わると思われる、三つの前提条件（preconditions）がある。前提条件の第 1 は、国際システムにおける空間および機会の閉塞性（closing in）であり、これは他国との戦争なしに獲得できる空間や機会が喪失することである。第 2 は、心理的なものである。その一つは、根本的な歴史的変化が起こりつつあるという認識である。もう一つは、時は自国に味方していない、それゆえ自国に有利な内に先制戦争によって問題を解決するという諸大国を責めさいなむ恐れである。第 3 は、事態の進展が人間の支配できる範囲

を超え始めていることである。

e．国際政治システムに関する歴史認識

　ギルピンの覇権安定理論は次のような歴史認識にもとづいている。国際システムにおいて、優越する国家が強大な軍事力・経済力・正当性に基づくシステムの支配能力を有する時には、国際システムは安定する。逆に、優越する国家がこのような能力を喪失する時には、支配の形態が失われ、国際システムが不安定となり、そして国際秩序が崩壊する。

　また、国際システムの進化は、システムを支配し、国際的相互作用のパターンを決定し、システムのルールを確立する強力な国家が、継続的に出現したことによって特徴づけられる。

　現実の国際政治における事例として、産業革命以降、19世紀のイギリスと20世紀のアメリカが優越する国家として登場し、パクス・ブリタニカ（Pax Britannica）とパクス・アメリカーナ（Pax Americana）という覇権システムを提供した。

第5部　国際政治の歴史

172

第 13 章

国際社会の形成と発展

(1) 近代以前の国際社会

　近代以前、世界はいくつかの地域に分かれたままで、それらの地域間の交流はほとんどなかった。そして、近代以前の国際社会においては、その構成単位としての主権国家が形成されていなかったため、近代的国際社会また全世界規模の国際社会は未だ成立していなかった。

a．世界の地域的分断

　15 世紀中頃まで、世界は政治的・経済的・文化的に分裂しており、それぞれの地域には多くの帝国や国家が存在していた。ヨーロッパ地域には、分権的な封建国家が多数存在した。東アジア地域には、明帝国を中心とした冊封体制が存在した。南アジア地域には、デリー＝スルタン朝やムガール帝国が存在した。西アジア地域には、ティムール帝国、ビザンツ帝国、オスマン帝国が存在した。アフリカ地域には、マリ王国、ソンガイ王国、モノモタパ王国が存在した。アメリカ地域には、アステカ帝国やインカ帝国が存在した。

　そして、これらの地域間の交流や関係は非常に希薄であった。全世界的な人的・物的交流はなく、時折、征服のための戦争、商人の往来、朝貢使節の交換などがあった。全世界的な交流が活発化するには、15 世紀後半の大航海時代を待たなければならなかった。

b．近代的な主権国家と国際関係の不存在

　この時代には、近代的な国家はまだ存在していなかった。ヨーロッパの中世は封建社会であり、神聖ローマ皇帝やローマ教皇の権威が国

家の上に存在し、また国内においても封建領主（諸侯）の自立性が強かったため、国王の権力も弱体であった。当時の国家は、分権的な封建国家であり、中央集権的な主権国家ではなかった。そして、東アジア、南アジア、西アジアなどの非ヨーロッパ地域には、中央集権的な大帝国とそれを取り巻く隷属的な周辺諸国が存在した。このように、近代世界において主要な役割を果たす「近代的国家」が誕生するためには、先ず「主権」という概念が確立されなければならなかった。

　したがって、近代以前の国家間関係は、次のようなものであった。ヨーロッパにおいては、神聖ローマ皇帝、国王、諸侯、都市国家、さらにローマ教皇までも、他の国々や政治体とそれぞれ独自の対外関係を結び、錯綜した国際関係となっていた。非ヨーロッパ地域においては、中国と周辺諸国の間の冊封体制や朝貢貿易が存在したように、帝国と周辺諸国の間の関係は支配・従属的なものであった。それゆえ、当時の国際関係は、近代におけるような独立した主権国家の間の国際関係ではなかった。

(2)　**主権国家の形成**

　近代ヨーロッパにおいて、中央集権的な近代国家が確立される過程で、君主の絶対的な国家統治を正当化するための概念として主権概念が発展し、そして権力と正当性を兼ね備えた絶対主義的な主権国家が誕生する。

a．国家の主権の確立

　「主権（sovereignty）」とは、自国の領域内で他のいかなる権力にも従属することのない最高・絶対の権力である。主権は、近代のヨーロッパにおいて中央集権的な国家体制が確立される過程で、絶対君主の国内における統治権を正当化するための概念として発展した。ジャン・ボーダン（Jean Bodin）は、宗教戦争の最中、国王に反抗的な封建諸侯に対してフランス王の権力を正当化するために 1576 年の『国家論』において「主権とは国家の絶対的かつ恒久的権力である」と定

義し、君主主権論に基づく主権概念を確立しようとした。

　この国家の有する主権は二重の側面をもつ。主権の国内的側面には、自国の領域内で排他的に統治をおこなう権能である「領域支配権」がある。これは、対内主権とも言われ、自国の領域を自由に使用し、処分できる権利、また領域内の人または物に対して排他的に支配する権利を含んでいる。主権の国際的側面には、他国の主権に従属せず、対外的に独立を保つ権利である「独立権」がある。これは対外主権とも言われ、伝統的に、外交使節を派遣し、条約を締結し、戦争を行う権利を含んでいる。

b. 主権国家の形成

　「主権国家（sovereign state）」とは、他に従属することのない対内・対外主権を有する国家のことである。主権国家は、ヨーロッパ封建社会の解体と絶対主義国家の形成のなかで誕生した。すなわち、ルネッサンス、大航海時代、宗教改革を通じて、ヨーロッパの中世的封建社会が解体し、従来の分権的な国家システムは再編成されていく。この過程で、次第に力を蓄えていった君主は、神聖ローマ皇帝やローマ教皇の権威から独立し、また国内の封建諸侯の勢力を統合して、中央集権的な絶対主義の主権国家を確立していく。

　絶対主義的主権国家の誕生は、次のようなものであった。ポルトガルにおいてはジョアン2世（1481〜1495）やマノエル1世（1495〜1521）の時代に、スペインにおいてはカルロス1世（1516〜1556）やフェリペ2世（1556〜1598）の時代に、イギリスにおいてはヘンリー8世（1509〜1547）やエリザベス1世（1558〜1603）の時代に、フランスにおいてはルイ13世（1610〜1643）やルイ14世（1643〜1715）の時代に絶対主義的な主権国家が形成された。

(3) 西欧国家体系の成立

　主権国家の確立とともに、それらを構成単位とする西欧国家体系がヨーロッパに成立し、近代国際社会の基盤が形成された。そして、ヨー

ロッパの主権国家が非ヨーロッパ世界との関係を拡大していくことによって、グローバルな西欧国家体系が成立する。

a．西欧国家体系

　「西欧国家体系（western state system）」とは、主権国家を基本的な構成単位とする近代以降の国際社会である。ただし、この言葉はあまり適切な表現ではなく、むしろ「西欧国際体系（western inter-state system）」と表現すべきである。

　西欧国家体系は、主権国家が形成され始めた 16 世紀頃から次第にヨーロッパに成立していった。近代的国際社会である西欧国家体系は、ヨーロッパに多くの主権国家が誕生し、それらの間に外交的・軍事的交流が始まることによって成立していった。30 年戦争を終結するための「ウエストファリア条約」の締結（1648）などが、西欧国家体系の存在を示す。（この条約に因んで、西欧国家体系はウエストファリア体制とも言われる。）

　近代ヨーロッパに成立した西欧国家体系（西欧国際体系）は、次のような特徴をもち、そこには一定の国際秩序が維持されていた。

　第 1 に、西欧国家体系においては、「主権」が相互に承認されていた。すなわち、諸国家が相互に国家の独立や平等を原則的に認め合っていた。

　第 2 に、西欧国家体系においては、諸国家が「国際法」を原則的に尊重していた。国際法は、絶対主義諸国間の王位継承戦争や植民地争奪戦争を緩和またルール化するために発達したものであり、そこには国家間の平等、領土の不可侵、内政不干渉などについて規定されていた。オランダのフーゴー・グロティウス（Hugo Grotius）は、『戦争と平和の法』（1625）を著し、国際法の確立に貢献したため、「国際法の父」と呼ばれている。

　第 3 に、西欧国家体系においては、勢力均衡政策が実施された。これは、ある一国の力が他の諸国に脅威を与えるほど優越することを阻止し、国際システム内の諸国家の独立と平和を維持しようとする政策

である。

　近代ヨーロッパの国際秩序は、上述した特徴だけでなく、次のような条件が存在したためにより安定して維持されていた。西欧諸国ではキリスト教やギリシア＝ローマ文化が受容されており、そこには文化的共通性があった。各国の王家が姻戚関係にあり、相互の理解や意志疎通が容易であった。

ｂ．西欧国家体系の存続と全世界的な拡大

　15〜16世紀に誕生したポルトガル、スペイン、イングランド、フランス、オランダ、スイス、スウェーデン、オーストリアなどのヨーロッパ諸国は、現在でも西欧国家体系の主要な行為体として存続している。こうした主権を有した近代国家から構成される西欧国家体系が誕生して、それらがヨーロッパの外へ拡大したことによって、グローバルな近代的国際社会が形成された。

　現代の国際社会は、ヨーロッパに誕生した西欧国家体系が全世界に拡大したものである。欧米諸国による非ヨーロッパ世界の植民地化を通して、西欧国家体系がグローバルに拡大していく。そして、現代の国際社会も、主権の相互承認、国際法の存在、勢力均衡政策の実施という西欧国家体系の基本的特徴を備えている。このように、西欧国家体系は、現代国際社会の原型（prototype）であった。

　しかし、現代的な国際社会、すなわち「国民国家体系」が形成されるためには、近代的主権国家が現代的主権国家へ、すなわち絶対主義国家が「国民国家」へ変質を遂げる必要があった。

(4)　国民とナショナリズム

　絶対主義国家の中央集権的支配の下で、また植民地支配に反抗する形で、民衆の間に国民的また民族的な一体感や帰属意識が生まれ、自らの国家を形成しようとする思想や運動であるナショナリズムが拡大していった。

a．民族と国民

　「民族（ethnicity、ethnic group）」とは、人種、言語、宗教、生活習慣、地域、また歴史的な経験を同じくし、「民族としての一体感」を持つ人々の「共同体」である。民族であることの客観的要因は、同じ人種であり、共通の言語・宗教・生活習慣や歴史的経験を持ち、同じ地域に居住することである。民族であることの主観的要因は、同一の民族であるという「共通の一体感」、すなわち同一の集団に属しているという「帰属意識、同胞意識」を持つことである。ただし、こうした客観的要因のいくつかは、民族の成立および存続にとって必ずしも不可欠なものではなく、むしろ主観的要因の方が重要な要因である。一般に、民族は長い歴史的経験をへて、自然と形成されていく。

　「国民（nation）」とは、同一の国家に属し、「国民としての一体感」を持つ人々である。国民であることの客観的要因は、同一の国家・政府の下に統合されていること、すなわち「同一の国籍」を持つことである。国民であることの主観的要因は、同一の国民であるという「共通の一体感」、すなわち同一の集団に属しているという「帰属意識、同胞意識」を持つことである。政治的意味では、同じ国籍を持つだけでは同一の国民とは言えず、同一の国民であるためには主観的な一体性が重要である。国民の場合、こうした主観的・客観的要因の多くが、歴史的や自然発生的にではなく、19世紀の日本、ドイツ、イタリアにおけるように政府や指導集団によって人為的に形成されることが多い。

　従来は、「民族」という言葉と「国民」という言葉は混同して使われていたが、最近では上述のように区別して使われるようになった。国民は、民族とは異なり、必ずしも、同じ人種であったり、共通の言語や宗教や生活習慣や歴史的経験を持つ必要はない。民族と国民が一致するのは、単一民族の国家の場合だけである。アメリカ合衆国、ロシア連邦共和国、中華人民共和国、スイス連邦などは、一つの国民が多くの民族から成る「多民族国家」である。

b．ナショナリズム

　「ナショナリズム（nationalism）」は、国家や国民の統一や独立や発展を願う意識であり、思想であり、および運動である。そして、国内政治においては、ナショナリズムは、人々を一つの国家に組織・統合しようとする「政治的な理念および行動」としての役割を果す。国際政治においては、ナショナリズムは、その国の自立性や独立性や対外膨張などを求めるため、国家の「対外的行動を決定する重要な要因」としての役割を果す。このナショナリズムという概念のなかには、一方では統一と独立そして他方では侵略と抑圧という「肯定的な側面と否定的な側面」の両方が含まれる。

　ナショナリズムは多義性をもつ概念である。ナショナリズムは、従来は国民主義、民族主義、国家主義、さらには国粋主義などと訳されたように、時代や地域によって異なった様々な意味で用いられてきた。現在では、ナショナリズムは一般に「国民主義」と訳されることが多い。他方で、「民族主義」は、民族と国民とが区別されるようになったため、現在では「エスノ・セントリズム（ethno-centrism）」、または「エスノ・ナショナリズム（ethno-nationalism）」と呼ばれることが多い。

　ナショナリズムの形成における共通の特徴は、革命・独立・防衛戦争などの国家的危機を乗り越える過程で「国民的一体感」が生まれ、これがナショナリズムへと発展していくという点である。ただし、ナショナリズムの運動の主体によって、形成過程は区別される。「下からのナショナリズム」は、市民や大衆が運動の中心となり、市民革命や独立運動を通じて国家統合を進めるものである。このナショナリズムは、オランダ、フランス、アメリカなど、資本主義が早くから発展して、国内の市民階級や中産階級が十分に形成され、彼らがナショナリズムの中心的勢力となった。「上からのナショナリズム」は、一部の政治エリートや支配階級が中心となり、武力による征服を通じて国家統合を進めるものである。このナショナリズムは、ドイツ、イタリア、日本など、資本主義の発展が遅れて、国内の市民階級や中産階級

の形成が進まず、支配階級である旧勢力（貴族や武士）がナショナリズムの中心勢力となった。ただし、イギリスのように貴族や地主などの封建勢力が市民革命の革命派に加わっている場合もあり、単純に二分できない。

　ナショナリズムは、国内政治においては「統合と分裂」また国際政治においては「独立と侵略」というように、政治の様々な局面において大きな影響力を持つものであり、政治学の重要な分析概念である。

c ．国家の発展段階にもとづくナショナリズムの分類

　ナショナリズムには様々なタイプが存在し、ナショナリズムが形成されたときの国家の発展段階の違いによって区分できる。

　第 1 のタイプの「先進国型ナショナリズム」は、ヨーロッパ中世の崩壊から「ナポレオン戦争」までの時期に多く見られる。このタイプのナショナリズムは、近代初期に国家統一を成し遂げて早期に国民的一体性を確立する過程のなかで形成された。例として、スイス（1291～1499）およびオランダ（1568～1609）における独立運動、イギリスにおいては清教徒革命（1640～60）と名誉革命（1688～89）を経過するなかでの国民的一体化、アメリカにおけるイギリスからの独立戦争（1775～83）、フランスにおいては革命戦争（1792～99）やナポレオン戦争（1804～14）などの対外戦争を経過する中での国民意識の確立などが挙げられる。このタイプのナショナリズムは、一般に「国民主義」と呼ぶことができる。

　第 2 のタイプの「中進国型ナショナリズム」は、「ウィーン体制」から「第 1 次世界大戦」までの時期に多く見られる。このタイプのナショナリズムは、多くの場合、アメリカの独立戦争とフランス革命に端を発し、自由主義と結びついた「大西洋革命」が勃発するなかで形成された。例として、19 世紀前期における中・南米諸国のスペインやポルトガルからの独立運動、ギリシアのオスマン・トルコからの独立運動（1821～29）、さらにフランスの 7 月革命（1830）と 2 月革命（1848）の影響を受けて、ベルギー（1830）、ハンガリー（1848）、

ポーランド（1830〜31）、アイルランド（1848）などで起こった独立運動があり、これらも国民主義と呼ぶことができる。また、ウィーン会議以後のドイツ（1830〜33；1848〜49）とイタリア（1831〜34；1848〜49）における国家統一運動、幕末から明治維新にかけての日本の国家統一運動があるが、これらは「国家主義」と呼ぶことができる。

　第3のタイプの「帝国主義型ナショナリズム」は、19世紀末の帝国主義時代から20世紀前半の「戦間期」にかけて多く見られる。このタイプのナショナリズムは、国民統合を成し遂げまた産業革命を達成した帝国主義列強が植民地の拡大また他国民の支配を進めるなかで形成された。例として、帝国主義時代や戦間期におけるイギリス、フランス、ドイツ、イタリア、ロシアなどのヨーロッパ列強、および日本による対外膨張政策や植民地分割競争などが挙げられる。

　第4のタイプの「後発国型ナショナリズム」は、帝国主義以降の時期に多く見られる。このタイプのナショナリズムは、「民族自決」にもとづく民族統一運動である「民族主義」、また列強の帝国主義や植民地主義に抵抗してその植民地から独立しようとする「反帝国主義・反植民地主義」として展開した。例として、中国の辛亥革命（1911）や5・4運動（1919）などの民族運動、インドの独立運動（1919〜）とインド連邦の形成（1935）、トルコ革命（1922）やイラン革命（1925）などの国民国家の形成、第1次大戦後のオスマン・トルコからのアラブ諸国の独立運動、エジプトの独立運動（1914〜）と完全独立（1936）、第2次世界大戦後のヨーロッパ諸国の植民地からのアジア・アフリカ諸国の独立の動きなどが挙げられる。

d．運動の方向によるナショナリズムの分類

　ナショナリズムには様々なタイプが存在し、ナショナリズムが目指す運動の方向によって区分できる。

　第1のタイプの「統合的ナショナリズム」は、国家や国民の統一と一体化を目指す運動として展開する。このナショナリズムは、国民主

義、民族主義、また国家主義のなかで形成される。例として、近代以降におけるイギリス・フランスの国民的一体化、イタリア・ドイツ・日本における国家統一運動、中国・トルコ・イランにおける国家統一運動などがある。

　第 2 のタイプの「膨張・侵略的ナショナリズム」は、国家や国民の利益の増大と発展のために植民地の拡大、また他国民の支配を目指す運動である。このナショナリズムは、帝国主義や国家主義のなかで形成される。例として、帝国主義時代や戦間期におけるヨーロッパ列強や日本による対外膨張政策や植民地分割競争などが挙げられる。

　第 3 のタイプの「分離・独立的ナショナリズム」は、国民や民族の自治や自決のために植民地や大帝国からの独立を目指す運動である。このナショナリズムは、国民主義や民族主義のなかで形成される。例として、スイス・オランダ・アメリカなどの独立運動、第 1 次また第 2 次世界大戦後におけるアジア・アフリカ諸国のヨーロッパ植民地からの独立運動などが挙げられる。

　第 4 のタイプの「排他的ナショナリズム」は、社会の衰退期や混乱期において不満や責任を他国や他国民に押しつけるような他国民を排斥する極右的・超保守的運動である。このナショナリズムは、排外主義のなかで形成される。例として、幕末の日本、清朝末期の中国、現代ヨーロッパのナチズムやネオ・ナチ運動などが挙げられる。

　多くのナショナリズムは、上述した分類のいずれかにそのまま分類できるわけではなく、これらの複数に当てはまる場合の方が普通である。

(5) 国民国家の形成と国民国家体系の成立

　国民的一体性を持つ国民国家がヨーロッパを中心に出現し、これらが国際社会の新たな担い手となっていった。そして、これらの国民国家の増大とともに、国民国家体系が全世界に拡大していき、現代国際社会の基盤が形成された。

182

a．国民国家の形成

　「国民国家（nation-state）」とは、国民的一体性を持つ集団から形成される国家である。「国民国家」とは、絶対主義国家と異なり、国民の帰属意識が高く、また国家内部の一体性が強い国家である。

　国民国家の多くは、統合的ナショナリズムの洗礼を受け、また、ブルジョアを中心とした市民革命や独立戦争を経過して形成された。例として、スイス（オーストリアからの独立運動：1499）、オランダ（スペインからの独立運動：1609）、イギリス（清教徒革命：1642、名誉革命：1688）、アメリカ合衆国(独立戦争：1783)、フランス(フランス革命：1789、革命戦争：1792〜)、イタリア(国家統一：1861)、日本(明治維新：1868)、ドイツ(ドイツ帝国の建設：1871) などがある。

　多民族国家の東ヨーロッパ諸国、また中東・アフリカなどの旧植民地諸国の多くは、国内において民族や部族間の対立が未だに続いており、国民的一体性が確立されていない。それゆえ、これらの諸国は、未だに「国民国家」となっていない。例として、イラク、サウジ・アラビア、ルワンダ、ブルンジなどがある。

b．国民国家体系の成立

　「国民国家体系（nation-state system）」とは、「国民国家」を基本的な構成単位とする現代の国際社会である。国民国家体系は、構成単位が絶対主義国家から国民国家に変わっても、これらの構成単位は同じ主権国家であるため、基本的に西欧国家体系と同様な特徴を持つものである。

　国民国家体系は、19世紀以降、欧米植民地の拡大および国民国家の増加とともに全世界に拡大していったが、この体系が完成したのは多くの植民地が独立した第二次大戦後である。ただし、現在では、この国民国家体系は、国際行為体の増大や多様化によって、その基本的特徴が変容しつつある。この点については後述する。

⑹　帝国主義

a．帝国主義

　「帝国主義（imperialism）」は、広義には、政治的、経済的、軍事的、さらには文化的な力によって他国や他民族の領土を侵略・支配しようとする活動や政策を意味する。

　本章において論じる「帝国主義」は狭義の意味であり、「独占資本主義の段階に至った列強資本主義国家が、自国の商品や資本の輸出を保護するために、世界市場と植民地の支配を拡大しようとする膨張主義的な思想や政策」である。この狭義の帝国主義は、19 世紀末の帝国主義時代から 20 世紀前半の戦間期にかけて多く見られる。この帝国主義はナショナリズムの一つの形態であり、国民統合を成し遂げまた産業革命を達成した列強諸国が植民地を拡大また他国民を支配しようとするものであった。例として、帝国主義時代や戦間期におけるイギリス、フランス、ドイツ、イタリア、ロシアなどのヨーロッパ列強諸国および日本による対外膨張政策や植民地分割競争などが挙げられる。

b．帝国主義の原因

　この狭義の「帝国主義」がこの時期に登場した理由として、いくつかの要因が挙げられる。

　第 1 の要因は、ホブソンやレーニンが主張するように「資本主義の高度な発展」である。すなわち、資本主義が発展して「独占資本主義」の段階になると資本の投資先、商品の市場、および原料の供給地を求めて、国家に対外膨張的な政策を執らせる。

　第 2 の要因は、国際政治学の現実主義者が主張するように「権力政治の展開」である。実際に、この時期、列強諸国は、自国の影響力や勢力圏の拡大のために、あまり国益にならないアジア・アフリカ・南洋諸島の植民地化をめぐってパワーの拡大競争をおこなった。

　第 3 の要因は、近年の歴史学において主張される「社会的帝国主義」である。その内容は次のようなものである。19 世紀後半、ヨー

ロッパ諸国の国内において不均等な経済発展によって階級間の利害対
立や社会分裂の危機が生じた。これに対応するため、ヨーロッパ諸国
は、対外侵略の拡大を通じて国民の経済的・社会的欲求を満たすこと
によって、国民の不満を解消し、国内社会の一体化を図ろうとした。

(7) 第1次・第2次世界大戦

a．第1次世界大戦

　1914年7月から1918年11月まで、ヨーロッパを主な戦場として
世界的規模で戦われ、一般国民の多くを巻きこんだ総力戦であった。
ヨーロッパ諸国の様々な対立が複雑に結びついて、ドイツ・オースト
リア・イタリアの三国同盟を中心とする「同盟国」、およびイギリ
ス・フランス・ロシアの三国協商を中心とする「連合国」との対抗関
係に収斂して、世界的規模での植民地や勢力範囲の再分割をめざす帝
国主義戦争へと発展した。

　戦争が拡大するにつれて両陣営の同盟関係は拡大され、多くの大国
を巻き込み、7,000万人以上の兵員が動員された史上最大の戦争の1
つとなった。そして、戦闘員900万人以上と非戦闘員700万人以上が
死亡した戦争であった。この戦争は多くの参戦国において革命や帝国
の解体といった政治変革を引き起こした。その結果、終戦後も参戦国
の間には対立関係が残り、21年後の1939年には第二次世界大戦が勃
発した。

b．ベルサイユ体制

　第一次世界大戦の講和条約として「ベルサイユ条約」が1919年6
月に連合国とドイツとの間に調印され、これによって生まれたヨー
ロッパの戦後秩序はベルサイユ体制と呼ばれる。ベルサイユ条約は無
併合・無賠償・民族自決などを唱えたウィルソンの「十四ヵ条の平和
原則」に基づいた内容となるはずであった。

　しかし、国際平和の維持を目的として創立された国際連盟も、アメ
リカとソ連が参加しなかったためイギリス・フランスが主導権を握

り、実質的には戦勝国の利益を擁護する機関となった。

　戦勝国は、海外の植民地の再分割を図り、旧ドイツ領やトルコ領の多くは「委任統治」の形で戦勝国へ分割され、植民地における被支配民族の独立運動や反帝国主義運動を激化させた。

　また、ベルサイユ体制は、敗戦国ドイツを犠牲とし、これを抑圧する体制であった。ドイツは、領土の割譲と軍備の制限に加え 1,320 億マルクという天文学的な賠償金を課された。このため、ドイツの社会と経済は極度に混乱し、ドイツ国民の間に復讐主義的なナショナリズムを生みだした。

　1929 年 10 月に始まった「世界大恐慌」は、1933 年まで長期に及び、慢性的不況をうみだした。このため、多くの植民地を有する列強諸国は、自国の不況を和らげるため植民地を抱え込み、イギリスはスターリング・ブロック、フランスはフラン・ブロック、またアメリカはドル・ブロックという排他的な保護貿易圏を形成した。このため、国際経済のブロック化が促進され、自由貿易体制が分断された。また、十分な植民地をもたないドイツ、日本、イタリアなどにおいては、自国のブロック経済圏の形成を求める極端なナショナリズムが生まれ、ファシズムが抬頭し、第 2 次世界大戦への導火線となった。

　1930 年代に入ると、ドイツ、日本、イタリアなどの「後発資本主義諸国」は、自ら「持たざる国」と称し、イギリス・フランスなどの「先発資本主義諸国」である「持てる国」に対して商品の販売市場と原料供給地である「陽のあたる場所」、すなわち植民地を公然と要求するようになる。

c．第 2 次世界大戦

　第 2 次世界大戦は、1939 年 9 月から 1945 年 8 月まで、ヨーロッパ、大西洋、北アフリカ、東アジア、太平洋を戦場として世界的規模でおこなわれた。

　それぞれの地域の戦争は、ヴェルサイユ体制やワシントン体制への不満、世界大恐慌による経済的混乱、共産主義の台頭への脅威、また

ファシズムや軍国主義によって当時の問題を解決しようとしたことなどの様々な要因が複雑に絡んで発生した。しかし、戦争の拡大とともにそれらの要因が複雑に結びついて、ドイツ・イタリア・日本などの「枢軸国」とイギリス・フランス・アメリカ・ソ連などの「連合国」という対抗関係が形成された。この戦争は、新たな植民地の獲得を目指すドイツ・イタリア・日本などの「持たざる国」と既に獲得している植民地の維持を目指すイギリス・フランスなどの「持てる国」との間における世界の植民地の再分割をめぐる「帝国主義戦争」であった。同時に、この戦争は、「ファシズム」体制をとるドイツ・イタリア・日本などの枢軸国に対して、イギリス・フランス・アメリカなどの連合国が自由主義と民主主義の擁護のために「反ファシズム」を掲げて遂行した戦争でもあった。この戦争には、約1億1,000万人が兵員として動員され、軍人・市民を合わせ約5,000万人以上が死亡した。

　第1次世界大戦と第2次世界大戦は、ともに帝国主義戦争であった。これらの戦争は、先発の帝国主義（資本主義）諸国である「持てる国」、および後発の帝国主義（資本主義）諸国である「持たざる国」との間の植民地の再分割をめぐる戦争であった。

第 14 章

冷戦期における国際政治

⑴　冷戦の特徴

ａ．冷戦

「冷戦（Cold War）」とは、第二次世界大戦後、40 年以上もの間続いた、アメリカ合衆国（米国）を中心とする西側陣営とソヴィエト社会主義共和国連邦（ソ連）を中心とする東側陣営との世界的規模での対立である。

両陣営が激しく対立したが、全面的な軍事衝突は起きず、平和でも戦争でもない状態が長く続いた。「冷戦」ということばは、1947 年当時、国際連合原子力委員会の米国代表であった米国の有力政治家バルーク（Bernard M. Baruch）が演説で用いたものを、同じく米国の代表的な評論家リップマン（Walter Lippman）が当時の米国の対ソ政策を批判した連載記事の題にして以来、一般的に定着した。

ｂ．冷戦のパワー構造

冷戦期の国際政治システムは、システム内に二つの極（力の中心）が存在している二極構造のシステムである。すなわち、このシステムは、他の諸国に優越した力を有する二つの超大国（米国およびソ連）が存在し、それらを中心として二つの同盟ブロック（西側陣営および東側陣営）が形成されているシステムである。

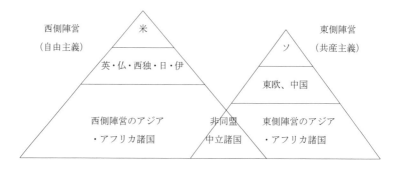

(2) 冷戦の起源

　こうした東西両陣営の激しい対立の背景には、それぞれの陣営の中心であった米国とソ連の間に重要な利益（国益）の対立が存在した。

a．イデオロギー的対立

　米国もソ連もともに、強い理念や思想にもとづいて創られたイデオロギー的な国家であり、自国のイデオロギーを非常に重視していた。

　米国は、スチュアート朝時代のイギリスの絶対主義の圧政を逃れ、政治的・宗教的自由を求めて、アメリカ大陸へ渡った人々が創った国である。また、イギリスからの政治的自由を求めて、独立戦争を戦い抜いて創られた国家である。それゆえ、米国において最も重視されるイデオロギーは、「自由主義（liberalism）」である。また、米国においては、民主主義（人民主権）、人権（自由権、参政権、生存権、社会権）、法治主義（法に基づく人民の支配）なども尊重される。

　もちろん、米国にも安全保障や経済的利益という護るべき国益があり、その実現のために「現実主義的・プラグマティック」な対外政策が展開されることも事実である。また、戦前の「孤立主義」的な対外政策から、戦後の「国際主義（膨張主義）」的な対外政策へと変わったことも事実である。それでも、米国は、旧世界であるヨーロッパとは異なる「理想主義・道徳主義」的な目標を自国の対外政策に常に掲げてきた。

　それゆえ、これらの理念を擁護しまた拡大することが、そして国際法を重視しまた人権外交を推進することが、米国の対外政策の重要な目的となる。

　ソ連は、ロシア革命を通じて、共産主義（communism）という思想・理念にもとづいて創られた国家である。それゆえ、ソ連のイデオロギーは共産主義（マルクス＝レーニン主義）である。このイデオロギーには、暴力革命を通じての労働者階級による資本家階級の打破、社会主義経済の実現、共産党による政治指導（一党独裁）、および資本主義・帝国主義との闘争と世界革命の実現などが含まれる。

　これらの理念を擁護しまた拡大することが、そして他国の共産主義勢力や政府を支援する「国際共産主義運動」を支援し、また世界革命の実現のための「共産主義革命の輸出」をおこなうことが、ソ連の対外政策の重要な目的となる。

　米国もソ連も、上述したような理念やイデオロギーを擁護しまた拡大することが対外的な目的となる。こうした自国の価値や理念が絶対化・普遍化され、それが対外政策に持ち込まれたことによって、両国の対外関係は妥協や協調が困難なもの、また硬直したものとなる。すなわち、米国とソ連の対外関係が「善と悪」の対立関係となる。

　米・ソの具体的対立点として、東ヨーロッパ問題が挙げられる。米国は、東ヨーロッパに自由で民主的な政府がつくられることを望んだ。他方で、ソ連は、共産主義勢力を拡大するため、東ヨーロッパに共産主義政権を樹立させた。国際共産主義運動も対立点の一つであった。各国の共産主義政府や反政府共産主義勢力に対するソ連の支援、また西ヨーロッパ諸国への共産主義の浸透は、米国にとって大きな脅威であった。

b．経済的利害の対立

　米国は「資本主義経済（capitalist economy）」の国である。資本主義経済の特徴は、第 1 に「生産手段の私的所有」が認められ、土地、原料、道具、機械、施設などの生産手段を個人が所有できる。第 2

に、資本主義経済は「市場経済」であり、生産手段を所有する資本家が、労働者を雇って、利潤の獲得を目指して、自由に商品の生産、流通、販売をおこなう。ただし、資本主義経済においては、利潤追求主義、労働者からの搾取、経済格差の拡大、景気変動の発生、失業の発生などの問題点がある。

　自由主義を信奉する米国は、どの時代であっても、自由主義的経済である資本主義経済を擁護し、発展させることを目指していた。

　米国が、社会主義経済に対抗したのは、米国の戦後における経済的必要性があった。20世紀には米国は、イギリスやドイツを追い抜き、世界最大の経済力を持つ国家となっていた。さらに、第2次世界大戦中に生産水準や経済規模を拡大させ、世界全体のGNPの約45％を独占するまでになった。それゆえ、これまで発展した自国の経済資本主義経済地域と自由貿易体制を維持するため、これに脅威となる共産主義や社会主義経済の拡大を阻止することが必要であった。そして、自国の米国はもちろんであるが、世界経済の重要地域であるドイツ、イギリス、日本の資本主義経済も維持することを目指した。

　ソ連は、「社会主義経済（socialist economy）」の国である。社会主義経済の特徴は、第1に「生産手段の社会的所有」が一般的で、生産手段を国家や集団で所有する。第2に、社会主義経済は「計画経済」であり、商品の生産、流通、販売が政府の計画や管理に基づいて実施される。ただし、社会主義経済においては、競争がないため社会・経済の進歩・発展が遅い、中央政府による計画経済は現実に対応することが困難である、利潤が度外視されているため労働意欲が減退するなどの問題点がある。当然、社会主義の一つである共産主義を信奉するソ連は、社会主義経済を擁護することを目指した。

　米国とソ連の経済体制は、相互に相容れない排他的な経済体制であり、一方の経済体制の拡大が他方の経済体制の縮小となり、両立が困難であった。具体的な対立点として、東ヨーロッパ問題があった。米国は東ヨーロッパが資本主義的な自由経済地域となることを望んだが、ソ連は東ヨーロッパが社会主義的な経済地域となることを望ん

だ。また、米国は、米国中心の世界資本主義体制の中にヨーロッパ経済を取り込むため、マーシャル・プラン（1947.3～）を実施して、ヨーロッパの資本主義経済の復興を目指した。ソ連は、東ヨーロッパの資本主義化を恐れて、この計画に反対した。

c．安全保障的利害の対立

　建国以来、米国の安全保障政策の重要課題は、ヨーロッパにおける強力な統一国家の出現を阻止することであった。従来から、米国は、米国に敵対する国家または国家群がヨーロッパを支配し、これが大西洋を越えて米国を攻撃してきた場合、米国だけでは対応できないと考えていた。それゆえ、米国は、第1次世界大戦および第2次世界大戦に際して、ドイツによるヨーロッパの統一を阻止するために参戦した。

　第2次世界大戦後、ソ連が強大となったため、ソ連の勢力の西ヨーロッパへの拡大を阻止することが米国の安全保障政策の基本となった。そして、この拡大を阻止するため、米国はソ連に対する「封じ込め政策（containment policy）」を実施した。

　他方で、ソ連の安全保障政策の重要課題は、歴史的に存在した地理的問題をいかに解決するかということであった。

　モスクワ大公国、帝政ロシア、ソ連などのこの地域に形成された国家は、地理的に自然の防壁を持たなかったため、歴代の国家が、モンゴルの侵略、ポーランドによる支配、ナポレオンのモスクワ遠征、ロシア革命以後の列強による介入、そしてナチス・ドイツのモスクワ侵攻など常に外部からの侵略の危機に晒されてきた。こうしたことから、安全保障や防衛問題に対する危機意識が非常に強く、これらの問題に過剰に反応する傾向があった。

　他の地理的問題は、ロシアが高緯度に位置するため、歴史的に「不凍港」を所有できなかったことである。帝政ロシアの時代から、ロシアは海外との交流を開きまた本格的に海洋進出を始めるための不凍港を必要としていた。

　それゆえ、ソ連は、「防衛的膨張（防衛戦の拡大）」という安全保障政策をとることになる。すなわち、ソ連の周りに自国を守る楯（防波堤）としての「緩衝地帯や勢力圏」を確保するために、同時に不凍港を獲得するために、国境周辺の領土を拡張することがソ連の安全保障政策の基本となっていた。

　こうした点からすれば、ソ連はそれほど膨張主義的な国家ではなく、イギリス、フランスなどの海外での植民地の獲得、またアメリカの西進運動の方がかえって膨張主義的である。

　上述したように、米国とソ連は安全保障的利益においても対立した。具体的な対立点として、東ヨーロッパ問題があった。ソ連は、自国の勢力圏を確保するため、東ヨーロッパ諸国にソ連に忠実な共産主義政権を樹立させた。他方、米国は、ソ連が東ヨーロッパを勢力圏に加え、さらに西ヨーロッパまで支配下に置いて、ロシアとヨーロッパが一体化した「巨大な帝国」ができることを恐れて、ソ連を「封じ込め」ようとした。

　米・ソ間のドイツ問題は、次のようなさらに複雑な対立点があった。米国は、ソ連が強大化したためその勢力拡大を恐れ、ドイツを復興させてソ連の防波堤に利用することを望んだ。さらに、ドイツの経済復興をヨーロッパ全体の戦後復興の梃にしようと考えて、ドイツが経済復興し易いように賠償の負担の軽減を主張した。他方で、ソ連は、ドイツ帝国の復活を恐れ、ドイツが強大にならないよう懲罰的な重い賠償責任を課すことを望んだ。さらに、この賠償金でソ連の戦後復興をなし遂げようとした。

d．米国とソ連の超大国化

　米国とソ連は第2次世界大戦以前からイデオロギー、経済体制が異なっていた。しかし、米・ソを中心とする世界的な対立は生じなかった。それどころか、米・ソは世界大戦において同じ連合国の仲間として協力して枢軸国と戦った。すなわち、世界大戦以前は、米・ソは激しく対立することはなかった。

　第2次世界大戦後に米・ソが激しく対立するようになった根本的原因は、戦後になって米・ソが「超大国」化したことであり、次のように説明できる。ドイツ・イタリア・日本は、戦争と敗北によって疲弊し大国として力を喪失した。また、イギリス・フランスも戦争の疲弊によってその力を低下させた。その結果、米・ソは他国に大きな影響力を行使できる強力な「超大国」になった。そして、共にイデオロギー的な国家であった米・ソは、強大な力を持つことにより、自国の理念を他の諸国にまで押しつけ始めた。さらに、強大な力を持った米国は、自国の資本主義的利益を拡大するために、自国中心の自由貿易体制を世界的に構築しようとした。また、ソ連の強大化によって安全保障的脅威を感じ始めた米国は、同様に強大化した自国の力で、ソ連の勢力の拡大を阻止しようとした。

　このように、第2次世界大戦後、米・ソが超大国となり、その強大な政治・イデオロギー的・軍事的影響力を用いて自国の利益や理念を世界的に実現しようとしたため、激しい東西陣営の対立、すなわち冷戦を引き起こした。

(3) 冷戦の展開

　米国とソ連を中心とする東西両陣営の対立は次第に激しいものとなり、地理的に全世界に拡大し、また軍事力の規模と破壊力が益々拡大されていった。

a．政治・軍事同盟の形成と世界の二極構造化

　米国とソ連それぞれが自国勢力の拡大や自己陣営の強化を図り、「世界的な同盟網」を形成していったため、世界がそれぞれ米国とソ連を中心とする二つの陣営に分かれた。

　西側陣営は、北大西洋条約機構（NATO：1949.4）、日米安全保障条約（1951.8）、太平洋安全保障条約（ANZUS：1951.9）、米韓相互防衛条約（1951.10）、東南アジア条約機構（SEATO：1954.9）、米華相互防衛条約（1954.12）、および中央条約機構（CENTO：1959.5）とい

う米国を中心とする軍事同盟網を形成した。また、こうした同盟網に基づいて、西側による対ソ「封じ込め政策」が実施された。東側陣営は、中ソ友好同盟相互援助条約（1950.2）、ワルシャワ条約機構（WTO：1955.5）、およびソ連・北鮮軍事同盟（1961.7）というソ連を中心とする同盟網を形成した。

　このように、世界は、米国を中心とする西側の自由主義・資本主義陣営、およびソ連を中心とする東側の共産主義陣営とに別れ、「二極構造」化した。

　しかし、こうした冷戦状況のなかで、「非同盟諸国（nonaligned nations）」といわれる国々が存在した。この時期、冷戦における世界の二極構造化に危機感をもった少数の国々が、東西のどちらの陣営にも属さない第三勢力を形成した。インドのネルー首相、ユーゴスラビアのチトー大統領、インドネシアのスカルノ大統領、エジプトのナセル大統領などが率いるアジア・アフリカ諸国がこの運動の中心となった。これらの非同盟諸国の基本理念は次のようなものであった。第1に、東西陣営に対して非同盟・中立政策をとること。すなわち、東西の軍事ブロックや軍事条約へ参加しない、また自国内に他国の軍事基地を設置しないことであった。第2に、東西間の平和共存を支持すること。第3に、反帝国主義・反植民地主義の立場をとること。すなわち、民族解放運動を支持することであった。

b. 冷戦の第三世界への拡大と地域紛争の多発

　米国とソ連は、自己の陣営の勢力を拡大するために、自己の陣営に与する国家や勢力に対して軍事的・経済的援助をおこなった。米・ソは、先進工業諸国だけではなく、独立後間もない発展途上諸国である第三世界へも積極的に介入していった。米国は、自由主義・民主主義を掲げる諸国や勢力を支援した。しかし、自由主義や民主主義でなくとも共産主義に反対する国家や勢力であれば、米国は支援をおこなった。ソ連は、共産主義諸国や共産主義勢力を支援した。

　米国とソ連が第三世界に介入したことによって、本来は第三世界の

地域的な問題であった領土、資源、民族問題などの対立が拡大して
いった。すなわち、第三世界の国々が米・ソが援助する兵器や資金を
用いて戦争を始めたため、これらの対立は「熱戦化」して、米・ソが
後押しする「代理戦争」となった。また、米・ソにとって、ヨーロッ
パが最も重要な地域であり、アジアやアフリカはそれほど重要な地域
と見なしていなかったため、この地域での戦争の発生が許容されるこ
とになり、アジア・アフリカにおいて多くの地域紛争が発生した。

　こうした代理戦争としての「国家間紛争」には、南朝鮮（大韓民
国）と北朝鮮との「朝鮮戦争（1950〜53）」、南ベトナムと北ベトナム
との「ベトナム戦争（1965〜75）」、イスラエルとアラブ諸国との「パ
レスチナ紛争（1948〜94）」などがある。また、代理戦争としての
「国内紛争」には、中国における国民党と共産党との「国共内戦（1946
〜50）」、そして「カンボジア紛争（1978〜91）」、「アフガン紛争（1978
〜89）」、「アンゴラ内戦（1975〜91）」などがある。このように、冷戦
はヨーロッパから第三世界へ拡大することで冷戦から熱戦となり、そ
こでは地域紛争が多発した。

c．冷戦における世界的軍事化の進展

　冷戦においては、両陣営の対立から常に全面戦争が勃発する恐れが
あり、両陣営は平時においても戦時と同様に軍事力の維持や拡大を
図った。

　米国とソ連は、平時においても「常時即応体制」といわれる臨戦態
勢を維持した。そのため、1962 年において米国とソ連それぞれ 280
万人と 360 万人、1992 年において米・ソそれぞれ 180 万人と 399 万
人の兵員を維持した。また、相手陣営と直ぐに戦えるように、米国も
ソ連も自国軍隊を相手陣営の近くに駐留させた。米国は、「前方展開
戦略」をとり、西ヨーロッパや東アジア諸国に多数の米国軍を駐留さ
せ、また重要な海域に大規模な艦隊を派遣した。ソ連は、東ヨーロッ
パ諸国に大規模なソ連軍を駐留させた。

　こうした臨戦態勢のため、米国もソ連も、冷戦期には多額の軍事費

を支出することになった。米国は約 1,400 億〜3,200 億ドル、またソ連は推定で約 1,300 億〜2,600 億ドルの軍事支出があった。これらの軍事費の額は米国の GNP の約 5 〜 7 ％、またソ連の GNP の約 11〜13％にも達した。

　軍事力をさらに強化するため、米国もソ連も核兵器の開発を強力に推進した。米国は 1945 年に原子爆弾を開発し、また 1952 年に水素爆弾を開発し、1954 年に水爆の実用化に成功した。ソ連は 1949 年に原爆を、1953 年に水爆を開発した。その結果、冷戦の最盛期には、米・ソそれぞれ 2 万〜 3 万発の核弾頭を保有するようになった。また、一基の戦略核兵器に複数の核弾頭を搭載する核弾頭の「複数個別誘導再突入弾頭（MIRV）化」を推進した。そして、これらの運搬手段である大型で長距離の「戦略核兵器」として、大陸間弾道ミサイル（ICBM）・潜水艦発射弾道ミサイル（SLBM）・戦略爆撃機などを開発し、米国は最大で約 1,800 基またソ連は約 2,500 基を保有した。

　両陣営は共に相手側に対して軍事力で優位に立とうとして、核兵器の数量と破壊力の増大に努力を傾けたため、兵器開発や軍備増強の悪循環、すなわち軍拡競争が生じた。

　そして、米国とソ連の核開発競争によって、両国が大量の核兵器を保有した結果、米・ソの一方が核兵器で相手を攻撃した場合、同様に相手側から核兵器による報復攻撃を受けるため、米・ソともに核兵器を使用できない状態、すなわち「相互核抑止」状況が生じた。

＊冷戦における米・ソ間の相互誤解と過剰反応の悪循環

　冷戦の激化と拡大の裏には、両陣営間における相互の誤解の積み重ねと相手の行動に対する過剰反応があった。

　第 1 は、米国とソ連それぞれに「イデオロギー的硬直性」があった。自由主義・民主主義と共産主義という普遍的理念の対立は、善悪の対立となり妥協が困難となる。また、両陣営とも、それぞれのイデオロギーにもとづいて相手の意図や行動を敵対的感情で捉えてしまい、それらを侵略的なものと見なす傾向がある。例えば、東ヨーロッ

パの共産化はソ連にしてみれば防衛的なものであったが、しかし米国
は東ヨーロッパの共産化を侵略的なものと見なした。

　第2は、米国とソ連との間には「軍事的悪循環」があった。両陣営
ともに、相手陣営の軍事力を攻撃的・侵略的なものと見なし、自己陣
営に対する脅威と感じる。それゆえ、相手陣営の軍備強化を自己陣営
の安全保障の低下と考え、相手陣営に優位するように自己陣営の軍事
力の強化を図ることになる。たとえば、ソ連が原爆を開発した際、米
国は自己の安全保障的な脅威を感じて、原爆よりも強力な水爆の開発
を決定した。

　第3は、米国とソ連それぞれに「陣営のリーダーとしての面子や立
場」があった。米国とソ連はそれぞれの陣営のリーダーとしての立場
にあり、陣営の擁護者として行動する傾向があった。米・ソは、相手
陣営の些細な行動も立場上から容認することができず、必要以上に強
硬な姿勢をとる傾向があった。また、米・ソはリーダーとしての地位
を維持するために、本来は小さな問題でも、陣営内でリーダーシップ
をとる機会としてそれを利用する傾向があった。

　上述したような相互の誤解と過剰反応が、冷戦の激化と拡大をもた
らしたと考えられる。

```
┌──────────┤ 第15章 ├──────────┐
│                                    │
│      冷戦後における国際政治         │
│                                    │
└────────────────────────────────────┘
```

(1) ナショナリズム〔国民主義〕やエスノセントリズム〔民族中心主義〕の高揚

a. ナショナリズムの高揚の原因

冷戦体制の崩壊によって、東西陣営間のイデオロギー的・軍事的緊張が緩和し、そして消滅したため、各国の安全保障上の脅威が低下した。その結果、各国が米国とソ連への軍事的に依存する必要性が低下したため、東西陣営内部の連帯や結束、すなわち同盟関係が弱まっていった。

米国は世界経済におけるその影響力が相対的に低下し、また冷戦の終結によって米国の軍事力の重要性が低下した。そして、国力が衰え始めた米国は、自ら対外的関与や影響力の行使を手控えるようになった。他方でソ連が崩壊また分裂したため、旧ソ連諸国は国内の政治・社会状況がいまだ不安定である。そして、ソ連の後継国であるロシアは、軍事的にも経済的にも弱体であるため、その対外的影響力が著しく低下した。その結果、それまで超大国として君臨していた米国とソ連の国際的管理能力が著しく弱体化した。

冷戦期に米国やソ連の従属的地位にあった国家や民族が、冷戦体制が崩壊した後、自国や自民族の利益を追求し始めて、政治的自立化を目指した。また、冷戦的緊張が消滅したため、旧ソ連諸国や第三世界において従来から懸案となっていた領土・民族・宗教の問題に関心が移り、これらの問題が再燃した。さらに、西側陣営の先進諸国間において、冷戦期には安全保障問題が優先されていたため、経済問題（貿易、金融問題）で対立が生じないようにこれまで抑制されていた。し

かし、冷戦的緊張が消滅したため、これらの問題が重視されるように
なった。このように、冷戦後、各国家や各民族が自己の欲求や利益を
積極的に追求し始め、これに伴って「ナショナリズム（nationalism)」
や「エスノセントリズム（ethno-centrism)」が高まっていった。

b．国家間および民族間の対立の増大

　　一方で、東西陣営間のイデオロギー的・軍事的対立が緩和したた
め、冷戦に起因していた地域紛争、すなわち米・ソの代理戦争は鎮静
化していった。しかし他方で、冷戦が終結したことによって、これま
で押さえつけられていた国家間や民族間の問題が再燃し、新たな地域
紛争が多発するようになった。冷戦後の新たな地域紛争として、湾岸
戦争（1991)、ボスニア・ヘルツェゴビナ紛争（1992〜95)、アルメニ
ア＝アゼルバイジャン紛争〔ナゴルノ・カラバフ戦争〕（1988〜)、
チェチェン紛争（1991〜)、ルワンダ内戦（1990〜94)、そしてダル
フール紛争（2003〜）などが挙げられる。

　　現在は、「テロリズム（terrorism)」という形での国家間・民族間
の紛争も増大している。「テロリズム」は、特定の政治目的を達成す
るために、非国家行為体や武装組織が、組織的な暴力や威嚇を通じて
恐怖状態をつくりだす行為であり、こうした行為が複数の国家にまた
がる場合に「国際テロリズム」と呼ばれる。十分な軍事力を持たない
少数民族や反政府組織が、敵対する国家や政府に対して正面きって戦
うことができないため、自己の政治目的を達成するためにテロ活動を
活発化させるようになった。

(2)　国際経済における問題（摩擦）の多発

a．貿易の拡大と経済摩擦の増大

　　国家間の貿易や金融などの経済交流が増大して、各国の経済が国際
化し、他国の経済と世界的規模で結びつくようになった。そして、こ
うした国際的な相互依存状況のなかで、各国は大きな利益を享受して
きた。

　しかし、国家間の経済交流の拡大によって、国家間に経済摩擦が生まれる事態も表れ始めた。国際的な経済交流の拡大の結果、国内の国際競争力のない企業が被害を受けたり、また貿易不均衡により自国に貿易赤字が生じることがある。被害を受けた輸入国は、国内産業の保護や貿易赤字の改善のため、輸出国に対して両国政府による政治的な解決を要求し、国際的な問題へと発展する。

　第2次世界大戦後、とりわけ冷戦の終了後、一部の発展途上国が著しい経済発展をなしとげ、新興工業経済地域（NIES）となった。このため、先進工業諸国間だけではなく、先進諸国と発展途上諸国の間において、これまで以上に国家間の経済摩擦が増大して、国際社会の大きな問題となっていった。

ｂ．冷戦後における経済摩擦の多発の原因

　戦後、世界経済は大きく発展していたが、1970年代以降、次第に景気が停滞し始めていった。このため、世界各国とりわけ先進工業諸国は、自国の経済を護るために「保護主義」的政策を執るようになった。

　冷戦期には東西陣営の対立が激しく安全保障問題が重視されたため、西側陣営内の経済対立は大きな国際問題とならないように慎重に処理されてきた。しかし冷戦後には、安全保障問題の重要性が低下したため、先進工業諸国間における経済問題が顕在化して重視されるようになった。

　そして冷戦後、NIESやASEAN諸国、さらに中国などが急速な経済成長を遂げて、安価で多くの製品を先進工業諸国へ輸出するようになった。

ｃ．経済・貿易摩擦の多様化

　先進工業諸国間、すなわち日米間、米欧間、また日欧間においては、従来から存在した経済摩擦が、冷戦後にさらに激しいものとなった。また、NIESやASEAN諸国などの新たに経済発展を遂げた国々

が登場し、これらの国々と先進工業諸国との間において、冷戦後に新たな経済摩擦が発生するようになった。

(3) 第三世界諸国における軍拡競争

a. 軍縮と軍拡の同時進行

冷戦による東西陣営の対立が終了したため、冷戦後に米国とソ連は大規模な軍縮を進めており、また他の先進工業諸国も軍事費を削減してきた。しかし、先進諸国における軍縮の動きとは逆に、第三世界の発展途上諸国においては軍拡（軍備拡張）が進むようになった。

b. 軍拡競争を導く要因

軍拡競争を導く要因の第 1 は、「地域大国化」の願望である。冷戦後におけるナショナリズムやエスノセントリズムの高揚とともに、ある国々は軍事力の増強によって自国の地位や立場を強化し、その地域における自国の影響力を拡大しようとした。こうした地域大国化の願望を持つ国として、サダム・フセイン政権時のイラク、インド、パキスタン、そして中国などがあげられる。

軍拡競争の要因の第 2 は、「国際的孤立」への対応である。冷戦体制の終焉によって、これまでのように大国から軍事的・経済的援助を受けられなくなり、国際的に孤立した国家が現れた。こうした国家が、軍事力の強化によって自国を防衛し、自国の対外的影響力の低下を阻止しようとした。こうした国際的に孤立した国として、イスラム革命後のイランや北朝鮮などが挙げられる。

軍拡競争の要因の第 3 は、「地域紛争の発生」への恐れである。冷戦後においては、ナショナリズムやエスノセントリズムの高揚および米・ソの国際的管理能力の低下などによって、地域紛争の発生の可能性が高まり、各国が独自に自国の安全を守る必要性がでてきた。こうした地域紛争が発生する可能性がある地域として、東アジア、南アジア、中東地域、およびアフリカなどが挙げられる。それゆえ、これらの地域の国々は、軍事力の強化に乗り出した。

　軍拡競争の要因の第4は、軍需産業と先進諸国政府による「武器の売り込み競争」である。冷戦後における先進諸国の軍縮政策によって、軍需産業はこれらの国の政府へ武器が売れなくなったため、第三世界へ武器を売却しようとした。また、先進諸国は冷戦後に景気があまり良くないので、先進諸国の政府は自国の経済を活性化するために、政府自らが軍需産業と一緒になって第三世界へ武器を輸出しようとした。こうした熱心な武器輸出国として、アメリカ、ロシア、イギリス、フランス、ドイツ、および中国などが挙げられる。

　上述のドイツ以外の5カ国は、国連の安全保障理事会の「常任理事国」であり、世界の安全と平和に最も責任のある国々である。しかしながら、これらの国々は、他方で大量に武器の輸出をおこなっている。

　こうした大国による武器輸出に大きく係わっているのが輸出国の「軍産複合体（Military-industrial complex）」である。軍産複合体は、政府の国防支出に大きく依存する軍部、軍需産業、および政治家たちが、それぞれの利益のために協力しつつ、国防支出の増大をめざす利益集団である。このなかで、軍部は軍部の予算、権限、組織の拡大をめざし、また軍需産業は軍部の兵器や装備の購入拡大を通じて企業利益の増大をめざし、また政治家はこの動きを支援することによって政治的支援や資金の拡大をめざしている。

c．軍備拡張の多様性

　通常兵器の分野においては、冷戦後、第三世界諸国のなかでも地域紛争を抱えている諸国そして経済的に豊かな諸国が軍備を増強している。例えば、東アジア、中東、およびASEAN諸国は大型の通常兵器を増強している。経済的に豊かではないその他の国々は安価な「小型武器（銃火器）」や「対人地雷」を大量に保有しようとした。

　「大量破壊兵器（weapon of mass destruction）」とは、核兵器・生物兵器・化学兵器・放射能兵器などの総称であり、通常兵器と比べてこれらの兵器の破壊力がはるかに大きいためにこう呼ばれる。それぞ

れの兵器の英語名の頭文字を取って、NBCR 兵器と呼ばれることも
ある。

　冷戦後の国際社会において、核兵器などの大量破壊兵器、その原料
や技術、またミサイルなどの運搬手段がそれらの保有国から非保有国
へ広まるという「大量破壊兵器の拡散」が生じている。

　第三世界諸国が大量破壊兵器の保有を目指す理由は、もちろん自国
の安全保障を強化するためであるが、次のような理由からもその保有
が進んでいる。核兵器の開発は高度な技術と施設が不可欠であるが、
化学兵器と生物兵器は「貧者の核兵器」といわれるように、比較的簡
単な技術と安価な費用で製造できる。このため、核兵器を開発する技
術や資金に乏しい国、あるいはテロ組織が化学兵器や生物兵器を開
発・使用する可能性が危惧されている。また、大量破壊兵器は、核兵
器は原子力発電のウラニウムやプルトニウム、化学兵器は農薬などの
化学工業、そして生物兵器は細菌や医療研究によって製造が可能であ
り、こうした平和利用と軍事利用との区別が困難である。

　そして、この第三世界諸国の軍拡と係わって、核兵器などの大量破
壊兵器、その原料や技術、またミサイルなどの運搬手段がそれらの保
有国から非保有国へ広まることが問題となる。例えば、冷戦後、旧ソ
連からの核物質や核技術の流出が多発して、テロリスト等の手に渡る
危険性があった。また、パキスタン・中国・北朝鮮なども核兵器とそ
の製造技術、およびミサイルとその製造技術を他国へ売却していっ
た。

　こうした理由のため、核兵器およびその製造技術を有する国家が多
く登場してきた。こうした国々は、公式には核保有を認められていな
いが、実際には核を保有している国またはそうであると推定される国
であり、「潜在的核保有国」と呼ばれる。こうした潜在的核保有国と
して、インド、パキスタン、イスラエル、北朝鮮、およびイランなど
が挙げられる。

⑷　**新たな国際社会への対応**

　現在の国際社会は様々な問題を抱えているが、これに対して単純で明快な解決策はなく、平和で安定した国際社会を形成するためには長期的かつ多様な努力が必要である。具体的には、国際社会の制度化と国際協調の拡大を実現するために、国際社会における「共通の規範や政策」を形成する、また国家間の利害対立を調整して共通政策を実施するための「国際組織」を強化することが必要である。

　a．国際的な協調的管理体制の構築

　　冷戦後の国際社会においては、冷戦期におけるような米国とソ連による国際的管理能力が低下したため、複数の大国が共同で国際社会を管理するような「新たな国際管理体制」を構築する必要性がある。そのために、次のような国際会議や国際機関を活用すべきである。

　　第1は、「主要（先進）国首脳会議（summit）」である。主要国首脳会議（サミット）は、アメリカ、イギリス、フランス、ドイツ、イタリア、カナダ、日本の7カ国の首脳が参加し、1975年から各国の持ち回りで毎年開催されている。ロシアは1991年から参加国となったが、2014年から参加資格が停止されている。この会議では、政治・経済・安全保障問題も含めて国家間のまた全地球的な重要問題が協議される。

　　第2は、「先進7カ国財務大臣及び中央銀行総裁会議（G7）」である。G7においては、国際通貨、金融、為替レート、およびマクロ経済政策などの問題が議論され、またこれらの問題について主要先進国間の政策協調を推進する。

　　第3は、「世界貿易機関（WTO）」である。世界貿易機関は、1995年に世界の自由貿易体制を維持・促進するために、関税その他の貿易障壁の撤廃や輸入制限の軽減を目指す国連の専門機関として創設された。WTOには、国家間の貿易問題を公正・中立な立場で解決する第三者機関として「紛争解決機関（DSB）」および実質的な裁定をおこなう「紛争処理小委員会（パネル）」が設置されており、ここで国家

間の貿易摩擦について協議され、解決が目指される。

　第4は、「国連の役割の強化」である。冷戦後において、東西陣営の対立が消滅したため、世界的・地球的な共通問題を解決するための国連の機能が再活性化した。安全保障理事会において、国際の平和や安全の維持、また地域紛争、民族紛争、核拡散の解決のために協議する。また、総会や経済社会理事会において、南北問題、環境問題などを解決するために協議する。

　第5は、「地域的国際機構の活用」である。ある地域の特定の国際問題は、その地域の国々の方が実情を良く知っており、関係諸国で迅速に協議することも可能なので、世界的規模の国際機構よりもその地域の国際機構によって対応した方が適切である。包括的な分野を含む地域的国際機構として、ヨーロッパ連合（EU）、東南アジア諸国連合（ASEAN）、アフリカ連合（AU）などがある。また、経済的国際機構として、北アメリカ自由貿易地域（NAFTA）、アジア・太平洋経済協力会議（APEC）などがある。

b．集団安全保障体制の構築

　冷戦の終結後、米国とソ連による国際的管理能力が低下し、各国が独自の行動をとるようになり、地域紛争が多発するようになった。たとえば、湾岸戦争、旧ユーゴスラビア問題（ボスニア・ヘルツェゴビナ、コソボ自治州の問題）、旧ソ連問題（グルジア、アゼルバイジャン、チェチェンの問題）、ルワンダ内戦、ダルフール紛争など様々な地域紛争が生じ、国際秩序が混乱した。

　こうした地域紛争に対応するためには、「集団安全保障体制」の強化と新たな構築が必要である。集団安全保障体制は、多数の国家が国際平和のために国際機構を設立し、これを通じて相互の安全を保障する体制である。すなわち、多数の国家が予め平和維持のための国際機構を設立し、紛争の平和的解決と武力の不行使を義務づけ、そして違反国や侵略国に対して他の国が共同で制裁措置（外交の断絶、経済封鎖、武力行使など）をとるような体制である。

　従来から存在する集団安全保障体制、すなわち国際連合を強化するためには、安全保障理事会の決定過程の迅速化（拒否権の行使の制限や廃止）、国連の平和強制機能の強化（重装備の国連平和執行部隊や常設国連軍の創設）などが必要である。

　集団安全保障体制を強化するためには、「多層的集団安全保障体制」の形成も重要である。国際連合による「世界的規模」の集団安全保障体制に加えて、「地域的規模」の集団安全保障体制、すなわち北大西洋条約機構（NATO）、欧州安全保障協力機構（OSCE）、アセアン地域フォーラム（ARF）、アフリカ連合（AU）などの地域的安全保障機構を強化する必要がある。

ｃ．軍縮・軍備管理の推進

　軍縮・軍備管理のなかでも、人類にとってと大きな問題となっている「核兵器」の軍縮・軍備管理が最も重要な課題となっている。

　START 2 が完全に実施されたとしても、米国とロシアの双方に、戦略核弾頭 3,000〜3,500 発が残り、また戦術核弾頭 10,000〜15,000 発が存在する。米国とロシアはまだ多くの核兵器を保有しており、更なる核兵器の削減が必要とされる。米国やロシアと比較すれば少ない量であるが、中国、イギリス、フランスも核兵器を保有しおり、これらの核保有国も核軍縮をおこなうべきである。

　核保有国における核兵器や核物質の管理を強化し、またそれらの密輸や核技術者の流出・移転を阻止する必要がある。旧ソ連諸国や中国やパキスタンも核物質や核兵器の製造技術を他国に移転していた。また、核兵器だけではなく、核運搬技術の拡散も阻止する必要がある。中国や北朝鮮からミサイルやその製造技術が他国に輸出されており、これらを阻止する必要がある。

　公式には核保有を認められていないが、実際には核を保有している「潜在的核保有国」を国際社会から取り除くことも重要である。インド、パキスタン、北朝鮮、イスラエルなどの潜在的核保有国に「核不拡散条約」への加盟と尊守を約束させるべきであり、またこうした

国々に対する国際原子力機関（IAEA）による査察を強化する必要が
ある。

　現代の国際社会においては、「通常兵器」の軍縮・軍備管理も重要
な課題である。とりわけ、第三世界において戦争や紛争の発生地域ま
た発生の可能性がある地域への「兵器移転を阻止」また抑制する必要
がある。兵器移転の透明性を確保するために、「通常兵器移転に関す
る国連登録制度」を強化する。小型武器や対人地雷の規制も強化する
必要がある。

　通常兵器の軍縮・軍備管理を実施する上で、「信頼醸成」のための
「地域的安全保障協議体」を設置することも重要である。この協議体
において、兵器の実験、軍事演習、兵力移動の事前通告を行うなど軍
事関連情報について協議しまた情報を交換することによって、参加国
相互の軍備の状況を確認できる。そうすることによって、軍拡競争や
戦争を引き起こすような相互の不信を軽減しさらに取り除くことが可
能となり、関係国の間に信頼関係が醸成される。その結果、関係国の
間における軍縮・軍備管理がさらに促進される。

　「地域的集団安全保障機構」の設立も、軍縮・軍備管理を実施する
上で有効なものとなる。地域的な集団安全保障機構が設立されること
によって、その地域において平和や安全が高まり、各国が個別に自国
を防衛する必要性が低下する。その結果、その地域における軍縮・軍
備管理が進展することになる。それゆえ、北大西洋条約機構
（NATO）、欧州安全保障協力機構（OSCE）、アセアン地域フォーラ
ム（ARF）、アフリカ連合（AU）などの地域的集団安全保障機構を
強化することが重要である。

第 6 部　国際政治の現代的課題

第 16 章

安 全 保 障

---

(1) 国際社会と安全保障

a. 国際社会における無政府状態とパワー・ポリティクス

　　多数のまた多様な国家から形成されている国際社会は、我々が日常的に生活する国内社会と比べ大きく異なっている。国内社会には「中央政府」が存在しているため、基本的に秩序のある統一された「集権的社会」となっている。しかし、国際社会には「中央政府」が存在していないため、国際社会は基本的に無政府状態（anarchy）であり、主権国家が併存する「分権的社会」となっている。

　　国際社会は無政府状態にあり、ここには世界政府のような国家に優位する公的な統治機構が存在していない。すなわち、国際社会において、国家間の価値や利益の対立を調整し、また国際社会全体にとって必要な価値や利益を充足するための政府機構が存在しない。なかでも、国家の安全と国際社会の平和を保障する公的な機構が存在しないため、国際社会はこうした安全や平和の問題に十分に対応することができない。もちろん、国際社会には国連などの政府間国際機構が存在するが、これらは国家に優位するものではなく、加盟する各国の合意に基づき利害を調整するためのものであり、中央政府のような役割を十分に果たす存在ではない。

　　また、国際社会には国際法や条約などの国際規範が存在していることも事実である。それゆえ、国家間の価値や利益の対立を調整する問題また国際社会全体にかかわる価値や利益を充足する問題が生じた場合、政府間の交渉による外交的解決また国際的な裁判所を通じた司法的解決によって、こうした国際社会の利害対立を調整することが可能

であるかのように思える。しかし、多くの場合、国際社会における無
政府状態のため、こうした問題は軍事力の行使を含む国家間のパワー
関係にもとついて解決されることになる。すなわち、国際社会におい
てはパワー・ポリティクス（power politics）の状況が展開される。

　こうしたパワー・ポリティクスの世界においては、国際的な価値や
利益の対立を調整するために軍事力を含む様々な方法が用いられるた
め、国際関係の歴史において軍事力が対立を解決するための重要な手
段となっていた。

　軍事力を含むパワー関係にもとづいて価値や利益の対立の調整また
それらの充足がおこなわれる国際社会においては、こうした調整また
充足の過程が容易に国家間の紛争や戦争へと拡大することが多かっ
た。たしかに、現在の国際社会においては、多くの国際法の成立また
様々な国際機関の発達によって、こうした状況は幾分緩和されている
が、このパワー・ポリティクス的状況は、本質的には変わっていな
い。このように、国際社会は対立や混乱が生じやすく、平和や安全を
実現することが困難であり、「力が正義」である社会に容易に陥りや
すい。

b．国際社会における安全保障

　国際社会の無政府状態とそれから生じるパワー・ポリティクスとい
う状況が存在するために、自国の主権や領域また国民の生命や財産を
護ることが、すなわち安全保障が国家にとって重要な課題となる。そ
して、この安全保障という課題に対応するための一つの手段として、
各国は軍備を保有することになる。また、無政府状態とパワー・ポリ
ティクス的状況が存在するために、各国は自国の価値や利益を実現す
るための一つの手段としても軍備を保有することになる。

　安全保障（security）とは、一般的に、あるものの安全を確実にす
ることであるが、国際政治や軍事においては、次の「国家安全保障
（national security）」と同じ意味である。すなわち、安全保障とは、
「国家が国家的価値を外国の軍事的脅威から軍事的手段によって守る

こと」を意味する。ここで、国家的価値とは、国家の主権や独立、領土や領域、および国民の生命や財産などが含まれる。言い換えるなら、国家安全保障とは、国家の外部からの武力侵略や脅威に対して国家や国民の生存的価値や利益を武力によって護ることである。この概念は、従来からある「国防（national defense）」という概念とほぼ同義語となる。

　ただし、国際社会における経済・社会的交流のグローバル化と相互依存の深化とともに、国家の生存的価値にとって脅威となる要因が増えてきたため、現在では、こうした脅威の総てから国家や国民を保護することが安全保障と見なされるようになった。安全保障の概念が、軍事的な安全保障だけでなく経済・社会的な安全保障を含むようになり、その意味合いが拡大している。

⑵　伝統的な安全保障政策

　国家安全保障の概念は多様化したが、国家と国民の生存にとって最も脅威となるものは軍事的安全保障であり、これが優先的に考察される必要があるので、ここでは軍事的安全保障を中心に解説する。この伝統的な安全保障概念から、国際社会においては、次のような「安全保障政策」が実施され、また「安全保障体制」が構築されてきた。

a．勢力均衡（balance of power）政策

　勢力均衡政策とは、国際社会において、国家がその生存を維持するために、他国の力が優越することを阻止し、他国との力関係において均衡を維持しようとする政策である。この政策は、より具体的には、ある国家や国家集団が勢力を拡大して他国の安全や独立を脅かすほど圧倒的となる場合、その勢力の行使を牽制するために、他の諸国が自国の軍拡や他国との同盟によって自国側の勢力を拡大して対抗的勢力を形成する政策である。

　勢力均衡政策は、中央集権的な政府が存在しない国際社会において、国家が自国の生存を保障し、また国際秩序を安定させるための基

本的な政策であった。この政策は、歴史的に振り返れば、16世紀以降、大国がパワー・ポリティクスを展開した近代の西欧国家体系においても常に活用されてきた。

勢力均衡政策のパターンとして、次のようなものがある。

①脅威を受ける国の単独の力の拡大

Aは自国、X・Y・Zは敵対国とその同盟国

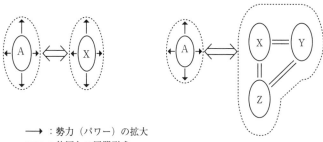

　　　　——→　：勢力（パワー）の拡大
　　　　＝＝＝　：他国との同盟形成
　　　　⟺　　：勢力の均衡

②脅威を受ける諸国の同盟の締結

Aは自国、B・Cは同盟国、X・Y・Zは敵対国とその同盟国

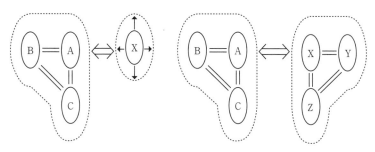

国際社会の安定を実現する上で、勢力均衡政策を積極的に実施するための強大な力を持つ国家であるバランサーの存在が重要となる。18〜19世紀においては、英国がバランサーとなり、スペイン、フランス、オーストリア、プロイセンなどのヨーロッパ列強が勢力を拡大す

ることを牽制した。20 世紀においては、米国がバランサーとなり、第 1 次大戦と第 2 次世界大戦へ参戦することによってドイツの勢力の拡大を抑えた。さらに、冷戦期において、米国は対ソ封じ込め政策を実施することによって、ソ連の勢力の拡大を阻止した。

　しかし、このような勢力均衡政策は、様々な問題点をかかえている。まず、国際社会における力の均衡状況を客観的に認識することが非常に困難である。また、各国は敵対国に対して自国の力の優位を維持しようとする傾向がある。このため、勢力均衡政策が頻繁に実施されると、国際社会は力の拡大の悪循環に陥り、第 1 次・第 2 次世界大戦のような大戦争に発展する恐れがある。そして、勢力均衡政策の実施において、力のない中・小国は敵対国の力の拡大に対抗するための自国の力の拡大が容易にできず、また国際社会における複雑な利害関係から他国との同盟形成や対抗勢力の形成が容易に実現できない。さらに、勢力均衡政策における同盟は、その時々において脅威となる国家との力の均衡を回復するために結ばれるため、同盟の締結と廃棄が頻繁に生じることになり、このときの国際関係は不安定なものとなる。

b．集団防衛（collective defense）体制

　集団防衛体制とは、防衛条約（同盟）を結んだ国々が、ある締約国への攻撃に対して、共同で防衛に当たる体制である。この体制では、事前に複数の国家が自国の安全保障のために相互に防衛条約を結び、ある締約国に対して外部から攻撃があった場合、この攻撃に対して総ての締約国が共同で防衛に当たる。

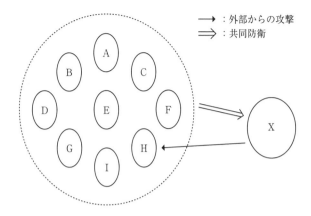

　こうした集団防衛体制の例としては、北大西洋条約機構（NATO）、ワルシャワ条約機構（WTO）、東南アジア条約機構（SEATO）、日米安全保障条約、中ソ友好同盟相互援助条約などがある。

　集団防衛体制は次のような特徴を持つ。この体制がもとづく集団防衛条約は締約国間の軍事的関係を包括的に規定し、また締約期間は長期に渡るため、締約国間の結束は強く、かつ同盟関係の安定性は高い。そして、この体制においては、攻撃や侵略がなされる以前から長期的に同盟を形成しているので、敵の侵略を抑止する力は勢力均衡政策よりも大きなものとなる。

　しかし、集団防衛体制には、次のような問題点がある。冷戦期における北大西洋条約機構とワルシャワ条約機構との関係のように、この体制においては、常に外部に敵対国を想定しているため、条約締約国と敵対国の間の対立関係が明確化し易く、また双方の間の敵意や対立を増大させる傾向がある。そして、この体制は、外部からの攻撃には対応できるが、締約国間の紛争や侵略などの内部で発生した問題には対応が困難となる。

c．集団安全保障（collective security）体制
　集団安全保障体制とは、多数の国家が国際平和のために国際機構を

設け、それを通じて相互の安全を保障する体制である。より具体的には、この体制では、国際社会の多数の国家が予め平和維持のために国際機構の設立をおこない、そのなかで相互に紛争の平和的解決と武力の不行使を義務づけ、そしてこれに違反した国家に対して他の諸国が共同で違反国の侵略行動を阻止し、また違反国に対して外交の断絶、経済封鎖、武力制裁などの「集団的制裁措置」をとる。この体制においては、原則として侵略に対する自国の防衛および違反国に対する集団的制裁措置以外は武力の行使は認められない。

　こうした集団安全保障体制の例としては、これまで国際連盟や国際連合があったが、現在では、冷戦後の北大西洋条約機構およびアセアン地域フォーラムなどがこの体制へと次第に進化しており、さらに将来的には欧州安全保障協力機構がこの体制へ発展する可能性がある。

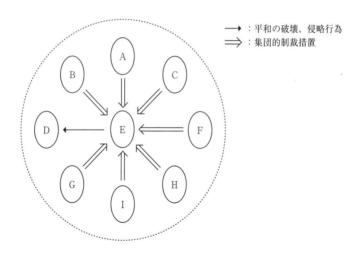

　集団安全保障体制には、次のような特徴がある。この体制においては、国際社会における多数の国家が包括的に加盟しているため、集団防衛体制と比べて国家間の敵対関係が明確になりにくい。そして、この体制では、加盟国の一部が違反行動を取った場合でも、他の加盟国が制裁措置を取ることが定められているので、これに対応できる。こ

うしたことから、この体制は、集団防衛体制よりも違反行動の発生を
事前に抑止する可能性が高い。

　しかし、集団安全保障体制には様々な問題点も含まれている。この
体制において、違反国以外の締約国、とりわけ大国の利害が一致しな
い場合、必ずしも違反国に対する集団的制裁措置が取られないことが
ある。さらに、集団安全保障体制を維持する常設の軍隊が無い場合、
直ちに侵略行動を阻止したり、また集団的制裁措置を取ることができ
ない。そしてこの場合、違反行動に対する抑止力も弱くなる。

　現在の国連の集団安全保障体制を例にとれば、次のようなことが言
える。第 1 に、この体制において主要な役割を果たす安全保障理事会
の拒否権の問題である。この理事会の常任理事国が拒否権を有するた
め、常任理事国の利害が対立する問題に関しては、安全保障理事会が
国際の平和と安全の維持・回復の機能を十分に果たすことができなく
なる。第 2 に、常設の国連軍の不在の問題である。冷戦初期、東西対
立などのため常設の国連軍を設立するための特別協定が締結されず、
また軍事参謀委員会もほとんど機能していないため、現在は常設の国
連軍が存在しない。この状況では、紛争や戦争が発生した場合、直ち
に侵略行動を阻止するための軍事的措置や制裁措置を取ることができ
ず、その間に紛争が拡大することになる。また、常設の国連軍がない
ために、違反（侵略）行動を効果的に抑止することが困難である。第
3 に、加盟国の集団的自衛権の承認の問題である。国連憲章第 51 条
において個別的・集団的自衛権、および第 52 条において地域的取り
決めと機構（集団防衛条約と機構）の存在が認められている。この規
定によって、国連安全保障理事会が必要な措置をとるまで地域的な集
団防衛機構の武力行使が認められることになり、紛争が激化する恐れ
がある。

　国連の集団安全保障体制は、現時点でこのような問題点があり、制
度的に不完全な安全保障体制である。今後、こうした問題点は改善さ
れる必要がある。

d．核抑止（nuclear deterrence）戦略

　核抑止とは、核兵器による報復の威嚇によって、攻撃によって得られる利益よりも、それに対する報復によって蒙る損害の方が大きいことを相手に認識させて、相手が敵対行動を取ることを思い止まらせることである。

　こうした核抑止戦略が効果的に機能するために、「抑止の信愚性」を確立することが必要であるが、その信懸性を確立する上で「報復能力（第2撃能力）の保持」および「報復意図の明確化」という二つの条件が必要である。

　先ず、威嚇する側の報復能力（第2撃能力）を確保するためには、第1に報復能力の強化（核戦力の増強）が必要である。そのために、冷戦期の米国とソ連は、最大25メガトンの爆発力を持つ核弾頭を開発し、米・ソ共に2～3万発の核弾頭を保有した。また、一基の戦略核兵器に複数の核弾頭を搭載する核弾頭の「複数個別誘導再突入弾頭（MIRV）化」を推進した。そして、これらの運搬手段である大型で長距離の「戦略核兵器」として、大陸間弾道ミサイル（ICBM）・潜水艦発射弾道ミサイル（SLBM）・戦略爆撃機などを開発し、核兵器の数量と破壊力の増大に努力を傾けた。その結果、米国は最大で1,800基、またソ連は最大で2,500基という多数の戦略核兵器を保有するようになった。第2に、敵の攻撃に対する報復能力の残存性の向上、すなわち「核戦力の非脆弱化」が必要とされた。そのために、核兵器の分散的配置、移動式ミサイルの開発、ミサイルのサイロの堅固化、およびSLBMの配備増加や性能の向上などが図られた。

　次に、威嚇する側の報復意図の明確化と相手側への伝達を実現するためには、第1に、米国がおこなっているように「報復としての核の先制使用を明言すること（先制使用の公言）」が必要であり、第2に、米・ソの大量報復戦略のように「相手側のいかなる敵対行動に対しても、核を含む全面対決姿勢を取ることを相手側に示すこと」が必要である。

　こうした核抑止戦略は、次のような問題点を有している。核抑止戦

略は、戦争の回避に関する相互の合理的な認識・判断能力を前提としているため、狂信的な宗教組織、民族組織、テロ組織には対応できない。そして、現在では米国・ソ連（ロシア）の双方が核抑止能力をもち、「相互核抑止状況」が出現した。この状況では、核兵器の使用が全面核戦争に発展する恐れがあるため、核兵器の使用が現実的に困難となった。その結果、核兵器の抑止効果が低下してしまった。こうした状況に対応するため、限定的また段階的な報復に使用可能な戦術核兵器（小型核兵器）の開発、およびそのための戦略を採用することによって、敵の小規模の攻撃に対しても核兵器による報復攻撃をおこなえるような戦略がとられるようになった。こうした敵の攻撃の様々なレベルに対応しようとする「段階的抑止戦略」や「柔軟反応戦略」をとる場合、戦術核兵器の相互使用から始まり、それがより大型の核兵器の使用へ拡大し、そして最後にはそれが全面核戦争へ発展するという悪循環に陥る恐れがある。

　さらに、相手の核兵器に対する探索能力や破壊能力が向上した場合、一方が先制攻撃によって相手の報復能力を壊滅できるようになるため、相手側の核兵器は抑止力として機能しなくなる。そして、相手の核兵器による報復攻撃を防御できる防衛能力が向上した場合、相手の報復攻撃が脅威とならなくなるため、こちらから先制攻撃を加えることが可能となり、抑止が機能しなくなる。

　このように、核抑止戦略は、相手側に対する攻撃能力の向上および自国側の防衛能力の向上によって、不安定化し易い戦略である。このため、核兵器の保有や運用を規制し、また相互に監視する「軍備管理」が必要であり、さらに核兵器を削減する「軍縮」が重要な課題となる。

e．覇権安定理論

　国際社会全体の安全保障の必要性を考えた場合、次の覇権安定理論（hegemonic stability theory）も国際安全保障の構築のために考慮されるべき理論である。

　覇権安定論とは、卓越する軍事力・経済力・支配の正統性を有する覇権国が存在し、それが国際システムの管理能力を有する場合は、国際システムは安定し、国際秩序が維持される。逆に、覇権国のそうした力が衰えて、国際システムの管理能力を失った場合、国際システムが不安定となり、国際秩序が崩壊する。

　この覇権安定論の論者の一人であるギルピン（Robert Gilpin）の覇権安定論は、経済学の合理的選択モデルやシステム論の構造分析の手法を用いて、覇権国の存在と国際政治システムの安定や変動との間の関係をマクロ的かつ歴史的に解明しようとしたものであり、以下のような内容となっている。

　先ず、ギルピンは、経済学の合理的選択モデルを国際政治システムにおける国家行動に適用して、国家行動に関する仮説を次のように提示する。国家は、国際システムを変更することによって得られる期待利益が期待費用を上回るようになった場合、国際システムの変更を企てる。また、国家は、こうした限界費用が限界利益を上回るまで、国際システムの変更を目指す。

　そして、ギルピンは国際システム全体の変動のメカニズムを次のように説明する。ギルピンは、国際システムは無政府状態にあると一般に言われるが、国際システムにも「支配の形態」が存在すると主張する。国際システムの支配は、次の三つの要素にもとづいている。第一の要素は、国家間の「パワーの分布」であり、国際システムにおける国家間の相互作用の過程を規定する。第二の要因は、この分布にもとづいて構築された「威信の階層」である。この威信とは、諸国家の有するパワーに対する他の国家による評価であり、日常的な国際政治過程においてパワーの実際の行使にかわって重要な役割を果たす。第三の要素は、「権利とルールの集合」である。そして、これらのセットが、外交・戦争・経済などの領域における国家間の相互作用を支配し、国家間の支配関係や利益配分を決定する。

　ギルピンは、国際システムにおける「実際のパワーの分布」と「従来の威信の階層および権利と規則の集合（利益配分）」との間の支配

の形態の矛盾や乖離から、「均衡状態にあるシステム」、「システムにおけるパワーの再配分」、「システムの不均衡」、そして「システムの危機の解決」という四つの段階を経過してシステム変動が生じると主張する。

　もちろん、この国際システムの変動過程において重要な役割を演じるのは、そのときの覇権国であり、またその後の覇権国となる強力な大国である。覇権国は、「自国の安全保障と経済的利益の観点から政治的、領土的、とりわけ経済的関係を、始めはヨーロッパにおいて次にグローバルな規模で組織化」した。覇権国が構築する国際秩序は、自国の利益となるだけではなく、国際政治・経済の現状維持を望みまたそれを利用できる諸国にも利益となる。ある意味では、覇権国はグローバルな安全保障や国際経済（自由貿易）体制など国際的な公共財を提供し、こうした実績によってリーダーシップの正当性を獲得している。

　そして、こうした強大な力を有する覇権国が存在するとき、他の諸国は覇権国の築いた秩序やリーダーシップに従うため、国際政治システムの安定がもたらされる。ところが、覇権国は、国際公共財たる国際秩序を維持するためのコストを単独で負担する傾向があり、また他の大国の力の相対的増大によって、覇権の確立から時が経つにつれて覇権国の力の優位は必然的に揺らいでいくことなる。そして、覇権国の力が衰退して国際秩序を維持する能力を失った場合、挑戦国や他の大国が自国の利益を追求し始め、国際政治システムは不安定となり、次の覇権国の地位を求めて大国間に覇権戦争が起こる。そして、この覇権戦争の結果、新たに誕生した覇権国が新たな国際秩序を形成する。産業革命以降、19世紀のイギリスと20世紀のアメリカが覇権国として登場し、パクス・ブリタニカ（Pax Britannica）とパクス・アメリカーナ（Pax Americana）という国際システムを提供した。

　以上のように、ギルピンは、近代における国際秩序の変動を覇権国の交替の歴史と捉える。すなわち、覇権国が強大な軍事力・経済力・支配の正統性にもとづく国際システムの管理能力を有する時には、国

際システムは安定し、逆に、覇権国がこのような能力を喪失する時には、覇権システム構造が崩壊するため、国際システムが不安定となり、国際秩序が失われていく。

(3)　新たな安全保障政策

　安全保障の概念において「何を守るのか」、「何から守るのか」、「何によって守るのか」という点は重要な問題である。前節(2)で述べた伝統的安全保障の立場においては、侵略や攻撃に用いられる可能性のある敵国の軍事力の行使を抑制し、またそれに対抗できるほどの十分な軍事力を自国や同盟諸国が保有することを安全保障の重要な方策と考えていた。

　しかし、国際社会における経済・社会的交流のグローバル化および相互依存の深化とともに、国家の生存的価値にとって脅威となる要因が増えてきたため、現在では、こうした危険の総てから国家や国民を保護することが安全保障と見なされるようになった。こうした安全保障環境の変化によって、安全保障の具体的内容は様々に変化してきた。

a. 国際社会における安全保障環境の変化

　第1に、現代の国際社会においては冷戦の激化にともなう世界的軍事化が進展し、全面核戦争の可能性が高まっていった。

　冷戦の激化にともない、多数の軍事同盟が形成されて、世界が米国を中心とした西側陣営とソ連を中心とした東側陣営の二つの陣営に分かれて2極構造化した。こうした東西両陣営の対立から常に全面戦争が勃発する恐れがあり、両陣営は平時においても戦時と同様に軍事力の維持や拡大を図った。さらに、前述した核抑止戦略にもとつく核兵器の増大によっても、軍事化が進んだ。

　この時期、米国とソ連は戦争が起こった場合いつでも対応できるように、「常時即応体制」を維持し、また対外的に軍事化された「兵営国家」となっていった。米国は180〜280万人、ソ連は360〜400万人もの軍隊を保有していた。そして、敵の攻撃に直ぐに対応できるように、軍隊を自国だけではなく海外に駐留させた。米国は「前方展開戦

略」をとり、西ヨーロッパや東アジア諸国に多数の軍隊を駐留させ、また世界の海に大規模な艦隊を派遣した。他方、ソ連は、東欧諸国に大規模なソ連軍を駐留させた。

　こうした東西陣営の対立の拡大のなかで、米国とソ連は原爆や水爆などの核兵器を開発し、米・ソそれぞれ2万～3万発の核弾頭を保有するようになった。そして、これらの運搬手段として大陸間弾道ミサイル、潜水艦発射弾道ミサイル、戦略爆撃機などが開発された。さらに、複数個別誘導再突入弾頭も開発され、核兵器の攻撃能力の強化が図られた。こうして、米国は最大で約1,800基、またソ連は最大で約2,500基という多数の戦略核兵器を保有するようになった。

　こうした冷戦期においては、両陣営は核戦力を含む軍事力の維持や拡大を図ったため、東西両陣営の対立から常に全面核戦争が勃発する恐れがあった。冷戦が終結した現在においても、大規模な軍事力や大量の核兵器が保有され続けている。

　第2に、現代の国際社会にいては、国家間の相互浸透が増大し、そして国際的相互依存が深化している。

　現代国際社会とりわけ第2次世界大戦後の国際社会においては、政府間組織や非政府組織などの国際行為体の増加と多様化によって、脱国家的な交流が増大し、そして国際関係の複雑化と多元化をもたらした。それらは同時に、国際社会の複雑化および国内問題と国際問題のリンケージを生み出し、そして国家間の相互依存の深化をもたらしていった。

　例えば多くの国々が、食料、天然資源、エネルギー、資本、工業製品、技術などを他の国々に依存するようになり、国家間の経済・社会的相互依存が深まった。また、様々な知識や情報や技術が社会生活において必要とされ、外国とのこれらの授受が不可欠であるため、知識・技術的相互依存も深まっている。

　国際的相互依存の深化によって、国家は他国に依存することなしに一国だけで存続すること（自給自足）が困難となり、その自立性が喪失しつつある。同時に、従来は国境という固い殻に覆われていた国家

の不浸透性が低下し、国民国家の境界が失われ、ボーダーレスな世界になりつつある。国際的相互依存の深化の結果として、多国間に跨がる経済・社会問題が増加したため、国家は自国だけの力ではこうした問題に対応できなくなった。換言するなら、国家は国際問題に対する国家の問題解決能力を失い始めた。例として、世界繍の維持発展・南側諸国への開発・援助の在り方、累積債務の解決、資源・エネルギーの節約と確保、地球環境の維持・改善など、国家が単独では解決できない多くの問題が存在する。

また、冷戦期には東西陣営間の対立が激しく安全保障問題が重視されたため、西側陣営内の経済対立は問題とならないように慎重に処理され七きた。しかし、冷戦後は安全保障問題の重要性が低下したため、経済問題が重視されるようになった。そして、現在では、NIESやASEAN諸国や中国などのアジア諸国が急激な経済成長を遂げて、安価な製品を大量に先進工業諸国へ輸出するようになった。この結果・冷戦後において・日米間、米欧間、また日欧間においては、従来から存在した経済摩擦がさらに激しいものとなった。また、NIESやASEAN諸国などの新たに経済発展を遂げた国々と先進諸国との間でも、新たな経済摩擦が発生するようになった。

第3に、冷戦後の国際社会において、ナショナリズム（国民主義）やエスノセントリズム（民族中心主義）の高揚によって地域紛争が多発している。

冷戦体制が崩壊して東西間のイデオロギー的・軍事的緊張が緩和しそして消滅したため、各国の安全保障上の脅威が低下した。また、東西のそれぞれの陣営内において、それまで強力であった米・ソの国際的管理能力が弱体化した。

こうしたなかで、冷戦期に超大国の従属的地位にあった国家や国内の民族が、冷戦体制の崩壊とともに政治的自立化を目指した。そして、各国家・民族が自己の欲求・利益の追求をはじめた。また、冷戦的緊張が消滅したため、国際社会の関心が、従来から懸案となっていた領土・民族・宗教の対立へと移り、これらの問題が再燃した。こう

して、冷戦の終結によって、これまで押さえつけられていた国家や民族の問題が再び表面化し、新たな地域紛争が多発するようになった。

　さらに、冷戦後、国際的テロリズムも活発化した。テロリズムは、特定の政治目的を達成するために、非国家行為体や武装組織が、組織的な暴力や威嚇を通じて恐怖状態をつくりだす行為であり、こうした行為が複数の国家にまたがる場合に国際テロリズムと呼ばれる。十分な軍事力を持たない少数民族や反政府組織が、敵対する国家や政府に対して正面きって戦うことができないため、自己の政治目的を達成するために国際的なテロ活動を活発化させてきた。

b．新たな安全保障概念の登場

　こうした国際社会における安全保障環境の変化にともない、従来の安全保障政策や安全保障体制では対応できない状況が生じてきた。このため、以下のような、軍事的安全保障だけではない経済の維持・発展や資源の確保の問題を含む非軍事的安全保障、また単独の国家安全保障ではない国際協調的な安全保障の必要性が唱えられている。

　上述した第1の安全保障環境の変化にともなって、国家単独の力ではなく国家間の協力的側面を重視した「共通の安全保障（Common Security)」や「協調的安全保障（Cooperative Security)」の概念が登場した。

　共通の安全保障は、冷戦の激化のなかで、ヨーロッパの安全保障を懸念する声が高まり生まれた概念であり、従来の軍拡競争的な安全保障を否定し、敵対勢力との相互信頼にもとづく協力を重視するものである。この安全保障は、1975年から開催されてきた欧州安全保障協力会議（CSCE）において積極的に追求され、冷戦を終結に導く一つの要因となった。

　冷戦においては、自国の安全保障を強化するための軍備の増強が軍拡競争をまねき、さらに東西陣営間の核戦争を含む全面戦争の可能性が高まった。こうしたなかで、核戦争においては勝者も敗者もなく、戦争の回避が共通の利益であるとの認識にもとづいて、敵対国との相

互協力により戦争を回避することによって相互の安全を確保しようとすることが、共通の安全保障の概念である。

　この安全保障概念は、1982年の「パルメ委員会報告書」で初めて体系的に提示された。ここでは、軍事的透明性の向上、演習の相互通告、査察などの信頼醸成措置、防衛的防衛や非挑発的防衛への軍事態勢の変更、軍備の削減や制限など具体的な方策が提案されている。

　協調的安全保障という概念は、1980年代末頃からヨーロッパの安全保障を協議する現場で認識されるようになった概念である。協調的安全保障は、政治、経済、環境、社会といったすべての国家間関係を包摂する地域レベルの対話、協議、および協力を通じて、真の国家安全保障、また国際安全保障は達成されるという概念である。こうした協調的安全保障概念は、共通の安全保障概念と類似性がある。共通の安全保障は、単独の国家安全保障の限界を認識し、国家間の相互協力によって戦争の回避を目ざすものである。しかし、協調的安全保障は、さらに進んで、相互不信の関係にあった国家間の対立の原因をとり除き、紛争に発展することを予防しようとする。

　協調的安全保障では、継続的かつ制度化された対話・交流・協議の枠組みを通じ、冷戦期には緊張緩和を、冷戦後の世界では安定を供給することが意図されている。このように、協調的安全保障の核心は、政治、経済、社会、文化、および軍事面での協力を通じて対立の原因を予見して紛争の発生を防ぐこと、さらに一旦発生した紛争については協調的安全保障の体制内で、協調的行動によって紛争を沈静化することにある。

　協調的安全保障を集団防衛とも集団安全保障とも区別し、NATO型の集団防衛を補完するものとして位置づけている点、また協調的安全保障を、安全保障をめぐる継続的な協力の制度化としてとらえている点などで重要である。具体的には欧州安全保障協力機構（OSCE）および北大西洋協力理事会（NACC）がこれにあたる。

　そして、上述した第2の安全保障環境の変化にともなって、軍事的側面だけではなく、非軍事的側面も重視した「総合安全保障

(Comprehensive Security)」の概念が生まれた。

　総合安全保障とは、国家の安全と平和を実現するために、軍事的側面だけではなく非軍事的側面をも含めて国家の安全保障を総合的にとらえようとする考え方である。すなわち、対外的な侵略だけではなく、食料・エネルギーなどの輸入の不安定化や自然災害なども安全保障上の脅威の対象ととらえ、また軍事的手段だけではなく、外交や経済強力などの非軍事的手段をも脅威に対処する手段としてとらえる安全保障政策の考え方である。日本においては、1980 年に総合安全保障研究グループによる「総合安全保障戦略」において具体化された。

　この報告書では、「アメリカの平和」の時代は終わり、「責任分担の平和」の時代に変わったという認識のもとで、日本の政治・経済体制が他国からの侵略に脅かされることのないよう、日本は、国際システムの維持・強化に貢献するとともに、自助努力を強化することが必要であると主張され、以下のような具体的な方策が述べられている。

　先ず、日米安全保障体制を基軸として核抑止力及び大規模侵攻についてはアメリカに依存し、また通常兵力による小規模・限定的な侵攻に対して日本が撃退できるように、防衛費を 20% 前後増額することを通じて「自衛力」を強化すること。

　次に、世界全体のエネルギー供給の確保、重要な産油国・産炭国・ウラン産出国との関係緊密化、また周辺大陸棚での石油・原子力・石炭の開発の促進によってエネルギー安全保障を実現すること。さらに、世界的な食糧増産への貢献、開発途上国に対する農業協力、国際的緩衝在庫の設置などの国際協力、また緊急時の食糧増産の潜在生産力の維持、食料の備蓄の拡充などの自助努力を通じて「食糧安全保障」を達成すること。そして、都市・地域政策、交通・運輸政策、通信政策について防災的視点を導入し、また緊急時の国・地方自治体の危機管理能力を強化するために抗堪性を備えた指揮室の設置、多重無線通信網の整備などを通じた「大規模地震対策」を講ずる必要があると主張されている。

　さらに、上述した第 3 の安全保障環境の変化にともなって、個々の人

間を重視した「人間の安全保障（Human Security）」の概念が生まれた。

　人間の安全保障は、国際社会の最小構成単位である人間一人一人に着目して、国際社会の安全を個々の人間の安全の延長として認識するため、国家よりもむしろ人間の安全の保障を優先すべきであるという安全保障の考え方である。従来の「国家の安全保障」という概念は外部からの脅威に対して国を守ることであり、人間の安全保障はこれと対照的に、個々の人間を守ることに主眼をおいている。

　人間の安全保障は、安全保障の課題として人権侵害、難民、貧困、環境破壊、自然災害、感染症、テロ、突然の経済・金融危機といった人間の生存・生活・尊厳に対する広範かつ深刻な脅威から人々を守り、人間それぞれの持つ豊かな可能性を実現するために、保護と能力強化を通じて持続可能な個人の自立と社会づくりを促す考え方である。こうした脅威に対抗するため、武力行使を防ぐための国際的な制度を確立し、基本的な人権、人間の平等、民主主義の発展をグローバルな市民社会の協力によって目指し、人間の安全と平和を創出しようとする安全保障の概念である。

　1994年に国連開発計画（UNDP）の『人間開発報告』において、人間の安全保障概念が具体的に示された。この中では、人間の安全保障は、飢餓・疾病・抑圧等の恒常的な脅威からの安全の確保および日常の生活から突然断絶されることからの保護の二つを含む包括的な概念であり、そして21世紀に向けた開発を進めるに当たり、個々人の生命と尊厳を重視することが重要であると指摘されていた。当初、この概念は発展途上諸国における生存条件の改善を訴えるものであったが、その後、先進諸国をも含めた人権問題また少数民族への待遇などの問題にまで拡大された。

　冷戦後に多発する地域紛争においては、紛争当事国の政府が国民の安全を保障する機能を失うという状況が数多く生じている。こうした状況において、国際社会は当事国の国民の安全をいかに保障すべきかという課題に迫られており、これに対応するために人間の安全保障という概念が頻繁に使われるようになった。

第17章

国 際 連 合

(1)　国際連合の設立と目的

　第2次世界大戦を防げなかった国際連盟の反省を踏まえ、戦後におけ
る国際の平和と安全の維持のために、国際連盟に代わる一般的「国際機
構」を創設しようとする構想が米国とイギリスの間で進んでいた。

a．国際連合の設立過程

　1941年8月、米国のローズベルト大統領とイギリスのチャーチル
首相が、大西洋上で会談し、第2次世界大戦の戦争目的と戦後処理の
問題を討議し、戦後の世界構想に関する「大西洋憲章」を発表した。
この大西洋憲章のなかで、国際連盟に代わって、一層広汎にして永久
的な「一般的安全保障制度」を確立することに合意し、戦争後の新た
な安全保障体制の構築を目指した。

　1942年1月、米国のワシントンで、米国、ソ連、中国、イギリス、
フランスなど連合国26カ国が「連合国共同宣言」に署名した。この
宣言において、連合諸国は、ドイツ、イタリア、日本などの枢軸国に
対して共同戦線を張り、徹底的に戦うことを約束した。この宣言のな
かで、後に国際連合の名称となる〈United Nations〉という言葉が初
めて使われた。

　1943年11月、モスクワにおいて、米国のハル国務長官、イギリス
のイーデン外相、ソ連のモロトフ外相に中国代表を加えた4カ国の代
表によって、戦後の国際の平和と安全の確立と維持に関する「一般的
安全保障に関する4カ国宣言」が発表された。この宣言のなかで、①

国際の平和と安全の組織化と維持のために4ヵ国一致の行動をとること、②国際の平和と安全の維持のため平和愛好国の主権平等の原則に基づく「一般的国際機構」をできるだけ早期に設立することが合意された。ここでは、4大国の協調による戦後の平和の維持および「国際平和機構」の構想が国際連合の設立の基本原則であることが確認された。

1944年8月から10月にかけて、ワシントンで、国際連合の創設に関する予備会議である「ダンバートン・オークス会議」が開催された。この会議は2度に分かれておこなわれ、第1期は米国・イギリス・ソ連の間で、そして第2期は米国・イギリス・中国の間で、国連憲章の草案について協議した。この予備会談では、国際連合憲章の原案となった「一般的国際機構の設立に関する提案」が発表された。この提案のなかで以下のことが公表された。①国際平和機構の名称を「国際連合（United Nations）」とする。②新機構には、総会、安全保障理事会、国際司法裁判所、事務局、そして経済社会委員会が設置される。③総会には総ての加盟国が参加する。④大国が安全保障理事会の構成国となり、国際の平和と安全に主要な責任を持つ。このように、この提案は、「大国中心主義」の色彩が強かった。しかし、常任理事国が持つ「拒否権」の範囲の問題、信託統治制度の問題、ソ連構成国の国連加盟問題に関しては関係国の利害が対立し、合意がなされなかった。

1945年2月に開催された「ヤルタ会談」においては、ダンバートン・オークス会議で対立した国連問題に関して、米国・イギリス・ソ連の間で次のような合意が成立した。①安全保障理事会における常任理事国の拒否権の範囲は実質事項に限定し、手続き事項に及ばない。②紛争の平和的解決に係わる採決においては、常任理事国も含めて紛争当事国は棄権しなければならない。しかし、紛争の強制的解決に関しては、当事国は採決に加わる権利を持つ。③ソ連の構成国であるウクライナと白ロシアの国連加盟を認める。④国際連盟の委任統治制度に変えて信託統治制度を設置する。この会談においては、米国・イギ

リス・ソ連が「大国一致の原則」にもとづいて国連を運営することが
確認された。また、このような大国中心主義やソ連への優遇策は、ソ
連の国連加盟を確保するためのものでもあった。

　1945 年 4 月、国際連合の創設のために、サンフランシスコで開催
された「国際機構に関する連合国会議（サンフランシスコ会議）」に
おいて、「国連憲章」の原案が連合国 50 カ国によって討議され、一部
が修正された後に正式に採択された。国連憲章原案のこれらの修正箇
所は次のようなものであった。①憲章の第 1 条で、人民の同権と自決
の原則を尊重する。②憲章第 10 条で、総会は一般的審議権・勧告権
を有する。③憲章第 51 条で、加盟国は個別的・集団的自衛権を有す
る。④憲章第 62 条で、経済社会理事会の権限を強化する。

　こうした修正の①と②は常任理事国となった大国と中・小国との間
の利害を調整するための修正であり、そして修正の①と④は第三世界
諸国の利益を反映するような修正であった。④によって、経済社会理
事会は、条約案の作成や国際会議の招集する権利を有する国連の主要
機関に格上げされた。また、米・ソの対立が激しくなったため、国連
による平和維持機能を阻害するような③の修正がなされることになっ
た。集団的自衛権に基づく武力の行使は、本来は国連の集団安全保障
体制と基本的に矛盾するものであった。

b．国連の設立目的とその役割

　国連憲章の第 1 条に記された「国連の設立目的」の第 1 は、国際の
平和と安全を維持することである。この目的のために、平和への脅威
を除去しまた侵略的行為を阻止するために、国連は集団的措置をとる
ことである。ならびに、平和的手段および正義と国際法の原則に従っ
て、国際紛争を調整また解決することである。設立目的の第 2 は、人
民の同権と自決の原理にもとづいて諸国間の友好関係を発展させるこ
とである。ならびに、世界平和を強化するために他の適当な措置をと
ることである。設立目的の第 3 は、経済・社会・文化・人道的な国際
問題を解決するために、また人種・性・言語・宗教による差別なく総

232

ての人の人権と自由の尊重を促進するために、国際協力を達成することである。目的の第4は、これらの共通の目的の達成に当たって、諸国の行動を調和するための中心となることである。

　上述したような目的を掲げる「国連の重要な役割」は、国際社会におけるフォーラム（討議の場）としての役割であり、同時に国際的な正当性を付与する役割である。国連においては、国連決議の形をとって、加盟国が自国の意見を表明しまた国際的な世論や合意を形成することができる。そして、それらの決議が国際社会における国家の主張や行動に対して政治的な正当性を付与することになる。現実の国際社会においては、アメリカが軍事力・経済力を中心とする強大な強制力を持っており、国連は強制力を持っていない。しかし、そのかわり国連は国際的な合意を形成し、また国際的な正当性を付与するなど「世界的な権威」をもっている。

　他の国連の重要な役割は、国家機能の補完的機能を果たすことである。国連は、特定の国家や国家集団が単独ではなし得ない機能、またそれらの個別利益ではなく、世界的・全人類的な視点に立って果たすべき機能を遂行する。例えば、世界的な平和と安全の維持、世界経済の発展と維持、南北問題の解決、人権や政治的自由の擁護、および世界的環境問題の解決などである。

(2)　**国際連合の組織**

　a．総会（General Assembly）

　国連総会は、国連の最も中心的な機関であり、全ての加盟国から構成される。総会は、国連憲章に定められた全般の問題にわたって討議し、また加盟国や安全保障理事会に対して勧告を行うことができる。総会の決議は、出席しかつ投票する加盟国の過半数によって可決され、さらに重要問題については3分の2以上の多数によって可決される。

　ただし、国連総会の投票権については、ソ連の構成国であるウクライナ、白ロシアも投票権が与えられており、ソ連は実質的に投票権を

３票有していた。

b．安全保障理事会（Security Council）

安全保障理事会は、国際の平和と安全の維持に関して主要な責任を負い、米国、イギリス、フランス、ロシア、中国という５つの「常任理事国」と10の非常任理事国から構成される。非常任理事国は、任期は２年、総会において毎年半数が改選され、再選は許されない。理事会の決定は、手続事項の決定については９理事国の賛成投票によって、その他の事項の決定については、常任理事国の同意投票を含む９理事国の賛成投票によって行われる。安全保障理事会の決定は、全加盟国に対して法的強制力・拘束力を持つ。

このように常任理事国は拒否権を持つが、この拒否権は、国連の創設時にソ連を国連に加盟させるため、および大国の意思を事前に確認するために考案された。

c．経済社会理事会（Economic and Social Council）

経済社会理事会は、経済的・社会的・文化的・教育的・保健的および関連する国際問題について、研究・報告・発議を行い、総会・国連加盟国・専門機関に対し勧告を行う。経済社会理事会は54の理事国から構成される。理事国は、その任期が３年であり、総会において毎年１／３が改選される。理事会の決定は、出席しかつ投票する理事国の過半数によって行われる。

経済社会理事会の具体的な活動は専門機関（Special Agencies）に任せることが多く、専門機関との連携関係を定める協定を締結し、協議や勧告によって専門機関の活動の調整を行う。有名な専門機関として、国際労働機関（ILO）、国連食料農業機関（FAO）、国連教育科学文化機関（UNESCO）、世界保健機関（WHO）、国際通貨基金（IMF）、国際復興開発銀行（IBRD）、万国郵便連合（UPU）、国際電気通信連合（ITU）などがある。

d．国際司法裁判所（International Court of Justice）

　国際司法裁判所は、国連の主要な司法機関であり、国連加盟国間の法律的紛争を処理し、また国連諸機関の法律問題について「勧告的意見」を与える。この裁判所は、15名の裁判官から構成される。裁判官は、その任期は9年であり、総会と安全保障理事会によって3年毎に5名が改選される。裁判所はオランダのハーグに設置されている。

　国際司法裁判所の裁判の当事者になりまた裁判所に提訴できるのは国家だけである。そして、裁判の当事国となるには、予め国際司法裁判所の「裁判管轄権」に同意しておく必要がある。

e．事務局（Secretariat）

　事務局は、中立的な立場から、国際連合の諸機関の日常的事務作業を処理し、また諸機関が決定した活動計画や政策を実施する。事務総長は、総ての会議に出席し、委託された任務を遂行し、また年次報告を行うなど事務機能を統率している。さらに、中立的立場で国際問題において重要な政治的役割を果たし、国際の平和と安全の問題について安全保障理事会の注意を促し、国際紛争の調停を図り、また国連内の加盟国の対立を調整する。安全保障理事会の勧告にもとづいて、5年の任期で総会によって任命される。

　現在の第9代の事務総長は、アントニオ・グテーレス（元ポルトガル首相）が努めている。

⑶　**国連の集団安全保障体制**

a．国際の平和と安全の維持

　国連の安全保障理事会は、国際の平和と安全に関して主要な責任を負う。この問題については、安全保障理事会は総会よりも優越した地位に立つ。他方、総会は、国際の平和と安全に関して2次的な役割しかもたず、安全保障理事会が審議中の問題に関しては審議や勧告ができない。

　国連における国際紛争の解決には、平和的解決と強制的解決とがあ

る。紛争の平和的解決には非裁判的手続（外交的手続）と裁判的手続
（司法的手続）、そして強制的解決には非軍事的措置および軍事的措置
がある。

b．国連による国際紛争の平和的解決

　　加盟国は、国際関係における武力による威嚇やその行使を禁止され
ており、交渉・仲介・審査・調停・仲裁裁判・司法的解決・地域的国
際機関の利用などを通じて、紛争を平和的に解決する義務を負う。加
盟国は、紛争を安全保障理事会や総会に提訴することができる。そし
て、提訴されたこの問題について、安全保障理事会や総会は審議や勧
告を行う。加盟国は、自らが解決できない紛争を安全保障理事会に付
託する義務を負っている。そして、安全保障理事会はこの付託された
問題に関して審議と勧告を行う。

　　しかし、こうした総会や安全保障理事会の勧告は、加盟国に対して
拘束力を持たない。

c．国連による国際紛争の強制的解決

　　安全保障理事会は、平和に対する脅威、平和の破壊、および侵略行
為の存在を決定し、ならびに平和および安全を維持・回復するために
勧告または適切な措置を決定できる。

　　先ず、安全保障理事会は、経済関係や運輸通信手段の中断、および
外交関係の断絶という非軍事的な強制措置をとることを決定できる。

　　次に、安全保障理事会は、非軍事的措置では不十分であると認める
ときには、陸・海・空軍による軍事的な強制措置をとることを決定で
きる。こうした軍事的措置には、軍事力の実際の行使、軍事力による
封鎖や示威行動がある。

　　そして、軍事的措置をとるために特別協定が結ばれる必要がある。
特別協定は、国際の平和および安全の維持に必要な兵力（正式な国連
軍）を編成するために国連と加盟国が結ぶ協定である。この協定で、
加盟国は必要な兵力や援助や便益を安全保障理事会に提供することを

約束する。しかし冷戦の初期に米国・ソ連・イギリスが国連軍の部隊編成について対立したため、特別協定はいまだ結ばれていない。

　国連軍を指揮するための軍事参謀委員会は、常任理事国の参謀総長から構成される。軍事参謀委員会は、国連の兵力の使用に関して安全保障理事会に助言を行い、その戦略的指導に責任を負う。

　そして、国連の強制的解決においてなされる安全保障理事会の決定は、国連の全加盟国を拘束する。

d．国連の集団安全保障体制の問題点

　第1に、安全保障理事会において常任理事国の利害が対立する場合、常任理事国が自国の有する拒否権を行使することによって、安全保障理事会は国際の平和や安全の維持という本来の機能を果たすことができなかった。

　第2に、常設の国連軍を編成するための特別協定が、冷戦による米ソの対立から結ばれなかったため、常設の国連軍が存在しない。常設の国連軍が存在しない場合、必要な軍事的措置が直ちに執られないため、紛争や戦火が拡大し、紛争の被害が増大していく。さらに、こうした場合、武力行使や違反行為の発生を抑止する効果が少ない。

　こうした問題があるために、冷戦期には、国連の集団安全保障体制は十分に機能してこなかった。

⑷　**国連の平和維持活動**

a．平和維持活動（Peace Keeping Operation）

　1956年の「スエズ危機」の際に創設された国連緊急軍が、この紛争の停戦と関係諸国の軍隊の撤退に貢献した。これが平和維持活動の起源である。この活動は国際平和の維持の必要性から経験的に生まれたものであり、国連憲章の中にはこの活動についての明文の規定が存在しない。安全保障理事会だけでなく総会もPKOの派遣を決定できる。

　平和維持活動は、冷戦期の東西対立のために十分に機能しない国連

の集団安全保障体制の代替策として考案された。すなわち、紛争を強制的に解決することが不可能また適切でない場合、国連を象徴する国連軍の存在（プレゼンス）を示すことによって紛争の拡大や再発を防止しようとするものであった。

　平和維持活動は、従来まで停戦（休戦）の監視および兵力の引き離しの監視などが主な活動内容であったが、最近では新たな政府を作るための選挙の管理、および非武装地帯の建設維持、避難民の移動、人道救援活動、インフラの復旧など政府や行政活動の支援や代行なども活動の内容に含まれるようになった。

　平和維持活動の部隊は、一般に、平和維持軍（Peace Keeping Force）および軍事監視団（Military Observer Group）に分類される。前者は武器を携行するが、後者は武器を携行しない。しかし、実際は、国連では軍事監視団も平和維持軍の一部と見なされている。また、平和維持軍は、一般に、紛争当事国と利害関係をもたない中小国から提供された軍隊によって構成される。

　平和維持軍は、紛争の停止後また休戦後に派遣されることが大前提であり、平和維持軍の派遣は受け入れ国の同意を必要とする。そして、平和維持軍は紛争当事者にたいして中立公正であり、武力の行使は自衛の場合に限られる。

　平和維持軍は、これまで 67 件派遣されており、現在（2020.9）は13 件派遣されている。冷戦時代は中東地域が多かったが、冷戦後は中東以外の第三世界地域が多くなっている。

b．平和維持活動の問題点

　平和維持活動は、紛争を未然に防止し、また戦争状態を停止させることを目的とするのではなく、紛争後の停戦を監視し、また紛争の再発を防止するという消極的な活動である。

　また、平和維持軍は自衛の他に武力を行使できないため、紛争当事者の武力の行使や休戦協定違反を阻止できない。

＊活動の費用の増大

	派遣数	兵員数	年間経費
1990／91年	5 個	2 万人	6 億ドル
1992／93年	13 個	8 万人	36 億ドル
1994／95年	16 個	13 万人	60 億ドル
1996年	18 個	2.49 万人	14 億ドル
1997年	18 個	1.49 万人	13 億ドル
1998年	18 個	1.43 万人	10 億ドル
1999年	18 個	1.85 万人	17 億ドル
2000年	13 個	3.78 万人	26 億ドル
2001年	15 個	4.71 万人	35 億ドル
2002年	15 個	3.96 万人	27.7 億ドル
2003年	13 個	3.96 万人	26.3 億ドル
2004年	13 個	4.27 万人	21.7 億ドル
2005年	17 個	6.65 万人	44.7 億ドル
2006年	15 個	7.27 万人	50.3 億ドル
2007年	15 個	8.29 万人	54.8 億ドル
2008年	17 個	8.82 万人	68 億ドル
2009年	16 個	9.34 万人	71 億ドル
2010年	16 個	12.39 万人	78.7 億ドル
2011年	14 個	120,830 人	78.3 億ドル
2012年	16 個	119,334 人	78.4 億ドル
2013年	15 個	115,582 人	73.3 億ドル
2014年	16 個	116,462 人	70.6 億ドル
2015年	16 個	123,729 人	82.7 億ドル
2016年	16 個	101,280 人	82.7 億ドル

＊国連の予算年度は、その年の7月から、翌年の6月までである。

⑸　**国連の平和機能の強化**

　a．国連の平和機能の強化

　　冷戦後の国連においては、世界の平和と安全の問題に関して、国連が積極的な役割を果たすことが期待され、いくつかの提案がなされた。

　　1992 年 6 月、国連のガリ事務総長は「平和への課題（Agenda for Peace)」と題する報告書を提出した。この報告書は、冷戦後の世界において国連主導の国際秩序の確立を目指したものである。この平和構想は、紛争を防止するための「予防外交（preventive diplomacy)」、紛争を強制的に解決するための「平和創設（peace making)」、従来の「平和維持活動（peace keeping operation)」、紛争の再発を防ぐための「平和の構築（peace building)」という 4 つの活動領域からなる。

　　1993 年 5 月、総会の PKO 特別委員会によって作成された「PKO の見直しに関する報告書」が提出された。この報告書では、国連の強制力による平和の実現が期待され、紛争を防止するための「PKO の予防展開」、および紛争の発生に迅速に対応するための「国連待機部隊」の創設が提案されている。

　　このような国連の平和機能の強化によって、国際社会の平和や安全のために国連がより積極的な役割を果すことが期待された。

　b．紛争予防機能の強化

　　冷戦終結後の国連は、紛争の発生を未然に防止するために、様々な対応策によって、紛争に発展する恐れのある国際問題に積極的に介入していった。

　　国連は、「予防外交」の考えにもとづいて、当事国の要請がなくとも、国連派遣団による積極的な調査や情報収集を行い、また対立する国家間の調停や仲裁に乗り出した。また、紛争当事者の要請や同意がなくとも、紛争を防止するために、国連軍や平和維持軍が紛争の発生の恐れのある危険な地域に「予防展開」された。

　例えば、イラク・クェート監視団の派遣に際して、イラクのフセインは同意しなかったが、1991年4月に同監視団は派遣された。また、マケドニアPKOは、1992年12月にマケドニアの同意だけで派遣された。

　国連が常設的な「国連待機部隊」を編成しておくことによって、紛争が発生した場合、紛争に迅速に対応して、初期の段階で紛争の拡大を阻止することができる。また、紛争に迅速に対応できる常設の部隊が存在している場合、その存在自体が紛争の発生を抑止することとなる。

c．平和強制機能の強化

　平和創設の考えにもとづいて、国連が戦闘の停止や武装解除を強制できる武力を保有することによって、国連の力で平和を積極的に創設することが模索された。

　第2次国連ソマリア活動（1993年5月）は、平和維持軍の目的を達成するために武力行使を認められた初めてのPKOであった。また、ボスニア・ヘルツェゴビナにおける国連保護軍（1993年6月）も、任務遂行のために武力の行使を認められた。

　さらに、国連平和執行（強制）部隊の創設も主張された。この部隊は常設国連軍の前段階となるものであり、平和維持軍よりも重装備の緊急展開部隊を事務総長の指揮の下におき、紛争が発生した場合、即座にこの部隊を派遣して平和を強制するものであった。

d．平和再建機能の強化

　紛争の再発を防止するために、平和再建の考えにもとづいて、国連とその加盟国またその他の国際機構が、紛争で疲弊した国家や社会の再建を支援することとなった。

　紛争地域の秩序や平和を回復するために、国連が紛争当事者の武装解除、治安の回復と維持、公共施設や設備の復旧、難民の帰還の支援などを実施する。

　紛争によって崩壊した国家がその機能を回復するまで、国連が国家や政府の機能を代行する。すなわち、国連が、政府に代わって選挙の監視や実施を行い、さらには国連がその国の統治を行う。例えば、1992 年 2 月〜1993 年 9 月に派遣された「国連カンボジア暫定統治機構」がこの種類の平和維持活動である。

e．平和機能の強化の限界

　冷戦の終結後、国連の平和機能は次第に強化されていったが、活動の拡大と共に様々な問題が生じ、機能強化が停滞し始めた。

　一つの原因として、第 2 次国連ソマリア活動が失敗したことが挙げられる。この PKO に参加した米国軍に大きな損害が生じたため、米国は国連政策を転換し、国連を通じての国際平和の維持に消極的になった。その後米国は、PKO に参加を認める条件として、その参加が米国の国益に合致すること、米国の軍隊は国連の指揮下に入らないこと、さらに参加が国民や議会の支持を前提とすることを挙げるようになった。

　また、他の原因として、国連加盟国に課せられた平和維持活動のための分担金の額がもともと少ない上に、分担金を未納している加盟国があるため、平和機能を強化するための財源が不足していることが挙げられる。こうした原因のため、国連は平和維持のための PKF や国連軍を強化できないというのが現状である。

f．国連の平和機能の強化の再検討

　国連における平和機能の強化の動きは一時停滞していたが、冷戦後における地域紛争の多発という状況に直面して、再び、平和維持活動の機能の強化の必要性が認識され、国連において新たな検討課題となっている。

　こうしたなか、アナン事務総長が、2000 年 3 月、国連の平和機能の強化・改革のため「国連平和活動検討パネル（ブラヒミ委員会）」を設置した。そして、2000 年 8 月、同パネルが「国連平和活動検討

パネル報告書（ブラヒミ・レポート）」を提出した。この報告書で
は、平和維持活動の基本的諸原則を尊重することを前提とした上で、
以下のことが提言された。

　平和維持活動の任務遂行を確実にし、また隊員だけでなく他の要員
や民間人の安全も確保する必要があるため、武力行使の権限を明確に
する十分に強力な「交戦規定」を定めるべきである。また、紛争当事
者や武装勢力に対して「実効的な抑止力」を持った軍事部隊を派遣す
るべきである。そして、平和維持活動は「迅速かつ実効的な派遣能
力」が必要であるため、「国連待機制度」を発展させるべきである。
さらに、平和維持活動の活動内容、支援計画、予算、要員及び任務指
令を策定する為の統合的な司令部を創設し、またそれを支援するため
の情報収集・分析などを行う「情報・戦略分析局」を同司令部内に創
設すべきである。

g．人道的介入と保護する責任

　人道的介入（humanitarian intervention）とは、人道主義の理由か
ら他の国家や国際機構が主体となり、深刻な人権侵害などが起こって
いる国に軍事力を以って介入することをいう。

　冷戦後の国際社会で地域紛争が多発しているなかで、大規模な人権
侵害が頻発しているという状況が続いている。そして、侵害されてい
る人権擁護の緊急性が高い場合、受け入れ国や紛争当事者の同意なく
ても、軍事的介入が許されるという考え方が強まりつつある。人々の
人権に対する意識が高まり、人権侵害への国際的関心が強くなってい
ることが、この考え方を後押ししている。

　「保護する責任（Responsibility to Protect）」は、自国民の保護と
いう国家の基本的な義務を果たす能力のない、あるいは果たす意志の
ない国家に対し、国際社会全体が当該国家の保護を受けるはずの人々
について「保護する責任」を負うという新しい概念である。

　従来の人道的介入の考え方には多くの国が抵抗を示していたため、
新たに軍事的・非軍事的介入の法的・倫理的根拠を模索することを目

的に、2000 年 9 月に、「介入と国家主権に関する国際委員会」がカナ
ダ政府の主導で設置された。

　この委員会は、2001 年に「保護する責任」と題する報告書（ICISS
報告書）を発表した。この報告書のなかで、国民を保護する主要な責
任はその国家自体にあるが、そうする意図や能力に欠ける場合は、
「国際的な保護を行う責任」が内政不干渉の原則に優先するという考
え方が明確化された。

　この概念の基本原則が 2005 年 9 月の国連首脳会合において認めら
れた。この会合では、国家による保護が機能しない場合には、国連憲
章に則り、安全保障理事会を通じて集団的行動をとる用意があること
を認めた内容の成果文書が採択された。さらに、この原則は 2006 年
4 月の安全保障理事会において再確認された。これによって、国連
は、国際法的ではないにせよ少なくとも政治的には「保護する責任」
にもとづき、国家主権への人道的介入を認めたことになる。

　保護する責任の遂行に際しての「軍事介入の原則」は、以下のよう
なものである。第 1 に、大規模な人道的危機が実在または急迫してい
るという「正当な根拠」が必要とされる。第 2 に、軍事介入の「注意
原則」として次のものが挙げられている。①軍事介入の主要目的は人
間への迫害の停止または回避でなければならないという「正当な意
図」が存在する。②軍事介入は、総ての非軍事的手段が追求された
が、それらが成功しないと考えられる合理的な根拠があって、初めて
とられる「最後の手段」として正当化される。③軍事介入の規模、期
間、強度は、人間の保護の目的のために必要で最小限のものであると
いう「手段の均衡」が存在する。④軍事介入の成功の合理的勝算があ
り、また干渉前よりも事態が悪化しないという「合理的見通し」が存
在する。第 3 に、軍事介入に対して国連安全保障理事会という「正当
な授権者」が存在する。第 4 に、軍事介入の「作戦行動原則」のなか
に、上述した介入原則の内容が具体化されている。

　現在の国連において、上述したような平和機能の強化が模索されて
いるが、平和維持活動に対する米国の消極化、また活動経費の増大に

244

よる財政難という問題が立ちはだかっているため、こうした平和機能
の強化案は国連改革に十分に反映されていない。

(6) 国連の機構改革
a．安全保障理事会の理事国の定数の拡大
　安全保障理事会の創設時における理事国の定数は、常任理事国5カ
国と非常任理事国6カ国の11カ国であった。現在の定数（1965年以
降）は、常任理事国5カ国と非常任理事国10カ国の15カ国である。
非常任理事国は、アフリカから3カ国、アジア・西欧・中南米の各地
域から2カ国、東欧から1カ国選出される。
　その後、国連の加盟国が増大したが安全保障理事会の理事国の定数
は拡大しなかったため、現在の理事国の定数では世界全体の意見や利
害が十分に反映されていない。さらに、現在の理事国の多くは大国で
あるため、理事会には中・小国の利害が反映されておらず、理事会の
大国中心主義に対して批判が高まっている。
　国連においては、理事国を20〜25カ国にすることで合意ができて
いる。

b．常任理事国の定数の拡大
　経済大国となった日本・ドイツに対して、常任理事国となることで
国際社会において相応の責任や義務を果たすことが望まれている。他
にも、人口大国となったインド・ブラジルなども安全保障理事会の常
任理事国となることに意欲を見せている。
　中国以外の常任理事国は欧米の大国であり、欧米中心主義への批判
がある。また、地域的な意見や利益を代表する必要性から、アジア・
アフリカ・中南米にも常任理事国としての議席を配分すべきであると
いう意見がある。
　常任理事国の具体的な候補国として、日本、ドイツ、インド、ブラ
ジル、エジプト、ナイジェリアなどの地域大国が挙げられている。

c．日本の常任理事国入りの問題

　日本政府は、日本が常任理事国となることで、安全保障理事会の代表の正当性および機能の実効性を向上させることが必要であると主張する。すなわち、理事国や常任理事国の構成が今日の国際社会の現実をより正確に反映することで、安全保障理事会を国際社会を代表する組織としてふさわしいものにすべきである。また、国際の平和と安全の維持に主要な役割を果たす意思と能力のある国が常任理事国となり、常に安保理の意思決定に参加するべきである。

　同時に、日本政府は、日本が常任理事国入りすることで生まれる利点を次のように主張する。常任理事国として、日本の国益に直接関係のある国際の平和と安全の維持に係る諸問題について、日本の利益を実現していくことが可能となる。また、国際社会に対する日本の貢献（世界第 3 位の国連分担金や第 5 位の ODA 支出）に見合った地位と発言力を得ることができる。そして、常任理事国として、国際情勢に関する情報が集中する安全保障理事会で、日本の安全保障と密接に関連する情報を常に迅速に入手できる。さらに、国連による種々の課題への意思決定に参画することにより、国際の平和と安全の維持において、日本がより建設的な役割を果たすことが可能になる。

　他方で、世界各国は日本が常任理事国となることに次のように考えている。中国、韓国、北朝鮮などの東アジア諸国は反日感情から、日本が常任理事国になることに反対している。特に中国は、日本が常任理事国になることで、中国がアジアで唯一の常任理事国であるという立場が失われるので、現在の地位の低下を恐れる。他のアジア諸国は、日本が常任理事国になることを基本的に支持している。日本が常任理事国になれば、アジアの利益をより多く代弁することが可能となると考えている。

　安全保障理事会の現常任理事国は、日本とドイツを常任理事国にさせることで国連における両国の財政負担の増大を求めている。しかし、現常任理事国は、両国の理事会における発言力の増大を極力抑えるため、両国が拒否権なしの常任理事国となることを望んでいる。

　日本が常任理事国となった場合、常任理事国の義務や責任として日本が平和維持軍や多国籍軍に参加を求められることになる。日本の海外派兵の問題は、軍隊の保持や武力行使を禁止する日本国憲法の9条と抵触することになる。

d．安全保障理事会の拒否権の問題

　拒否権による安全保障理事会の機能不全を回避するために、様々な方法が模索されている。一つは、常任理事国が有する拒否権を廃止して、安全保障理事会の採決方法を多数決方式にするという「拒否権の廃止」案である。次に、常任理事国の一カ国が拒否権を行使するだけでは拒否権は有効とならず、二カ国以上が拒否権を行使した場合に始めて拒否権が有効と認められる「二カ国拒否権制」案である。

　また、新たな常任理事国に拒否権を与えるべきか否か問題となっている。新たな常任理事国が安全保障理事会に誕生した場合でも、その常任理事国には拒否権は与えられず、新しい常任理事国は拒否権を保有しない常任理事国となる可能性が高い。

e．敵国条項の問題

　国連憲章のなかには、第2次世界大戦のとき、アメリカ・イギリス・フランス・ソ連・中国などの連合国の敵であった「敵国」についての条項が残っている。具体的には、国連憲章成立時に連合国の敵であった、日本、ドイツ、イタリア、ルーマニア、ブルガリア、ハンガリー、フィンランドなどを指す。

　憲章107条では、戦後処理のために、連合国が旧敵国に対してとった措置（例えば講和条約など）は、無効また排除されないと規定されている。また、憲章53条では、地域的取り決め（集団防衛）に基づいて、安全保障理事会の許可なしに、旧敵国の侵略政策の再現を防止するための強制行動を取ることができると規定されている。

　これらの敵国条項は、現在の国連の実情にそぐわなくなったために削除されるべきであるという意見が強まっている。そのため、第50

回国連総会（1995）では、これらの敵国条項を削除するための協議を
開始すべきことを決定したが、残念ながら、いまだその協議は開始さ
れていない。

f．ハイレベル委員会報告書

　冷戦後の国際社会において、民族・宗教・資源・国境などに起因す
る様々な地域紛争が多発した。こうした平和と安全保障の分野で世界
が直面する新たな脅威と挑戦を検討し、国連による集団的対応につい
て勧告をおこなう諮問機関としてハイレベル委員会（「脅威・課題と
変革に関するハイレベル委員会」）が 2003 年 11 月に発足した。そし
て 2004 年 12 月に、同委員会は、アナン事務総長に「より安全な世
界：我々の共有する責任」という報告書を提出した。

　この報告書のなかで、安全保障理事会の改革が勧告されていた。そ
こには、モデルAとモデルBの二つの改革案が示されていた。モデル
Aは、「拒否権を持たない常任理事国」を新たに 6 カ国創設し、また
任期 2 年で非再選の非常任理事国を新たに 3 カ国増設するという案で
ある。モデルBは、任期 4 年で連続して再選可能な「準常任理事国」
を新たに 8 カ国創設し、任期 2 年で非再選の非常任理事国を新たに 1
カ国増設するという案である。新常任理事国や準常任理事国の候補国
は明記していないが、日本、ドイツ、インド、ブラジルなどが有力と
されている。

　また、この報告書の中では、現在の拒否権の問題への勧告もなされ
ている。そこでは、拒否権について、安全保障理事会の機能不全を回
避するために、「他の理事国すべてが賛成すれば拒否権は無効」とす
べきであると提言している。すなわち、安全保障理事会の拒否権は 2
カ国以上が行使しなければ、有効とならないとしている。

　このようにハイレベル委員会による報告書は、様々な国連改革を勧
告しているが、前出の報告書と同様に未だに国連改革に十分には反映
されていない。

g．国連の財政危機

　国連の予算として、ニューヨークの本部および世界に散らばる国連
事務局と現地事務所の活動費用を賄う通常予算、および世界の平和維
持のための活動資金を賄う平和維持予算という2種類の予算がある。
国連加盟国は、各国の支払能力、国民所得および人口に基づいて決定
された分担割合にしたがって、通常予算の分担金を拠出する。そし
て、平和維持活動の分担金は通常予算と同様の基準によって決定され
拠出されるが、安全保障理事会の常任理事国にはさらに追加資金が課
される。また、国連と連携する専門機関は、国連から独立した国際機
関となっているので、その機関の加盟国から独自に予算の資金を集め
ている。

　2018-19年期の2年間の予算は53億3630万ドルであった。アメ
リカなどが国連は予算を無駄に消費していると批判しているが、国連
が世界の平和の維持や世界の経済・社会の発展のために貢献している
ことを考えれば、国連の予算規模は国家の政府や地方政府などの予算
額と比べると少なすぎる。ただし、国連と連携する専門機関に充当さ
れる予算の合計は、国連の通常予算の約5倍に達する。

＊通常予算の各国分担率（単位：％）

年	米	日	独	英	仏	伊	加	中	露
1994	25.00	12.45	8.93	5.02	6.00	4.29	3.11	0.77	6.71
1997	25.00	15.65	9.06	5.32	6.42	5.25	3.11	0.74	4.27
2000	25.00	20.573	9.857	5.092	6.545	5.437	2.732	0.995	1.007
2001	22.00	19.629	9.825	5.568	6.503	5.094	2.573	1.541	1.200
2004	22.00	19.468	8.662	6.127	6.030	4.885	2.813	2.053	1.100
2007	22.00	16.624	8.577	6.642	6.301	5.079	2.977	2.667	1.200
2010	22.00	12.530	8.018	6.604	6.123	4.999	3.207	3.189	1.602
2013	22.00	10.833	7.141	5.179	5.593	4.448	2.984	5.148	2.438
2016	22.00	9.680	6.389	4.463	4.859	3.748	3.207	7.921	3.088
2019	22.00	8.564	6.090	4.567	4.427	3.307	2.743	12.005	2.405

＊国連の通常予算の増大（単位：万ドル）

1946 年	1,939	1964 年	10,133	1990-91 年	197,463
1947 年	2,774	1965 年	10,847	1992-93 年	238,932
1948 年	3,483	1966 年	12,157	1994-95 年	258,020
1949 年	4,349	1967 年	13,031	1996-97 年	260,827
1950 年	4,964	1968 年	14,043	1998-99 年	253,233
1951 年	4,780	1969 年	15,492	2000-01 年	253,569
1952 年	4,810	1970 年	16,842	2002-03 年	262,518
1953 年	4,833	1971 年	19,215	2004-05 年	316,000
1954 年	4,783	1972 年	21,312	2006-07 年	417,400
1955 年	4,696	1973 年	22,592	2008-09 年	417,136
1956 年	4,857	1974-75 年	54,047	2010-11 年	541,000
1957 年	5,082	1976-77 年	74,581	2012-13 年	539,330
1958 年	5,506	1978-79 年	98,591	2014-15 年	580,900
1959 年	6,080	1980-81 年	124,779	2016-17 年	540,200
1960 年	6,315	1982-83 年	150,624	2018-19 年	533,630
1961 年	7,297	1984-85 年	158,716		
1962 年	8,214	1986-87 年	166,334		
1963 年	9,391	1988-89 年	176,959		

　国連の大きな目的の1つは国際連盟と同じく国際の平和と安全の維持にある。しかし、国際経済問題の解決や人権保障の推進などを、平和の建設に密接にかかわるものとして活動目的に掲げている点が連盟と異なる。とはいえ、国連は世界政府ではなく、加盟国に命令を発する権限は持たない（例えば総会決議なども、内容的にいかに重要であれ、加盟国が順守の義務を負う国際法規だとはみなされていない）。あくまでも加盟国の主権を尊重した上で、諸国の行動を調和させるための中心となることが目的である。国際社会のグローバル化が高まる

なかで国連の存在はいまや不可欠になっている。ただし、国連は主権
平等原則にもとづいて、総会では国の大小にかかわらず一国一票制を
とっているため、財政の分担率の低い国々が主導権を握っていること
に対して、一部の先進国の間には強い不満もみられる。

第18章

南　北　問　題

⑴　南北問題の意味

　現在、先進工業諸国においては経済・社会の発展が大きく進み、人々
は非常に豊かな生活を送っている。しかし、世界では、とりわけ発展途
上諸国においては、多くの人々が貧困や飢餓に苦しんでいる。「グロー
バル化」、すなわち社会の様々な領域の地球的規模での統合が進み、ま
た国際的に経済的相互依存が深まっている現代においては、南北間の格
差や対立を解決することは、国際社会の重要な課題となっている。

a．南と北の国々

　世界には多くの国々があるが、それぞれの発展段階や立場によっ
て、次のように分類される。「南側諸国」とは発展途上諸国のことを
指し、これらの多くが南半球に位置しているためにこのように呼ばれ
る。「北側諸国」とは主に地球の北半球に位置する先進工業諸国をい
う。また、「第三世界」とは、冷戦期において西側陣営の先進国であ
る第一世界また東側陣営の先進国である第二世界に属していなかった
国々を指しており、この言葉も発展途上諸国とほぼ同義である。そし
て、「第四世界」とは、発展途上国の中でも特に発展の遅れた後発発
展途上国のことを指す。国連開発計画委員会の基準によれば、一人あ
たりの国民総所得（GNI）の3年間の平均が992ドル以下の国々のこ
とである。

b．南北問題

　「南北問題」とは、南側諸国と北側諸国との間に存在する大きな経

済格差、そしてこれに起因する南側諸国内の社会的・文化的問題、さらにこれらの問題を解決する過程で生じる南北間の対立・緊張関係をいう。たとえば、南側諸国における経済発展の遅れ、人口抑制問題、食料自給問題、教育問題、環境汚染、南側諸国からの輸出の拡大の必要性、天然資源の恒久主権の保障、北側諸国からの開発援助（資金・技術・人的援助）の拡大、そして北側諸国からの累積債務などの問題などがあげられる。

　この南北問題という名称は、イギリスのロイズ銀行会長のオリバー・フランクス（Oliver S. Franks）が1959年に「北の先進工業諸国と南の低開発地域との関係は、南北問題として、東西対立とともに現代世界の当面する二大問題である。」と主張して以来、定着した言葉である。

⑵　**南北間の格差**

　a．経済格差の状況

　　＊南北間の所得の偏在

	人口〔億人〕	国民総所得〔億ドル〕	一人当り所得〔ドル〕
南側諸国	61.60（83.84％）	277,777（35.82％）	4,510
北側諸国	11.87（16.16％）	497,773（64.18％）	41,932
世界全体	73.47	775,550	10,552

・南北間の一人当たりの所得格差は約9：1となっている。

〔World Development Indicators 2017〕

　　＊実質 GDP の年間成長率

	1971〜80	1981〜90	1991〜2000	2001〜2011
世界全体	3.7％	3.0％	2.6％	2.7％
先進工業国	3.5％	3.1％	2.5％	1.6％
発展途上国	5.0％	2.6％	3.2％	6.4％
東アジア・太平洋	6.7％	7.3％	7.7％	9.4％
南アジア	3.1％	5.7％	5.2％	7.3％

ラテン・アメリカ	5.9%	1.1%	3.3%	3.9%
東欧・旧ソ連諸国	3.9%	1.7%	−1.7%	5.2%
中東・北アフリカ	7.0%	2.5%	3.2%	4.7%
サハラ以南のアフリカ	3.5%	1.7%	2.2%	4.9%

〔Global Economic Prospects, & World Development Indicators〕

＊国民一人当りの所得の年間成長率

	1971〜80	1981〜90	1991〜2000	2001〜2011
世界全体	1.8%	1.3%	1.2%	1.5%
先進工業国	2.6%	2.5%	1.8%	1.1%
発展途上国	2.9%	0.7%	1.7%	4.6%
東アジア・太平洋	4.6%	5.6%	6.4%	7.7%
南アジア	0.7%	3.6%	3.3%	5.4%
ラテン・アメリカ	3.3%	−0.9%	1.7%	2.2%
東欧・旧ソ連諸国	2.9%	0.6%	−1.8%	4.2%
中東・北アフリカ	4.0%	−0.6%	1.2%	2.6%
サハラ以南のアフリカ	0.7%	−1.1%	−0.2%	2.1%

〔Global Economic Prospects, & World Development Indicators〕

b．南側諸国の経済発展の遅れの原因

　南側諸国の経済発展が遅れている要因の一つは、経済発展に必要とされる十分な資本や技術の蓄積がないことである。近代以降、ヨーロッパ諸国による植民地支配によって経済・社会の発展が阻害されたため、独立した後も経済発展が進まず、資本の十分な蓄積がない。また、国内における教育・訓練施設が不足しているため、高度な技術を持つ技術者が少なく、労働者の質が低い。

　次に挙げられる要因としては、経済発展に必要な産業基盤の整備が不充分なことである。国内における交通網（道路や鉄道）、通信網（電話・無線）、港湾設備などの社会基盤が不十分であり、また水や電力の資源が不足している。

　そして、南側諸国の多くが政治的・社会的に混乱していることも、

経済発展を阻害する要因として挙げられる。発展途上諸国の国内において、民族対立、部族対立、宗教対立、天然資源をめぐる対立、またイデオロギー対立が存在し、これらが経済発展を阻害している。

さらに、前近代的な社会制度の存続も経済の発展を妨げている。たとえば、ラテン・アメリカやフィリピンなどにおいて、自作農の発展を妨げる大土地所有制が残っている地域もある。そして、インドのカースト制度、またイスラム諸国における女性差別の社会制度など、前近代的な身分制度がいまだに存続している。

最後に、経済発展を阻害する要因として挙げられることは、植民地時代の貿易体制が存続していることである。南側諸国は植民地時代に原料供給地および商品市場として位置づけられ、付加価値の少ない産業を維持することを強制されていた。植民地から独立した後も、南側諸国にとって不利益な従来からの分業体制や交易条件が存続しているため、現在でも低開発の状態が続いている。たとえば、一次産品の栽培およびモノ・カルチャー（単一栽培）が存続しており、また貿易や通商における不等価交換が存続している。そして、未だに旧宗主国によって外国為替が管理されている国もある。

c．南南問題

南南問題とは、南側諸国内部における経済格差の拡大から生じる問題である。1970年代以降、原油価格の上昇によって産油国が富裕化し、また新興工業経済地域や東アジア諸国が目覚ましい経済発展をとげた。しかし、発展途上諸国のなかでも、資源の乏しい国また資金力や技術力のない国は、自力で経済発展できずに取り残されてしまった。その結果、南側諸国の内部で産油国や新興工業経済地域とそうでない国々との間に経済格差が拡大した。南側諸国のなかで、こうした経済発展に取り残された国々を「後発発展途上国（または最貧国）」と呼ぶ。

d. 社会的問題

　南側諸国において、急激な人口の増加が大きな社会的問題の一つと
なっている。南側諸国のなかでも、人口過密なアジア地域だけでなく
にアフリカや中東地域の人口増加が激しいため、これらの地域では人
口を抑制するための方策が必要である。これに対応するため、中国で
は一人っ子政策が、インドでは避妊手術（政府支援）が実施されてい
た。また、アフリカや南米では、都市部への移住や農地の放棄によっ
て、逆に人口過疎が問題となっている地域もある。

＊世界の人口増加率

	1970 年代	1980 年代	1990 年代	2000 年代	2010 年代の予測
世界全体	1.9%	1.7%	1.4%	1.2%	1.1%
北側諸国	0.9%	0.6%	0.7%	0.7%	0.4%
南側諸国	2.0%	1.9%	1.6%	1.3%	1.2%

　上述の人口増加の問題と係わって食糧問題も、南側諸国における大
きな社会的問題の一つとなっている。南側諸国では、大土地所有制で
大地主の利益が重視されており、コーヒー・紅茶などの輸出用の熱帯
作物が単一栽培されている。しかし、南側諸国の農業生産の技術・設
備が悪く、著しい人口増加に国内での食料生産が追いつかない。ま
た、世界全体としては、100 億の人口を養えるだけの食糧の生産量が
あるが、南側諸国の人々に購買力がない。他方で、北側諸国では、生
産された穀物の多くが家畜の飼料にされている。

　南側諸国における教育問題も、大きな社会問題である。国内に十分
な教育施設が存在せず、義務教育制度も不充分である。そのため、貧
困な家庭の多くは子供を学校に通わせることができず、支配階級など
の富裕な人々だけが教育を受けられる。十分な教育を受けられない貧
困層の人々は、知識や技術がないため、高収入の仕事に就くことがで
きない。また、貧困と無教育との悪循環が生じており、多くの人々は
貧困から抜け出せず、国内での階級・身分の固定化が存続している。

したがって、国民全体の教育レベルが向上せず、高度な知識や技術を要する産業の近代化や発展が困難となっている。2014年の時点では、途上国の識字率は、ギニアが25.3％、ベナンとニジェールが28.7％、マリが33.4％、チャドが35.4％、エチオピアが39.0％、セネガルが49.7％、バングラディシュが57.7％、コートジボアールが56.7％、ネパールが57.4％、パキスタンが54.9％、イエメンが65.3％、モロッコが67.1％である。

(3) 南北問題の分析枠組

a．近代化論

　ウォルト・W・ロストウ（Walt W. Rostow）は、彼の唱える経済発展段階論において、総ての社会・国家は以下の五つの段階を辿って発展していくと主張している。第1段階の「伝統的社会」は、制約された生産技術のもとで生産がおこなわれ、労働生産性も低い社会である。第2段階の「離陸のための準備期」は、進んだ技術が出現しはじめ、経済発展への離陸（take-off）のための制度的・思想的枠組みが準備される時期である。また、この時期に発展に向けた資本・技術の蓄積がおこなわれる。第3段階の「離陸期」は、貯蓄率が上がりそれが資本形成に回されて投資率が高まり、高度成長を遂げる主導的産業が表れ、近代的な政治・社会・経済制度の枠組みが出現する時期である。第4段階の「成熟への前進期」は、重化学工業などの主導的産業が次々にあらわれ、経済成長が全分野に及ぶ時期である。第5段階の「高度大衆消費時代」は、大衆の所得水準が更に上昇して消費が多様化し、そして消費の対象が従来の必需品から耐久消費財やサービスへと向かう時期である。

　このように、発展途上国が経済発展を遂げ、そして「離陸」するためには、国内での前近代的な社会や産業を変革して、資本・技術の蓄積や近代的産業の育成が必要となる。そのために、先進国が途上国に資本・技術の開発援助を積極的におこなうことが南北問題の解決となると、近代化論において主張される。

　こうしたロストウの近代化論にもとづき、1961 年に開かれた第 16
回国連総会において、1960 年代を「国連開発の 10 年」と指定し、国
連加盟国および国連関係機関が協力して、発展途上国の経済開発にあ
たり、その GNP の成長率を年率５％まで引き上げることを確認し
た。また、同時に途上国の要求に基づき国際貿易・開発問題に関する
国際会議開催を検討する決議を採択した。

　国連開発の 10 年の宣言を受けて、1964 年に国連貿易開発会議
（UNCTAD）が国連総会の補助機関として設立され、発展途上国の
経済開発と貿易の促進について協議するための重要な会議となった。

＊ロストウの経済発展段階論

発展段階

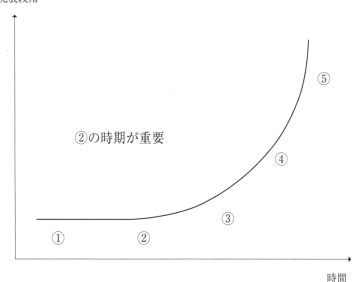

時間

　しかしながら、ロストウの経済発展段階論には、大きな問題点が
あった。彼の理論では、経済や社会の発展の方向性がアメリカ的な自
由主義・資本主義的価値観にもとづいた工業社会・大衆消費社会を目

指すものとなっており、総ての社会（国家）が同一の発展段階を辿ることが前提とされていた。そして、経済発展が国内的問題として捉えられており、植民地時代からの国際的分業体制などの経済関係が考慮されていないため、途上国の低開発の分析が不十分なままであった。また、第三世界の共産主義化の阻止および自由主義勢力の拡大というイデオロギー的性格を持っていたため、これに対抗した東側陣営も援助を積極化させ、東西間の援助競争が生じた。

b．中心・周辺理論

　ラウル・プレビッシュ（Raul Prebisch）が唱える「中心・周辺理論」の骨格は「一次産品交易条件の長期的悪化」説である。19世紀以来の国際分業体制の進展の中で、中心である先進工業諸国によって、周辺である発展途上諸国は一次産品への特化を強いられた。特化された一次産品は、工業製品と比べて付加価値が低くて、発展途上諸国にとって利益が少ないものであった。さらに、一次産品は、年毎の国際的需要や作柄の変化によって価格の変動が激しく、また途上国に不利な形で交易が行われるため、その価格が下落しやすい。その結果、周辺である発展途上諸国は、非工業化や低収益を強いられて、低開発状態が続いた。

　1964年、「プレヴィッシュ報告」が、南北問題の解決策として第一回国連貿易開発会議に提出された。この報告においては、現在の中心と周辺の間の国際分業体制を批判して、周辺国の近代的工業化を促進することによって、南側の経済発展を達成すべきであると主張されている。より具体的には以下のことが提案されている。第1に、一次産品価格を安定させるため、これを保障する国際協定を南北間で結ぶ。第2に、途上国は、外国の工業製品に対する高関税や輸入制限によって国内市場を保護しながら、自国の工業化を促進する（輸入代替工業化政策）。第3に、先進国は、援助によって途上国の工業化を支援し、途上国の工業製品に対して特恵関税などを付与することで、国内市場を開放する。

　しかし、この中心・周辺理論にも様々な問題点があった。理論自体の問題点としては、南北問題の原因を、先進工業諸国による発展途上諸国の植民地化およびその後の不利益な国際分業体制の継続によるものとして、総て国際的問題に帰していることである。

　プレヴィッシュ報告のなかにも問題があった。途上国の工業化において必要とされる工業技術が、先進国からの移転に依存していることである。途上国が工業化のために機械や資材の輸入を増大したために、途上国の貿易赤字が増大し、国際収支が悪化してしまった。また、外国資本の流入が増加したことによって、途上国の対外債務が増加した。さらに、先進国の多国籍企業が途上国の国内市場に参入して、途上国の経済を支配するようになった。その結果、途上国の低開発性が改善されず、逆に、先進国への資本的・技術的・経営的従属がかえって構造化されてしまった。

c．従属論

　「従属論」は、1960年代末から1970年代にかけて、ドイツ生まれの歴史経済学者のアンドレ・グンダー・フランク（Andre Gunder Frank）やエジプトの経済学者であるサミール・アミン（Samir Amin）などによって次の様に主張された。

　世界システムとしての資本主義経済のなかで、周辺諸国（サテライト）は、その経済的余剰を中心諸国（メトロポリス）によって常に搾取されており、常に低開発な状況におかれる。逆に、中心諸国は、周辺諸国から経済的余剰を吸収し、資本を蓄積することによって経済的に発展する。また、16世紀以来の世界資本主義経済の発展の過程で、周辺諸国は、中心諸国を頂点とする経済的な支配・従属関係の中に組み込まれてしまった。これは途上国の低開発は、独占的な収奪性および支配性をもつ資本主義世界経済の発展の結果であり、このような不公正・不平等な経済関係を変革し、新たな国際経済秩序を築かねばならない。この理論はマルクス主義的な観点から南北問題を見ており、南北問題は近代化論がいうように国内経済の発展の遅れだけの問題で

もなく、また中心・周辺理論がいうように植民地化や国際分業体制だけの問題でもなく、資本主義世界経済の発展それ自体の結果であるとしている。

　1970年代前半から、「資源ナショナリズム」の高揚とともに、発展途上国は、自国の経済的自立のために、これまで外国資本によって開発・運営されていた天然資源を自国が開発・処分する権利、すなわち「天然資源に対する恒久的主権」を主張するようになった。たとえば、石油輸出機構（OPEC）は石油の供給制限や原油価格の引き上げをおこない、また他の途上国は輸出相手国との取引を有利にするために食料や鉱物資源の生産国同盟を結成するようになった。このような経緯により、途上国政府が外国企業の経営に参加し、さらにそれらの企業を「国有化」していった。

　1974年4月の国連資源特別総会では、「新国際経済秩序（NIEO）の樹立・宣言および行動計画」が決議された。途上国は、これまで先進国中心であった国際経済の決定過程に平等に参加することによって、公正な国際経済秩序を樹立することを目指すことを宣言した。この宣言の主な原則は、①国家間の主権の平等、領土不可分、そして内政不干渉にもとづく新国際秩序を形成する、②途上国の天然資源の恒久主権を確立する、③途上国は価格決定権を高めるために生産国同盟を結ぶ、④先進国は、途上国に対し市場を開放し、また不利な交易条件を改善するなど、貿易における特恵的待遇を供与する、⑤先進国は、途上国に対し、一層の開発援助を行う、⑥途上国の輸出する一次産品の価格を輸入する工業製品の価格にスライドさせて引き上げる公正価格制度を設置する、⑦多国籍企業の途上国における活動を規制する、というものであった。

　しかし、この従属論にも様々な問題点があった。この理論自体の問題点としては、発展途上国の低開発の原因の総てを資本主義世界経済システムに帰していることである。また、世界経済の資本主義的関係の不公正を問題にしているため、発展途上国内の経済的・社会的不公正（格差）の問題がなおざりにされている。そして、途上国におい

て、未だに前近代的な社会構造が存続していることも無視されている。

　NIEO宣言自体にも問題点があった。この宣言は、先ず、従属論と同様に、途上国の低開発の国内的要因を無視している。そして、経済や社会の発展や開発の方向性が先進国を模倣しているため、工業化や経済成長を重視し過ぎている。さらに、北側諸国が大きな犠牲を払う内容であり、このため北側諸国はこの宣言に抵抗したり、軽視したりしている。

　また、時間の経過と共に別の問題が生じ始めていた。すなわち、NIEs諸国の工業化の成功、およびアラブ産油諸国の富裕化によって、南側諸国内部が分裂し、南側の主張が弱まったことである。

(4)　南北問題の展開

a．南側諸国の累積債務の増大

　「対外債務」とは、ある国の政府や民間企業などが外国の政府や金融機関などから借り入れた国際的な負債であり、すなわち他国からの借金を返済する義務である。公的な債務として、先進国政府の政府開発援助（ODA）、国際復興開発銀行（IBRD）、国際通貨基金（IMF）などの融資による債務がある。また、民間の債務として、一般の民間銀行を通じた融資による債務がある。

　対外債務が世界的に累積した理由としていくつかの原因が考えられる。先ず、発展途上国政府が工業化および産業基盤整備などの国内投資に必要な資金を海外から借り入れることを望んだ。そして、1970年代のオイル・ショックによって生じた大量のオイル・マネーが先進国の民間銀行に預けられて、これらの民間銀行では多額の資金がだぶついたため、銀行は途上国に過大な資金を課しつけた。さらに、先進国政府も民間の金融機関から借り入れて、途上国に融資をした。

　他方で、オイル・ショックによって世界経済が停滞したため、発展途上諸国の輸出が減少し、途上諸国の経済も1970年代末から停滞期に入り、このため途上国の債務の返済能力が低下した。また、この

ショックにより、石油価格が上昇したために、途上諸国は石油代金の支払いの負担も増大した。さらに、アメリカの高金利政策により世界的に金利が上昇したため、発展途上諸国は利子支払いの負担も増大した。その結果、債務の返済金額が莫大なものとなり、債務の返済が実質的に不可能になった。

発展途上諸国のなかでも、中南米諸国は債務の返済において危機的状況にあった。1982年8月、メキシコが債務危機に陥り、債務の返済猶予の宣言を行った。これに続いて、ペルー、ブラジル、アルゼンチンなどの重債務国も返済猶予の宣言を行ったことから、累積債務問題は国際金融システム全体に係わる重大な問題に発展した。すなわち、こうした債務国の返済不履行によって、融資を行った多くの民間銀行が経営破綻に陥り、さらに世界的な金融危機が生じる恐れが生じた。

＊発展途上国の累積債務総額

世界の債務総額は、1980年代、1990年代と増大の一途をたどり、一時的に増加が止まったが、近年になって再び増大している。

〔単位：億ドル〕

1981 年	7,510	1996 年	20,450	2002 年	23,590
1986 年	11,470	1997 年	21,070	2003 年	25,818
1991 年	13,510	1998 年	23,218	2004 年	27,557
1993 年	17,775	1999 年	23,457	2005 年	25,770
1994 年	19,693	2000 年	22,839	2006 年	28,020
1995 年	19,903	2001 年	22,807	2007 年	34,220

〔International Debt Statistics〕

世界の対外債務の総額は、1980年代、1990年代と増大の一途を辿り2兆300億ドルを超えることになった。そして、2000年代に入り一時的に増加が止まったが、近年になって再び増大し、7兆8000億ドルまでになっている。

　対外債務残高の多い国として、メキシコ、ブラジル、アルゼンチン、ポーランド、ハンガリー、ロシア、トルコ、インド、フィリピン、タイ、マレーシア、インドネシアなどが挙げられる。対外債務の累積額が大きいだけでなく、その国の輸出額やＧＮＰに対する債務額の割合が大きい場合、債務の返済がその国の経済的能力を超えることになり、債務の返済が実質的に困難となる。ここでは、ブラジル、アルゼンチン、トルコ、インドネシアなどが、これに該当する。

b．累積債務問題の解決
　こうした危機的状況に直面して、累積債務問題の解決のために、様々な対応がなされた。
　1985年の国際通貨基金・世銀総会において、アメリカのベーカー（James A. Baker）財務長官が債務国救済のための提案をおこなった。この提案は、債務国の経済成長をはかることによって、債務問題を解決しようとするもので、そのために債務国に対して国際機関や民間銀行からの資金供給を拡大しようとするものであった。
　1989年に、アメリカのブレイディ（Nicholas F. Brady）財務長官は、債務危機を回避するために、債務国の債務残高の削減を目指した以下のような案を提唱した。第1に、対外債務の元本や利子の一部を削減し、また債務の返済期限を繰り延べすることで、途上国の返済能力を向上させること。第2に、途上国政府に対して構造調整計画にもとづく厳しい財政運営や経済政策を義務付け、また残りの債務を確実に返済させること。第3に、IMFが途上諸国に対してさらに新規（追加）融資をすることで、途上国の返済能力を向上させる。
　この提案には、メキシコ、ベネズエラ、フィリピン、ブラジル、アルゼンチンなどが合意した。また、債務国への救済策がとられて危機は一応回避されたが、アフリカや中南米諸国を中心として今もなお債務返済に苦しんでいる国は多い。
　近年、発展途上諸国への投資や救済資金が減少する傾向があった。1970年代以降、先進諸国の経済が停滞局面に入ったため、先進国政

府の財政的余裕がなくなってきた。冷戦終了後の 1990 年代には、先進国が東欧への援助を優先し、発展途上諸国よりも東欧諸国に融資するようになった。しかし、2000 年代に入って、米国やドイツが ODA を積極的に実施し、発展途上諸国への融資は再び増加している。

ジュビリー2000 は、貧困国の債務救済に取り組んでいる国際 NGO の連合体、また重債務貧困国の返済不可能な債務をすべて帳消しにすることをめざす国際的運動であった。ジュビリー2000 は、1999 年に開催されたケルン・サミットでは、重債務国の債務解消を求める世界 160 か国の 1700 万人の署名をドイツのシュレーダー首相に手渡した。サミット声明のなかで、重債務国の債務総額 1300 億ドルを半減させるために、総額 800 億ドル（ODA 150 億ドルおよび民間債務 650 億ドル）の債務軽減を認める「ケルン債務イニシアチブ」が提案された。しかし、追加融資や債務軽減に際して債務国に対して構造調整計画などの条件が付けられることが多いため、一年後の沖縄サミット時では、ケルン・イニシアチブが実際に適用された国は 41 カ国中 9 カ国、対象金額は総額 150 億ドルにとどまった。それでもジュビリー2000 は、重債務貧困国の債務の完全帳消を行うこと、また債務救済に構造調整計画などの条件を付けないことを要求している。

c．ミレニアム開発目標

2000 年 9 月に開催された国連ミレニアム・サミットにおいて、21 世紀の国際社会の目標として、より安全で豊かな世界づくりへの協力を約束する「国連ミレニアム宣言」が採択された。この宣言と 1990 年代に開催された主要な国際会議やサミットでの開発目標をまとめて、開発のための国際社会の共通の枠組としたものが「ミレニアム開発目標（Millennium Development Goals：MDGs)」である。ミレニアム開発目標は、国際社会の支援を必要とする課題に対して 2015 年までに達成すべき 8 つの目標を掲げていた。

これらの 8 つの目標とは、第 1 に「極度の貧困と飢餓の撲滅」、第 2 に「普遍的初等教育の達成」、第 3 に「ジェンダーの平等の推進と

女性の地位向上」、第4に「乳幼児死亡率の削減」、第5に「妊産婦の
健康の改善」、第6に「HIV/エイズ、マラリア、その他の疾病の蔓
延防止」、第7に「環境の持続可能性の確保」、そして第8に「開発の
ためのグローバル・パートナーシップの推進」というものであった。

　ミレニアム開発目標は、途上国の人々が直面していた多くの問題を
解決する原動力となった。世界の国々が、具体的な数値目標を掲げ、
15年間の年月をかけて取り組んだ結果、多くの命が守られ、人々の
生活環境が改善された。とりわけ、所得貧困の削減、重要な水と衛生
の確保、乳幼児死亡率の引下げ、妊産婦の健康の改善、無償の初等教
育の普及、そしてエイズやマラリアや結核などの治療可能な病気への
対策を大幅に前進させた。

d．持続可能な開発目標

　ミレニアム開発目標の成果があったにもかかわらず、開発目標の達
成状況を国・地域・性別・年齢・経済状況などの点から評価すると、
様々な格差が解決されないまま残り、また新たな問題も浮き彫りと
なった。すなわち、世界には上述したような成果から「取り残された
人々」の存在が明らかとなった。

　こうした状況に対応するため、ミレニアム開発目標の最終年の
2015年9月に、「国連持続可能な開発サミット」が開催され、2030年
までの開発援助の指針として「我々の世界を変革する：持続可能な開
発のための2030アジェンダ」が採択された。このアジェンダの中核
となるものが、ミレニアム開発目標の後継であり、17のグローバル
目標と169の達成基準からなる「持続可能な開発目標（Sustainable
Development Goals）」であった。

　この開発目標とは、第1に「貧困をなくす」、第2に「飢餓をゼロ
に」、第3に「人々に保健と福祉を」、第4に「質の高い教育をみんな
に」、第5に「ジェンダーの平等」、第6に「安全な水とトイレを世界
中に」、第7に「エネルギーをみんなに、そしてクリーンに」、第8に
「働きがいも経済成長も」、第9に「産業と技術革新の基盤をつくろ

う」、第10に「人や国の不平等をなくそう」、第11に「住み続けられ
るまちづくりを」、第12に「つくる責任つかう責任」、第13に「気候
変動に具体的な対策を」、第14に「海の豊かさを守ろう」、第15に
「陸の豊かさも守ろう」、第16に「平和と公正をすべての人に」、そし
て第17に「パートナーシップで目標を達成しよう」というもので
あった。

　このような17の目標は、ユニセフがこの開発目標の採択前から重
視してきた公平性のアプローチである「誰ひとり取り残さない」こと
を重要な柱として、ミレニアム開発目標で達成できなかった課題、そ
してミレニアム開発目標には含まれていなかった課題、さらに新たに
浮上してきた課題をも包括的に含んだ普遍的な目標であった。

(5)　南北問題の解決

　南北問題の根本問題として、世界における二重の富の偏在がある。一
つは、世界レベルにおいて、先進諸国への富の集中と途上諸国の貧困と
いう経済・社会的格差が存在することである。もう一つは、発展途上諸
国の国内レベルにおいて、富裕階級への富の集中と民衆の貧困という経
済・社会的格差が存在することである。それゆえ、南北問題を解決する
ためには、こうした富の偏在を是正する必要がある。

　先進諸国から途上諸国へのある程度の富の再配分、および途上諸国の
なかでの富裕階級から貧困階級への富の再配分の両方が必要である。先
進国から途上国へまた途上国内の富裕階級から貧困階級への富の再配分
によって貧困層の所得が増大し、それによって貧困層の消費が増大す
る。それによって途上国の商品生産が増大し、それによって途上国の経
済が拡大する。それによって貧困層の雇用が増大し、それによって貧困
層の所得がさらに増大することになる。このような富の再配分を促進す
るためには、先進諸国から途上諸国への資金・技術援助の拡大、また途
上諸国内の政治・経済・社会制度の変革が必要となる。

　途上諸国内の産業の育成も重要な課題となる。すなわち、途上諸国の
1次産品の質の向上や生産性の向上を図り、収益や利益を高める。ま

た、生活・家庭用品などを途上諸国内で生産できるようにして、モノカルチャーからの転換を図る。また道路、水道、電気など経済・社会発展に必要な産業基盤を整備する。そして、このような産業の育成のためにも、途上諸国への資金援助や技術移転の拡大が必要である。

　先進諸国による途上諸国への援助のあり方も重要であり、経済開発から人間開発・社会開発へと転換する必要がある。すなわち、途上諸国の教育施設を充実させることによって人材の育成に貢献し、また国内の生活・社会環境を改善することによって福祉の向上に貢献する必要がある。

第19章

民族問題と地域紛争

(1) 民族問題

a. 民族と国民

「民族 (ethnicity, ethnic group)」とは、人種、言語、宗教、生活習慣、地域、また歴史的な経験を同じくする人々の「共同体」である。民族であることの「客観的要因」は、同じ人種であり、共通の言語・宗教・生活を有することである。民族であることの「主観的要因」は、同一の集団に属しているという「共通の一体感」、すなわち民族という同一の集団に属しているという帰属意識や同胞意識を持つことである。こうした民族的共同体の多くは、長い歴史のなかで自然に形成されてきた。

「国民 (nation)」とは、同一の国家に属し、国民的一体感を持つ人々である。国民であることの客観的要因は、同一の国家・政府の下に統合されている（同一の国籍をもつ）ことである。国民であることの主観的要因は、同一の国民であるという「共通の一体感」、すなわち国民という同一の集団に属しているという帰属意識や同胞意識をもつことである。国民は、民族とは異なり、必ずしも同じ人種である必要もなく、また共通の言語や宗教や生活習慣や歴史的経験を持つ必要もない。こうした国民的共同体は、政治的活動のなかで人為的に形成されてきたものが多い。

かつて、民族と国民の概念は混同されていたが、今日ではこれらの概念は上のように定義され、民族と国民は使い分けられている。

b．民族対立の要因

　民族が対立する根底には、対立する当事者間の現実的利害の対立が存在する。民族が対立する場合、民族的アイデンティティの対立そのものに原因があるだけではなく、それぞれの民族が有する現実的利益、つまり民族の政治的・経済的・社会的利益の獲得およびその保持をめぐる対立にも大きな原因がある。民族紛争にまで発展する原因としては、むしろ後者の対立であることが多い。

　そして、多くの民族対立において、こうした民族間の対立を利用して自己の利益を図ろうとする第三者が存在する。ある国家や政府が他の複数の民族を対立させて漁夫の利を得ようとしたり、また軍需産業が対立する民族に武器を売却して利益を得ようとするため、いっそう民族紛争が拡大することになる。

　さらに、宗教が民族の重要な構成要件の一つであるため、宗教的対立が民族対立へと発展することも多い。宗教的対立は、宗教的教義や価値観そのものの対立ではなく、その宗教の信者の置かれた政治・経済・社会状況に起因している、すなわち現実的利益と関わっている場合が多い。特に、政治活動が制限されている国家や地域では、宗教対立はしばしば政治的主張や利益の対立を映す鏡となっている。

c．民族対立の現代的要因

　冷戦後の国際社会において、民族対立が激化した大きな要因として、「ナショナリズムやエスノセントリズム」が高揚したことが挙げられる。

　こうした状況が生じたのは、第1に、「東西陣営内の同盟関係の弱体化」があったためである。すなわち、冷戦体制が崩壊して、東西陣営間の緊張が緩和・消滅したため、安全保障的な危機感が弱まり、そして両陣営内の連帯・結束、すなわち同盟関係が弱まっていった。第2に、「アメリカと旧ソ連の国際的管理能力の低下」があったためである。すなわち、アメリカの経済的影響力の相対的低下また冷戦の終結による軍事力の重要性の低下によって、アメリカ自らが対外的な関

与や影響力の行使を手控えるようになった。ソ連の崩壊またその後継
国ロシアの軍事的・経済的弱体化のため、その対外的影響力も著しく
低下した。その結果、アメリカやソ連の従属的地位にあった国家や民
族、またそれらの影響力から解放された国家や民族が政治的自立化を
目指した。そして、各国家や各民族が自己の欲求や利益を追求し始め
た。このため、従来から懸案であった国家間や民族間の領土・民族・
宗教・資源問題の対立が再燃した。

　このように、東西陣営の対立すなわち冷戦に起因していた紛争は鎮
性化したが、逆に冷戦が終結したことによって新たな対立や紛争が多
発するようになった。そして、十分な軍事力を持たず、敵対する国家
や民族に対して正面きって戦うことができない少数民族や反政府組織
の場合、それらの一部は自己の政治目的を達成するためにテロ活動を
活発化させていった。

d．民族対立の発生形態

　民族対立は、上述した要因をもとにして様々な形態で発生する。そ
の発生形態の一つに、「他民族からの支配・抑圧に対する抵抗」とい
う形態がある。

　他民族支配への抵抗のなかでも、少数派民族による多数派民族への
抵抗という形態が多く発生する。多民族の国家や地域において、社会
的に支配的地位を占める多数派民族が少数派民族を支配・抑圧する場
合、少数派民族がこれに抵抗して民族対立が発生する。イラク、イラ
ン、トルコ政府の抑圧に対するクルド人の抵抗、パレスチナにおける
イスラエルの抑圧に対するアラブ人（パレスチナ人）の抵抗、中国に
おける中国政府の抑圧に対するチベット人やウイグル人の抵抗、また
ロシア連邦におけるロシア政府の抑圧に対するチェチェン人の抵抗な
どがある。

　他方で、多数派民族による少数派民族への抵抗もある。社会的に支
配的地位を占める少数派民族が多数派民族を支配・抑圧する場合、多
数派民族がこれに抵抗して発生する。南アフリカ共和国における白人

の抑圧（アパルトヘイト）に対する黒人の抵抗、北アイルランドにお
けるプロテスタントの抑圧に対するカトリックの抵抗、また旧ユーゴ
スラビアのセルビア人の抑圧に対するボシュニャック人（ムスリム）
やクロアチア人やアルバニア人の抵抗などがある。この対立形態は、
被抑圧民族による「分離・独立運動」へと発展する場合が多い。

　別の民族対立の発生形態として、「多民族の国家や地域における主
導権をめぐる対立」がある。

　多民族の国家や地域において、勢力の拮抗する複数の民族の間で自
民族が社会的に支配的地位や利益を獲得しようとして発生する。イラ
クにおけるスンニー派とシーア派の対立、アフガニスタンにおけるパ
シュトゥン人、タジク人、ハザラ人、ウズベク人の間の対立、ルワン
ダにおけるフツ族とツチ族の対立、またスーダンにおけるアラブ系民
族と非アラブ系民族の対立などがある。

　ただし、この形態は、「他民族からの支配・抑圧に対する抵抗」の
形態から変化して、この対立形態となる場合も多い。すなわち、支
配・抑圧されていた民族が次第に勢力を持ち、その国家や地域におい
て支配的地位や利益を獲得しようとする場合である。

(2)　パレスチナ紛争

　パレスチナとは、西アジアの地中海東岸の地域であり、一般的にヨル
ダン川以西の土地をさす。そして、パレスチナ紛争とは、イスラエル人
（ヘブライ人・狭義のユダヤ人）とパレスチナ人（パレスチナに住むア
ラブ人）の間におけるパレスチナの帰属をめぐる問題である。

a．パレスチナ紛争の原因

　パレスチナ紛争の歴史的要因として、第 1 にユダヤ人の「シオニズ
ム運動」が挙げられる。イスラエル人は、紀元前 11 世紀から前 8 世
紀までパレスチナに「イスラエル王国」をつくっていたが、紀元前
922 年ごろ南北に分裂し、さらに紀元 135 年にローマ帝国によって滅
ぼされた。その結果、イスラエル人は世界中へ離散し、本来の居住地

を離れて住む民族（「ディアスポラ」）となった。しかし、離散したイスラエル人は、19世紀末、祖先の地とみなすパレスチナへの植民とイスラエル人国家の建設を目指した。こうした運動が「シオニズム」といわれる。

　第2の歴史的要因として、西欧列強の帝国主義が挙げられる。19世紀後期から20世紀前期にかけて、イギリスやフランスなどの西欧列強諸国は、戦略的に地中海・インド洋ルートを維持するため、また新たなエネルギー源としての石油を確保するため、中東地域の帝国主義的支配を望んだ。それゆえ、西欧列強諸国は、オスマン・トルコ帝国を解体すること、同時にアラブ民族主義を抑圧することを目指した。その手段として、イスラエル人とアラブ人をトルコ帝国から自立化させ、また彼らが対立することを利用しようとした。

　帝国主義の代表的国家であるイギリスは、1915年10月、アラブ独立運動の指導者であるフサインと、第1次世界大戦でのイギリスへの協力とオスマン帝国への反乱を条件に、戦後のアラブ人の独立とパレスチナでの居住を約束する「フサイン＝マクマホン協定」を結んだ。そして、第1次世界大戦中の1916年5月、第1次大戦後にオスマン帝国領を分割することを約束する秘密協定である「サイクス・ピコ協定」をイギリス、フランス、ロシアの間で結んだ。さらに、イギリスは、1917年11月、第一次世界大戦でユダヤ人の支援を取り付けるため、イギリスの外務大臣の「バルフォア」がイギリスのユダヤ人のリーダーであるロスチャイルドに対して送った書簡のなかで、パレスチナにおけるユダヤ人居住地の建設の支持を表明した。このようなイギリスの秘密外交と分割統治政策は、イギリスの「三枚舌外交」ともいわれた。

　第3の歴史的要因として、「パレスチナへのイスラエル人の大量流入」が挙げられる。第一次世界大戦後、パレスチナがイギリスの委任統治領になったため、ユダヤ人（イスラエル人）によるアラブ人の土地購入とそこへの入植が増大した。そして、1930年代に、ナチズムによるユダヤ人への迫害が始まってから、パレスチナへの入植に拍車

がかかった。このような歴史的要因が、いまだ収束しないパレスチナ紛争の大きな原因となっている。

　パレスチナ紛争の現代的要因としては、第1に、「アメリカにおけるユダヤ人の強い影響力」が挙げられる。アメリカ国内において、ユダヤ人が政治的・経済的に強い影響力を持っていたため、彼らはシオニズム運動を積極的に支援するようにアメリカ政府に圧力をかけた。

　第2の現代的要因として、国連における「パレスチナ分割決議」（国連決議181号）が挙げられる。1947年11月、国連総会は、アラブ人とユダヤ人の双方に独立を認め、イギリスの委任統治の終了後にパレスチナを両者に分割することを決議した。しかし、この決議は、ユダヤ人がパレスチナ人口の30.83%、またユダヤ人の所有地がパレスチナ全土の5.67%しか占めていないにもかかわらず、彼らにパレスチナの56.5%の土地を与える内容であった。この国連決議は、アラブ人に大きな不満を残し、1948年2月にアラブ連盟諸国はカイロでイスラエル建国の阻止を決議した。こうしたアメリカなどの親イスラエル的な政策がパレスチナ紛争の現代的要因となっている。

b．パレスチナ紛争の経緯

　1948年5月イギリスのパレスチナ委任統治が終了したため、ユダヤ人が国連決議をもとに独立を宣言し、イスラエルを建国した。これを契機に、アラブ諸国とイスラエルとの間に「中東戦争」が勃発した。

　イスラエルの独立宣言と同時に、アラブ連盟諸国が独立を阻止するためパレスチナに進攻して、第1次中東紛争（パレスチナ戦争）が起こった。しかし、イスラエルは戦争を優位のままに進め勝利した。この時、パレスチナの地に住んでいた多くのアラブ人が難民となった。翌年2月にアラブ諸国とイスラエルの停戦協定が成立した。

　1956年7月にエジプトのナセル大統領がスエズ運河国有化を宣言し、それを阻止するために10月にイギリス・フランス・イスラエルがエジプトに侵攻して、第2次中東紛争（スエズ戦争）が起こった。

アメリカとソ連は即時停戦を要求し、イギリス・フランスは11月に戦闘を中止した。停戦後、初めてのPKOとして第一次国際連合緊急軍が展開され、停戦の監視をおこなった。この戦争により、エジプトはスエズ運河を国有化し、また中東の主導権はイギリス・フランスからアメリカ・ソ連に移った。

　パレスチナ解放機構（PLO）の活動が活発化した1964年ごろから、イスラエル北部のヨルダン川周辺で、次第に緊張が高まりつつあった。エジプトのナセル大統領はシナイ半島の兵力を増強し、国連緊急軍の撤退を要請し、そしてイスラエル艦船に対するチラン海峡封鎖を宣言した。これに対し、1967年6月にイスラエル空軍がエジプトなどのアラブ諸国を奇襲して、第3次中東紛争（6日間戦争）が勃発した。この紛争によって、イスラエルは、東エルサレム、ガザ地区、シナイ半島、ヨルダン川西岸、ゴラン高原などの多くのアラブ諸国の領土を占領した。

　前の中東紛争において、イスラエルに占領された領土の奪回を目的としてエジプト・シリア両軍がそれぞれスエズ運河、ゴラン高原正面に展開するイスラエル軍に奇襲攻撃をしかけ、第4次中東紛争（ラマダーン戦争）が勃発した。開戦から2週間後、国際連合による停戦決議をうけて停戦が成立し、第二次国際連合緊急軍が停戦監視の任務に就くようになった。緒戦で軍事的成功をおさめたエジプトは、イスラエルに対して対等な立場に着くことができ、1979年、エジプト・イスラエル平和条約を締結し、1982年にシナイ半島はエジプトに返還された。

　この戦争の中で、アラブ石油輸出国機構（OAPEC）はイスラエル支援国に対する石油輸出禁止、およびアラブ非友好国への段階的石油供給削減を決定した。同じころ、石油メジャーの代表と原油価格の交渉を行っていたOPECの中東産油国が、原油価格の大幅な引き上げを決定したため、原油価格は一機に高騰した。その後、OPECは、石油メジャーの影響力を排除して、原油価格を総会で決定するようになり、国際カルテルとなった。高騰した原油価格は、世界経済に深刻な

影響を与え、オイルショックと呼ばれることとなった。

c．中東和平

　エジプトのサダト大統領は、イスラエルとの緊張関係の改善を目指
し、アメリカとの関係を深めていった。そして、アメリカの仲介に
よって 1978 年 9 月にキャンプ・デービッド合意が成立し、この合意
をもとに翌年 3 月に「エジプト・イスラエル平和条約」が調印され
た。この条約では、両国相互の国家承認、1948 年以来続く中東戦争
の休戦、そしてシナイ半島からのイスラエル軍と入植者の撤退を定め
られていた。また、イスラエル船舶のスエズ運河の自由航行、および
チラン海峡とアカバ湾を国際水路として認めることが規定されてい
た。

　1991 年 10 月にスペインのマドリードで中東和平会議が開催され、
その後ノルウェーのオスロで交渉がおこなわれ、イスラエルを国家と
してまた PLO をパレスチナの自治政府として相互に承認する「オス
ロ合意」がなされた。そして、1993 年 9 月にイスラエルと PLO の間
で「パレスチナ暫定自治協定」が調印された。その内容は、1994 年
5 月よりガザ地区とヨルダン川西岸のエリコ地域での自治政府の組織
する、パレスチナ人への行政権を委譲する、そして 5 年間の暫定期間
後の最終的地位について協議するというものであった。

　パレスチナ自治をヨルダン川西岸全域に拡大するための交渉がおこ
なわれ、1995 年 9 月にパレスチナ解放機構（PLO）のアラファト議
長とペレス・イスラエル外相との間で合意に達し、パレスチナ自治拡
大協定が調印された。協定の骨子は、ヨルダン川西岸からのイスラエ
ル軍を段階的に撤退させる、行政権をパレスチナ人へ移管する、そし
て自治評議会の選挙を実施することなどであった。

d．紛争の継続

　イスラエルの和平推進派のラビン首相が、1995 年 11 月、和平反対
派のユダヤ人の極右学生に銃撃されて死亡。パレスチナ側の武力闘争

や自爆テロとイスラエル側の報復攻撃との連鎖が生じた。

　パレスチナ自治政府のなかには、対イスラエル和平推進派で穏健派の「ファタハ」だけでなく、武力闘争やテロ戦略を主張するイスラーム原理主義組織「ハマース」も存在し、イスラエルと対決姿勢をとっている。他方で、イスラエル政府も占領中のヨルダン川西岸に入植者を送り込み、入植地を拡大している。これに対して、2000年9月にイスラエルによる占領に反対する民衆蜂起（抵抗運動）である「インティファーダ」が生じた。

　2006年7月以降、イスラエル軍のガザ地区やレバノンへの侵攻が激しさを増して、「オスロ和平プロセス」は事実上崩壊したと見なされている。和平合意以降もパレスチナの人々の不満は膨らみ、2006年のパレスチナ自治政府の立法評議会選挙では、和平プロセス反対派の「ハマース」が勝利した。その結果、2007年にはファタハとハマースの間で衝突が起こり、自治政府はガザ地区のハマース内閣、ヨルダン川西岸地区のファタハ内閣に分裂した。

　現在、ガザ地区は、イスラエルによって封鎖され、人道的危機が起こっている。イスラエルがおこなったガザ地区への大規模侵攻によって、多くの民間人の犠牲者が生まれた。また、これらの侵攻によって多くの住居・医療・教育・産業施設等も破壊され、復興は進んでいない。

　2017年12月、親イスラエル的なアメリカ大統領のトランプは、エルサレムをイスラエルの首都であると承認した。さらに、2020年1月、トランプ大統領とイスラエルのネタニヤフ首相は共同で和平案を発表したが、イスラエルに非常に有利な内容であり、パレスチナ側は強く反発している。主な内容は、聖地エルサレムをイスラエルの主権下にある首都とする、パレスチナ側はエルサレムの周辺地区を首都とする、そしてイスラエルが建設した入植地をイスラエル領内に組み込むという内容であった。

⑶　ボスニア・ヘルツェゴビナ紛争

　ユーゴスラビア社会主義連邦共和国は、スロベニア、クロアチア、ボスニア・ヘルツェゴビナ、セルビア、モンテネグロ、マケドニアの6つの社会主義共和国と、セルビア共和国内のヴォイヴォディナとコソヴォの2つの社会主義自治州によって構成され、また多くの民族が居住する多民族国家であった。

　この構成国であるボスニア・ヘルツェゴビナも、複数の民族からなる多民族国家であった。ボスニア・ヘルツェゴビナの民族構成は、イスラム教を信仰するムスリム（ボシュニャック人）が約45%、セルビア正教を信仰するセルビア人が約30%、またカトリックを信仰するクロアチア人が約20%という状況であった。これらの民族は、信仰する宗教は異なっていたが、同じセルボ・クロアチア語を話し、互いの慣習を認めつつ、平和裡に混住・共存していた。

a．ボスニア・ヘルツェゴビナ紛争の歴史的要因

　ボスニア・ヘルツェゴビナには、第2次大戦以前における、民族間の差別や虐殺の忌まわしい記憶が残っており、民族間には近親憎悪の感情が内在していた。15世紀にオスマン帝国の支配下に入ったユーゴスラビアでは、支配者との密接な関係を維持するために、地主や富農層はイスラム教に改宗した。そのためこの時代には、少数のイスラム教徒（ムスリム）の地主が多数のセルビア人・クロアチア人小作農を使用するという状況が続き、ムスリムへの反感が存在していた。1918年に成立したユーゴスラビア王国では、セルビア人が主導的な立場に立っており、セルビア人支配に対する他民族の強い反感が存在していた。第二次世界大戦のなかで、クロアチア人がセルビア人を虐殺し、それへの報復の連鎖が続き、両民族の遺恨は激しいものとなっていた。

　第2次世界大戦後、ユーゴスラビア連邦は非同盟・中立政策を維持し、冷戦期の非同盟諸国のなかで中核的な役割を果たした。また、経済的に自主管理社会主義の制度をとり、生産手段を労働者組織が所有

し、経済は労働者による自主管理によって運営された。

　当初、自主管理制度によってユーゴスラビア連邦の経済は発展したが、その社会主義経済は次第に停滞し、長期的な停滞に対する不満が国内に鬱積していった。その結果、自らの共和国や自民族の利益を主張する排他的な民族主義が抬頭し始めた。そして、一部の民族主義的な指導者や集団が自己の勢力拡大にこうした不満を利用しようとした。さらに、全人民防衛体制により武器が国内各地に置かれていたため、各共和国や各民族によって武器の入手が容易であったことが、武力闘争としての民族紛争の勃発に拍車をかけた。

　チトー大統領が存命中は、彼の優れたカリスマ性と国内融和政策によって、国内の民族主義者の活動は抑制され、ユーゴスラビアに統一がもたらされていた。しかし、1980年にチトー大統領が死去すると、ユーゴスラビア連邦内の民族対立は激しくなっていった。

b．ボスニア・ヘルツェゴビナ紛争の現代的要因

　ボスニア・ヘルツェゴビナ紛争の現代的要因の背景として、東欧革命があった。東欧革命は、東ヨーロッパ諸国で1989年から相次いで起こった民主化・自由化を求める一連の変革であった。さらに、この東欧革命の遠因として、ソ連の新思考外交があった。

　当時のソ連は国内で共産主義体制が行き詰まり、社会主義経済が停滞し、共産党支配への不満が高まっていた。当時のゴルバチョフ書記長は、ペレストロイカやグラスノスチによる国内改革を、また対外的には新思考外交を推進していた。

　ソ連は、この新思考外交によって、西側陣営との関係改善および対外的関与の縮小を目指し、さらに、東ヨーロッパへの政治・経済的支配を停止した。ソ連の東ヨーロッパ政策は、1968年に示された、社会主義共同体全体の利益のためには個々の国家主権も制限されうるという「ブレジネフ・ドクトリン（制限主権論）」にもとづいていた。しかし、ゴルバチョフは1988年の新ベオグラード宣言でこのドクトリンを否定して、東ヨーロッパ諸国の自立と民主化を容認した。

　このように、ソ連が東ヨーロッパに対する影響力を弱めたことを背景に、市民や労働者によって共産主義政権が次々と倒され、市場経済の導入、複数政党制にもとづく議会制度の導入などの民主化革命が東ヨーロッパ諸国において次々に実現されていった。1989 年 6 月にポーランドおよび 10 月にハンガリーにおける非共産政権が誕生し、11 月に「ベルリンの壁」が崩壊し、チェコスロヴァキアのビロード革命によって共産主義政権が倒れ、そして 12 月にルーマニアのチャウシェスク政権が崩壊した。

c．ボスニア・ヘルツェゴビナ紛争の経緯

　東欧の民主化革命の影響で、ユーゴスラビア連邦においても自由化・民主化が進行し、共産主義体制からの脱却が始まった。連邦内の各国ではセルビアのミロシェビッチに代表されるような民族主義者が政権を握り始めていた。

　大セルビア主義を掲げたミロシェビッチ大統領のセルビア共和国がコソボ自治州の併合を強行しようとすると、アルバニア系住民の多いコソボは反発して 1990 年 7 月に独立を宣言し、これをきっかけにユーゴスラビア連邦は内戦状態となった。1991 年 6 月に西側に近いスロベニア共和国が 10 日間の地上戦で独立を達成し、次いでマケドニア共和国が独立、ついでセルビアと最も対立していたクロアチア共和国が激しい戦争を経て独立した。

　連邦内のボスニア・ヘルツェゴビナ共和国も 1991 年 10 月に主権国家であることを宣言し、1992 年 2 月 29 日〜 3 月 1 日の国民投票で独立を決定し、直後に独立を宣言した。これに対して、共和国内の少数派であるセルビア人が反発し、セルビア人勢力は東部パレに政治拠点を置きスルプスカ共和国の樹立を宣言した。クロアチア人勢力も、1993 年 8 月、モスタルを拠点にヘルツェグ・ボスナ・クロアチア人共和国を樹立した。これら三つの民族の間で始まった紛争に、セルビア人主体の連邦人民軍がセルビア人保護の名目で介入して、内戦が本格化した。

　国連と EU、さらに 1994 年 4 月の北大西洋条約機構（NATO）によるセルビア人勢力への空爆にもかかわらず、内戦は長期化した。この内戦のなかで、各民族は互いに民族浄化をおこなうなど、内戦は悲惨なものとなり、この紛争におけるける死者は 20 万人以上にも及び、約 270 万人が難民化した。1995 年 8 月、NATO はこれまでにない大規模空爆をおこない、これによって紛争が鎮静化していった。1995 年 11 月にアメリカでデイトン合意がまとまり、12 月にパリで紛争当事国首脳がボスニア・ヘルツェゴビナ和平協定に調印した。

　ボスニア・ヘルツェゴビナ共和国は、イスラム勢力とクロアチア人からなる「ボスニア・ヘルツェゴビナ連邦」（領土の 51％）、およびセルビア人勢力からなる「セルビア共和国」（49％）の二つの国で構成されることになった。1996 年 9 月、和平協定を受け幹部会などの選挙が行われ、イスラム教徒勢力のイゼトベゴビッチが最高得票を得て幹部会議長に就任した。

第 20 章

軍備拡張と軍備縮小

(1)　軍備の拡張

a．軍拡の基本的要因

　　多くのまた多様な国家から形成される国際社会は、我々が日常的に生活する国内社会とは大きく異なっている。国内社会には「中央政府」が存在しているため、基本的に秩序のある統一された集権的社会となっている。しかし、国際社会には「中央政府」が存在していないため、国際社会は基本的に無政府状態（anarchy）であり、主権国家が併存する分権的社会となっている。

　　この無政府状態ゆえに、国際社会において、国家間の利益の対立を調整する問題また国際社会全体にかかわる利益を充足する問題が生じた場合、こうした問題は国家が有する軍事力を含むパワーの行使、および国家間のパワー関係にもとづいて解決されることになる。すなわち、国際社会においてはパワー・ポリティクス（power politics）が展開される。

　　こうしたパワー・ポリティクスの世界においては、国際的な利益の対立を調整するために軍事力を含む様々な方法が用いられるため、国際関係の歴史において軍事力が対立を解決するための重要な手段となっていた。それゆえ、国際社会においては、こうした調整また充足の過程が容易に国家間の紛争や戦争へと拡大することが多かった。たしかに、現在の国際社会においては、多くの国際法の成立また様々な国際機関の発達によって、こうした状況は幾分緩和されているが、このパワー・ポリティクス的状況は、本質的には変わっていない。このように、国際社会は対立や混乱が生じやすく、平和や安全を実現する

ことが困難であり、「力が正義」である社会に容易に陥りやすい。

　無政府状態の本質を有し、かつパワー・ポリティクスが展開されている国際社会においては、軍拡のメカニズムが内在化されている。すなわち、自国の安全保障のための軍事力の保有や増強が、他国の軍事力の保有や増強を招くことになる「安全保障のディレンマ（security dilemma）」という問題が存在する。国際社会のアナーキー状況から、国家は自国の安全を強化するためにより強力な軍事力を保有しようとする。しかし、その国の意に反して、他の諸国はその国の軍事力の保有や強化を攻撃的・侵略的なものと見なし、自国に対する脅威と感じる。すなわち、自国の安全保障が低下したと考える。その結果、他の諸国は、自国の安全保障を高めるために自国の軍事力の増強を図ることになる。他の多くの国々も同様の選択と対応を迫られることになる。この安全保障のディレンマによって、国際社会においては、常に軍拡競争の悪循環に陥る恐れがある。そして、パワー・ポリティクスの世界においては、強力な軍事力を保有することによって、国家間の利害対立を自国に有利な形で解決することができ、また自国の利益や目的を達成することが容易となる。このため、各国は、自国の利益や安全を護るためだけではなく、自国の目的を実現するために軍事力を保有し、強化しようとする。

　さらに、軍拡に繋がる国内的要因として「軍産複合体（Military-industrial complex）」の存在が挙げられる。軍産複合体は、政府の国防支出に大きく依存する軍部、軍需産業、および政治家たちが、それぞれの利益のために協力しつつ、国防支出の増大をめざす利益追求集団であり、「鉄の三角形（iron triangle）」とも呼ばれる。軍部は軍部の予算、権限、組織の拡大をめざし、そして軍需産業は軍部の兵器や装備の調達拡大を通じて企業利益の増大をめざし、さらに政治家はこの動きを支援することによって政治的支援や献金の拡大をめざすという強力な結びつきを有する集団である。冷戦期だけではなく冷戦後においても、大きな軍需産業が存在し多くの武器輸出をおこなってきた米国、ソ連（ロシア）、イギリス、フランス、ドイツなどの国々にお

いて、軍産複合体が形成されている。

　現実の国際社会においては、こうした要因だけではなく他の様々な要因が複雑に絡んで軍拡が生じることになる。以下ではこうした軍拡のメカニズムを具体的に検討する。

b．冷戦期における軍拡のメカニズム

　第 2 次世界大戦後における冷戦期の国際システムは、二つの極が存在する「二極構造システム」であった。この国際システムは、他の諸国に優越した力を有する二つの超大国である米国とソ連が存在し、それらを中心として自由主義の西側陣営および共産主義の東側陣営という二つの同盟ブロックが形成されているシステムであった。

　冷戦期における米国とソ連を中心とする東西両陣営の対立は次第に激しいものとなり、米・ソそれぞれが自己陣営の強化や勢力の拡大を図っていった。西側陣営は、北大西洋条約機構（NATO）、日米安全保障条約、太平洋安全保障条約（ANSUS）、米韓相互防衛条約、東南アジア条約機構（SEATO）、米華相互防衛条約、中央条約機構（CENTO）などの米国を中心とする軍事同盟網を形成した。こうした同盟網に基づいて、西側による対ソ「封じ込め政策」が実施された。東側陣営は、中ソ友好同盟相互援助条約、ワルシャワ条約機構（WTO）、ソ連・北鮮軍事同盟などのソ連を中心とする同盟網を形成した。

　米国とソ連は自己の陣営の勢力を拡大するために、発展途上国が多数存在するアジア・アフリカ・中南米の第三世界へ介入していき、自己の陣営に与する国家や勢力に対して軍事的・経済的援助をおこなった。米国は、自由主義諸国やそうした勢力を支援したが、自由主義でなくとも、反共産主義であれば支援をおこなった。ソ連は、共産主義諸国や共産主義勢力を支援した。米・ソが第三世界に介入することで、第三世界の国々は米・ソが援助する兵器や資金を用いて戦争を始めて、地域的問題が熱戦化していった。朝鮮戦争やベトナム戦争などの国家間紛争、またカンボジア紛争やアフガン紛争やアンゴラ内戦な

どの国内紛争などのように本来は地域的な問題であったものが発展して、米・ソが後押しする「代理戦争」となっていった。

　冷戦期においては、東西両陣営の対立から常に全面戦争に発展する恐れがあり、両陣営は平時においても戦時と同様に軍事力の維持や拡大を図った。すなわち、米国とソ連ともにいつでも戦争ができるように「常時即応体制」を維持し、また大規模な軍隊を保有した。そして、敵の攻撃や紛争に直ぐに対応できるように、軍隊を自国だけではなく海外に駐留させる「前方展開戦略」をとった。こうした東西陣営の対立の拡大のなかで、米・ソは原爆や水爆などの核兵器を開発し、多数の核弾頭を保有するようになった。そして、これらの運搬手段である大型で長射程・長距離の核兵器として「戦略核兵器」が開発された。

　こうした二極対立的な国際システムにおいては、上述した安全保障のディレンマが生じやすく、また軍産複合体が自国政府に影響力をもったため、各国は軍備の拡張を押し進めていった。そして、冷戦の激化とともに世界的な軍事化が進展し、また核軍拡競争が激しくなっていった。

　さらに、冷戦の激化と軍拡競争の背景には、安全保障のディレンマや軍産複合体などの要因に加えて、以下のような心理的理由にもとつく両陣営間における相互不信の連鎖と相手の行動に対する過剰反応があった。冷戦期には、自由主義対共産主義というイデオロギー対立が大きな対立要因となっていた。イデオロギーという普遍的理念の対立は善悪の対立となり、それらを掲げる両陣営間の妥協が困難なものとなる。こうした「イデオロギー的硬直性」に囚われていたために、両陣営とも、常に相手の意図や行動を敵対的感情で捉えてしまい、それらを侵略的なものと見なす傾向があった。

　また、米国とソ連はそれぞれの陣営のリーダーとしての立場にあり、陣営の擁護者として行動する傾向があった。米国とソ連は、相手陣営の些細な行動も立場上から容認することができず、必要以上に強硬な姿勢をとる傾向があった。また、リーダーとしての地位を維持す

るために、小さな問題でも陣営内でリーダーシップをとる機会として利用する傾向があった。

　こうした様々な軍拡要因の影響を受けて、両陣営とも、相手陣営の軍事力を攻撃的・侵略的なものと見なし、相手陣営に優位する自己陣営の軍事力の強化を図ろうとしたため、兵器開発や軍備増強の悪循環が生じた。

c．冷戦後における軍拡のメカニズム

　冷戦後には、冷戦期とは異なる軍拡のメカニズムが見られる。それは、第三世界諸国における軍拡競争が拡大するメカニズムである。冷戦における東西陣営の対立が終了したことで、米国とソ連は大規模な軍縮を進め、また他の先進諸国も軍事費を削減してきた。しかし、先進諸国における軍縮の動きとは逆に、第三世界諸国（発展途上諸国）においては軍拡が進むようになった。

　この軍拡の背景には、冷戦後の第三世界におけるナショナリズムやエスノセントリズムが高揚していることが挙げられる。冷戦体制が崩壊して東西間のイデオロギー的・軍事的緊張が緩和しそして消滅したため、各国の安全保障上の脅威が衰えた。その結果、各国の米・ソへの軍事的依存の必要性が低下したため、東西両陣営内部の連帯・結束（同盟関係）が弱まっていった。

　米国は自国の経済の衰えとともに世界経済におけるその影響力が相対的に低下し、また冷戦の終結によって米国の軍事力の重要性が低下した。そして、米国自らが対外的関与や影響力の行使を手控えるようになった。ソ連が崩壊し、またその後継国のロシアは国内状況がいまだ不安定で、軍事的にも経済的にも弱体化したため、その対外的影響力が著しく衰えた。その結果、それまで強力であった米・ソの国際的管理能力が弱体化した。

　こうしたなかで、冷戦期に超大国の従属的地位にあった国家および国内でマイノリティの立場にあった民族や集団が、冷戦体制の崩壊後、政治的自立化を目指した。冷戦的緊張が消滅したため、人々の関

心が従来から懸案となっていた領土・民族・宗教の問題に移り、それらの対立が世界の各地域において再燃した。こうして、各国家・民族が自己の欲求・利益の追求をはじめた。

　こうした結果、現在の国際社会においては、東西間のイデオロギー的・軍事的対立が緩和したため、冷戦に起因していた地域紛争が鎮静化した。しかし、逆に、湾岸戦争（1991）・ボスニア・ヘルツェゴビナ紛争（1992〜95）、アルメニア＝アゼルバイジャン紛争（1998〜）、チェチェン紛争（1991〜）、ルワンダ内戦（1990〜94）、ダルフール紛争（2003〜）などに見られるように、冷戦が終結したことによって、これまで押さえつけられていた国家や民族の問題が再燃し、新たな地域紛争が多発するようになった。

　さらに、国際的テロリズムも活発化した。テロリズムは、特定の政治目的を達成するために、非国家行為体や武装組織が、組織的な暴力や威嚇を通じて恐怖状態をつくりだす行為であり、こうした行為が複数の国家にまたがる場合に国際テロリズムと呼ばれる。十分な軍事力を持たない少数民族や反政府組織が、敵対する国家や政府に対して正面きって戦うことができないため、自己の政治目的を達成するためにテロ活動を活発化してきた。

　こうした第三世界の国際状況の変化にともない、次のような形態の軍拡競争が進んでいった。先ず、冷戦後のナショナリズムやエスノセントリズムの高揚と相まって、ある国々は軍事力の増強によって自国の地位や立場を強化し、その地域における自国の影響力を拡大しようとしていった。イラク、インド、パキスタン、および中国などは、「地域大国化」の願望をもち核兵器開発や軍拡を進めていった。次に、イラン、北朝鮮などの冷戦体制の終焉によって国際的に孤立した国家が、軍事力の強化によって自国を防衛し、また自国の対外的な影響力の低下を阻止しようとした。そして、ナショナリズムの高揚および米・ソの国際的管理能力の低下などによって、地域紛争が頻発した。こうした状況においては、各国が独自に自国の安全を守る必要性があり、経済的に余裕がある国々は軍拡を進めた。さらに、軍需産業

は、先進諸国の軍縮政策によってこれらの国の政府へ武器が売れなく
なったため、第三世界へ武器を売却しようとした。また、米国、ロシ
ア、イギリス、フランス、ドイツ、中国などの政府は、自国の景気が
あまり良くないので自国の経済を活性化するために、それらの政府自
らが軍需産業と一緒になって武器の輸出を推進していった。

　この第三世界諸国の軍拡には、地域紛争を抱えている諸国や経済的
に豊かな諸国が通常兵器の軍備拡張をおこなっていること以外にも問
題がある。核兵器などの大量破壊兵器、その原料や技術、またミサイ
ルなどの兵器の運搬手段がそれらの保有国から非保有国へ広まること
が問題となる。例えば、旧ソ連の技術者や技術や核物質（核燃料）が
冷戦後に他国へ流出し、また中国・北朝鮮などがミサイルおよびその
技術を他国へ売却していった。その結果インド、パキスタン、イスラ
エル、北朝鮮などは、核不拡散条約では核保有を認められていない
が、実際には核を保有している国、またはそうであると推定される国
になっている。これらの国は「潜在的核保有国」と呼ばれている。

　このように、冷戦後においても、先進諸国における軍縮の動きとは
逆に、第三世界諸国における軍拡が進んでいった。

(2)　軍備縮小と軍備管理

a.　軍縮と軍備管理の必要性

　国際社会における国家の利益の追求、中央政府の不在（アナー
キー）、およびパワー・ポリティクスという問題を根本的に解決する
ことは現時点において困難である。そして、国際社会において国家間
の利害の対立や衝突は常に存在しているため、こうした対立や衝突か
ら大きな戦争や紛争へと拡大する。しかし、前述したように国際安全
保障の枠組もいまだ不十分なものであるため、国際社会においては軍
拡のメカニズムが働く可能性がある。それゆえ、こうした国際社会の
現状に対応するため、戦争や紛争を起こす手段を可能な限り規制しま
た廃棄する必要がある。もちろん、こうした戦争の手段の規制や廃棄
は戦争を阻止する根本的解決にならない。それでもなお、軍縮や軍備

　管理の実施によって戦争の発生の可能性を低下させ、また戦争が発生した場合の損害を減少させるために、積極的に軍縮・軍備管理を実施する必要性がある。

　軍縮（disarmament）とは、国家間の安全保障や平和を実現するために、軍備（戦力）を削減または撤廃することであり、とくに、軍備の大幅な削減および全面的廃棄を意味する。すなわち、軍縮は、軍隊の有する兵器、装備、兵員などの削減および撤廃をおこなうことである。冷戦期から冷戦後にかけて、東西対立が緩和するにしたがって多くの軍縮条約が結ばれている。軍縮条約の例として、生物・毒素兵器禁止条約（BWT）、中距離核戦力（INF）全廃条約、第一次戦略兵器削減条約（START 1）、第二次戦略兵器削減条約（START 2）、そして化学兵器禁止条約（CWT）などがある。

　軍備管理（arms control）とは、国家間の安全保障や平和を実現するために、軍備（戦力）の保有や運用を規制することであり、この措置は軍縮が現状において不可能または不適当である場合に実施される。軍備管理には、軍備の研究・開発・実験の規制、配備・移動・演習の規制、軍事情報の公開、また信頼醸成などが含まれる。それゆえ、軍備管理は相互に合意された軍備増強を排除せず、軍備を縮小することをめざす軍縮とは異なる措置である。冷戦期には、東西陣営の軍事的対立を緩和しようとして多くの軍備管理条約が結ばれている。例として、部分的核実験停止条約（PTBT）、核兵器不拡散条約（NPT）、第一次戦略兵器制限条約（SALT 1）、第二次戦略兵器制限条約（SALT 2）、包括的核実験停止条約（CTBT）などの多くの軍備管理条約がある。

b．第二次世界大戦後における軍縮・軍備管理の歴史

1．冷戦初期における軍縮・軍備管理

　第二次世界大戦の終結後、国連を中心として多国間の軍縮と軍備規制が積極的に討議された。1946 年 1 月に「国連原子力委員会」が、

ついで翌年の２月には「国連通常軍備委員会」が設置され、これらの委員会において原子力の国際管理と原子力（核）兵器の禁止、また通常軍備の縮小などが審議された。そして、1949 年にソ連が原爆を保有したことを契機として、軍縮交渉を活性化させるために、1952 年１月に両委員会を統合する「国連軍縮委員会」が安全保障理事会の下に設置された。さらに、1954 年４月には大国間の話し合いを重視して、同委員会の下に、米国、ソ連、イギリス、フランス、カナダからなる「５カ国小委員会」が設けられた。

　この種の全般的な軍縮（包括的軍縮）を目ざす交渉は、1950 年代半ばに具体的成果のないまま行き詰まり、その後は、交渉の焦点が直接には軍縮を目ざさない、いわゆる部分的措置（軍備管理）へと次第に移っていった。米国とソ連両国の核軍備が増強されて大幅な軍縮の可能性がなくなったこと、同時に相手からの大規模な核による報復の恐れから米・ソ両国が容易に核戦争に訴えられないという「核の手詰まり」が生じたことなどがその背景にあった。

　こうした状況から、軍縮の交渉の場も国連を離れるようになり、米国とソ連が主導する「ジュネーブ軍縮委員会」へと移った。1960 年３月には米ソとその同盟国からなる「10 カ国軍縮委員会」が発足した。その後この委員会は 1962 年に非同盟諸国などを加えて「18 カ国軍縮委員会」となり、さらに 1969 年に日本など８カ国を加えて「軍縮委員会会議」となった。この委員会は、1960 年代から 70 年代後半まで、核実験の禁止や核兵器の不拡散の問題について交渉をおこない、軍縮交渉の場として中心的役割を果たした。

２．平和共存時代における軍縮・軍備管理

　1962 年 10 月のキューバ危機において、全面核戦争の瀬戸際を経験した米国とソ連は、両国間の相互核抑止状況の安定化を求めるようになった。両国は核の手詰まりを背景として、冷戦の対立状況を前提として米・ソの共存のルールを創り出すことを望んだ。これを契機として、1960 年代から 1970 年代初期にかけて、大気圏・宇宙空間・水中

における核実験を禁止する「部分的核実験禁止条約（1963）」、核兵器などの大量破壊兵器の宇宙空間への配置を禁止する「宇宙天体条約（1967）」、非核保有国の核の保有を禁止している「核不拡散条約（1968）」、「海底核兵器設置禁止条約（1972）」、「生物・毒素兵器禁止条約（1972）」など数多くの二国間、多国間の軍備管理に関する条約が成立している。

　ただし、この米・ソ中心の軍備管理体制に対して、フランスや中国などの他の大国は当初から強く反発し、ジュネーブの軍縮委員会やその後の軍縮会議にも参加しなかった。

3．デタント（détente）期における軍縮・軍備管理
　このような多国間の軍備管理体制の枠組みを基盤とし、また1970年代初期のデタントと呼ばれた東西陣営間の緊張緩和を背景にして、米ソ両国は、1970年代を通じて、相互核抑止体制を安定させる上で不要である戦略核戦力の一部を制限するための二国間交渉を続けた。

　その成果として締結された「第一次戦略兵器制限条約〔戦略的攻撃兵器制限暫定協定〕（SALT 1）」は、戦略核兵器の制限に関する暫定的な協定であり、1972年5月に調印された。この暫定協定の内容は、大陸間弾道ミサイル（ICBM）を米国1,054基またソ連1,618基に限定する、そして潜水艦発射弾道ミサイル（SLBM）を米国710基またソ連950基で凍結するというものであった。

　弾道弾迎撃ミサイル（ABM）制限条約は、ABMの保有によって先制核攻撃の誘惑が増すことによって、核抑止理論が崩れるのを防ぐために締結された。この条約は、米ソ両国のABMシステムの配備を首都とICBM基地の計2カ所に制限した条約であり、SALT 1と同時に調印された。

　SALT 1における核弾頭の規制が不十分であることを補うために、「第二次戦略兵器制限条約〔戦略的攻撃兵器制限条約〕（SALT 2）」が1979年6月に調印された。この条約では、米ソの戦略兵器運搬手段であるICBM、SLBM、戦略爆撃機、空対地弾道ミサイル（ASBM）

の総数を2,250基以下に総枠規制した上で、複数個別誘導弾頭（MIRV）化されたミサイルの総数は1,200基以下という規制を加えた。さらに、MIRV化による核弾頭総数の増大を抑えるために、新型ICBMに搭載する弾頭数は10個以下、SLBMの弾頭数は14個以下に規制した。

　また米ソ交渉と並行して、ヨーロッパでは1973年以降、「ヨーロッパ安全保障協力会議（CSCE）」、およびNATOとワルシャワ条約機構の関係国による「中部欧州兵力削減交渉（MBFR）」が始まった。前者は1975年8月にその後の東西ヨーロッパの安全保障の主要な枠組みとなった「ヘルシンキ宣言」に合意した。

　1970年以降、非同盟諸国はこの相互核抑止体制の下での核軍縮の遅れに強い不満を表明し始めた。そして、これら非同盟諸国が主導する形で、1978年に「国連軍縮特別総会」が開催された。特別総会では、1978年6月に、米・ソ主導であった軍縮委員会会議を改組して、新たに40か国からなる「軍縮委員会」の設置に成功するなど、軍縮交渉の流れを変える最初の動きとなった。しかし、核保有に反対する非同盟諸国と核兵器保有国の対立が激しく、軍縮に対して国際世論を喚起したという以外には大きな成果をあげることはできなかった。

　こうした東西陣営間の軍縮・軍備管理において多くの進展が見られたが、長くは続かなかった。1970年代後半に、ソ連は一方的に核弾頭数の増強を図り、また地域紛争に関与していったため、東西関係が悪化した。とくに1979年のソ連によるアフガニスタン侵攻後の1980年代前半は、「新冷戦」と呼ばれる緊張の時代となった。米ソは1981年11月に中距離核戦力（INF）制限交渉、1982年6月に戦略兵器削減交渉（START）を開始したが、まったく歩み寄りが見られず、軍縮交渉は行き詰まった。

4．冷戦末期および冷戦後における軍縮・軍備管理

　1985年にソ連共産党書記長にゴルバチョフが就任し、「新思考外交」という西側との協調路線をとり始めたため、米ソ間の軍縮交渉が活発

化した。ヨーロッパだけでなくアジアを含めた中・短射程のミサイル
を全廃する「中距離核戦力（INF）全廃条約」が、1987年12月に調
印され、1988年6月に発効した。この条約は、米ソの地上配備の中・
短距離核ミサイルを条約発効から3年以内に全廃することを定めてい
る。これにより米ソは、地上発射のINFミサイルに限られるとはい
え、両国あわせて約2,600基の核兵器を廃棄し、第二次世界大戦後初
めての核軍縮が実現した。

　「第一次戦略兵器削減条約〔戦略的攻撃兵器の削減・制限条約〕
（START 1）」は、1990年の基本合意を経て1991年7月、ブッシュ・
アメリカ大統領とゴルバチョフ・ソ連大統領による首脳会談において
調印された。この条約は、現存の戦略核兵器の約30%を削減すると
いう内容であり、史上初の戦略核兵器の削減条約である。この条約
は、ICBM、SLBM、戦略爆撃機などの戦略核運搬手段の上限を1,600
基、そして戦略核弾頭の総数を6,000個とすることが主な内容であっ
た。ただし、この条約は、1991年12月のソ連の崩壊によって直ぐに
は批准されずに、1992年12月まで発効が遅れた。

　ソ連消滅後、軍備の負担の軽減を望むロシア連邦はさらなる戦略核
兵器の削減をめざしてアメリカと第二次戦略兵器削減交渉を進め、
1993年1月に両国の間で「第二次戦略兵器削減条約〔戦略的攻撃兵
器の更なる削減・制限条約〕（START 2）」が調印された。この条約
は、2段階に分けて戦略核兵器を現在の約3分の1に削減しようとい
うものであった。この条約では、2003年までに戦略核弾頭の総数を
3,000～3,500個に制限する、そしてSLBMの弾頭は1,700～1,750個に
制限し、またMIRV化されたICBMは全廃することなどを規定して
いた。

　軍備管理の分野において、1995年に有効期限が切れることになっ
ていた「核不拡散条約（NPT）」は、同年の再検討・延長会議で無期
限に延長され、恒久的な条約となった。

　東西陣営間の軍縮・軍備管理の他に、特定の地域における核兵器の
保有や使用を禁止した非核兵器地帯の拡大において、いくつかの進展

が見られた。1967 年の「ラテン・アメリカ及びカリブ海域核兵器禁止（トラテロルコ）条約」以来こうした条約は結ばれていなかったが、1985 年の「南太平洋非核地帯（ラロトンガ）条約」、さらに冷戦後には 1995 年の「アフリカ非核地帯（ペリンダバ）条約」と「東南アジア非核地帯（バンコク）条約」が結ばれて、第三世界の多くが非核兵器地帯に覆われることになった。

　イラン・イラク戦争で化学兵器が使用されたこと、さらに湾岸戦争後の査察でイラクが化学兵器を生産していたことが判明し、化学兵器の拡散が冷戦後の脅威となった。これを契機として、化学兵器の禁止でも新たな進展が見られ、1992 年 1 月にジュネーブの軍縮会議で「化学兵器禁止条約」が採択された。

　通常戦力の分野において、先の MBFR に代わって、1989 年からNATO と WTO の加盟国は、ヨーロッパ安保協力会議（CSCE）の枠組みの下で戦車、装甲車、火砲、戦闘機、および戦闘ヘリコプターなど通常兵器の削減を目指すヨーロッパ通常戦力削減交渉を開始した。その結果、1990 年 11 月に、中部ヨーロッパにおける東西陣営間の通常戦力の均衡を図り、戦争の可能性を取り除くための「ヨーロッパ通常戦力（CFE）削減条約」に調印した。

c．現在の軍縮・軍備管理の状況

　1．核兵器の軍縮・軍備管理
　核不拡散条約（NPT）は非核保有国の核の保有を禁止しているが、国家が核兵器を所有することはその国の国際社会における発言力を高めることを意味した。それゆえ、各国は、原子力の平和利用の名のもとに核開発と核保有を目指したため、その技術が軍事転用される危険性が常にあった。冷戦後の国際秩序の混乱した状況において、核物質や技術が非核保有国へ移転してゆき、それに伴い NPT が国際社会の実状に合わなくなると予想された。そうした事態を危惧した非核保有国が、核保有国に対し、包括的な核実験の禁止条約の締結を迫って

いった。1994 年以降、ジュネーヴ軍縮会議においてこの条約の交渉が続けられ、世界的な支持を背景として、1996 年 9 月、国連総会において「包括的核実験禁止条約（CTBT）」が採択された。

　核不拡散条約は、核保有国の核軍縮の努力についても規定している。START 2 が完全に実施されたとしても、戦略核弾頭 3,000〜3,500 個が残り、また戦術核弾頭 10,000〜15,000 個が残存することになり、米国とロシアはまだ多くの核兵器を保有し続けていた。また、中国、イギリス、フランスも多くの核兵器を保有していた。このため、核保有国もさらなる核軍縮を行うべきであった。そうしたなか、第三次戦略兵器削減条約（START 3）を締結するための交渉が 1999 年から開始されたが、交渉はあまり進展しなかった。しかし、その後も交渉が続けられ、米・ロ両国の戦略核弾頭の総数を 2012 年まで 1,700〜2,200 個に削減するという内容の「戦略攻撃能力削減条約〔モスクワ条約〕（SORT）」が 2002 年 5 月に締結された。さらに、米・ロ両国の戦略核弾頭数を 1,550 個に、核運搬手段を 800 基にまで削減するという内容の「新戦略兵器削減条約（新 START）」が 2010 年 7 月に締結された。

　冷戦後、旧ソ連からの核物質や核技術の流出が多発して、テロリスト等の手に渡る危険性があった。それゆえ、旧ソ連諸国内で核物質の管理を強化し、またそれらの密輸や核技術者の流出を阻止する必要があった。中国やパキスタンも核兵器の製造技術を他国に移転していた。このため、「原子力供給国グループ（NSG）」や「ロンドン・ガイドライン」などの核不拡散レジームの強化によって、核兵器や核物質や核技術の移転〔核拡散〕を阻止する必要がある。そして、中国や北朝鮮からミサイルやその技術が他国に輸出されており、ミサイル管理技術レジーム（MCTR）の強化によって、核運搬技術の拡散を阻止する必要がある。さらに、潜在的核保有国をなくすために、インド、パキスタン、北朝鮮、イスラエルなどの潜在的核保有国に核不拡散条約への加盟と尊守を約束させるべきである。同時に、国際原子力機関（IAEA）による核関連施設（原子力発電所、核燃料施設）への任意

査察を強化する必要がある。

　2017 年 5 月、アメリカのブッシュ大統領は、参加各国が連携して、大量破壊兵器や弾道ミサイルなどの拡散防止に対する取り組みとして、核関連物質の移送や核関連技術の移転を阻止するための「拡散に対する安全保障構想（Proliferation Security Initiative：PSI)」を提唱した。

　この構想においては、先ず、国際社会の平和と安定に対する脅威である大量破壊兵器・ミサイルおよびその関連物資の拡散を阻止するために、国際法・各国国内法の範囲内で、参加国が共同して取りうる移転および輸送を阻止するための措置を検討・実践する。次に、参加各国が、自国の領域を越えて他国と連携して大量破壊兵器等の拡散を阻止する。また、国内においても、警察・国境警備隊・税関・軍・情報機関などの関係機関の間の連携を重視する。

　この構想には、2003 年から、多数の国が参加する拡散阻止訓練が行われており、2004 年 10 月には日本主催で訓練が行われた。2017 年時点で、105 カ国がこの構想に支持を表明し、PSI の活動に参加・協力している。

　そして、2017 年 7 月、核兵器を違法化する「核兵器禁止条約（Treaty on the Prohibition of Nuclear Weapons)」が国連において採択された。この条約は、核兵器を非人道的で違法なものであると明示し、加盟国に核兵器の開発・実験・生産・保有・使用また核兵器による威嚇などを全面的に禁止するものであり、核兵器の廃棄を検証する措置をも含んでいる。しかし、この条約の発効には 50 カ国の批准を必要としており、核保有国や日本はこの条約への署名の意思がないことを表明している。

2．通常兵器の軍縮・軍備管理

　通常兵器に関しては、第三世界などの戦争や紛争の発生地域または発生の可能性がある地域への武器移転を阻止または抑制する必要がある。このため、武器移転の透明性を確保するために 1992 年 12 月に採

択された「通常兵器移転に関する国連登録制度」を強化する必要があ
る。この制度は、日本が中心となって提案した登録制度であり、通常
兵器の国際的移転を国連へ登録させることによって、各国の軍備の透
明性や公開性を向上させ、また国家間の信頼醸成や過度の軍備蓄積の
防止を図るものである。しかし、アフリカや中東地域の国々の報告が
少なく、今後、これらの諸国のこの制度への参加を促すことが重要で
ある。

　そして、現在、多くの人々の命を奪っている小型武器や対人地雷の
規制も強化する必要がある。ライフルやマシンガンなどの小型武器
は、地域紛争を激しくするだけではなく、紛争後における人道援助や
復興開発活動を阻害し、紛争の再発を引き起こす要因となっている。
紛争地の民兵やゲリラは様々な小型武器を保持しているため、一般市
民がこうした勢力から自分の身を守るために武器を求めるといった悪
循環にも陥っている。このため、過剰に蓄積された小型武器をどのよ
うに回収または破棄していくか、そして小型武器が流通しないように
いかに規制していくかが、国際社会において重要な課題となってい
た。

　こうしたなか、2001 年 7 月に「国連小型武器会議」が開催され、
小型武器の不正な取引を規制する「小型武器行動計画」が採択され
た。そして、2006 年、2012 年、2018 年には、この行動計画の履行状
況を検討するために「小型武器行動計画履行検討会議」が開かれた
が、大きな進展はなかった。

　そして、多くの紛争地域で埋設された対人地雷は、非戦闘員である
一般市民に対し無差別に被害を与え、さらにこうした地域の紛争後の
復興と開発にとって大きな障害となっている。これに対応するため、
1996 年 10 月にカナダのオタワで対人地雷全面禁止に向けた国際会議
が開かれ、翌年 12 月に「対人地雷禁止条約（オタワ条約）」の署名が
なされ、1999 年 3 月に発効した。この条約は、対人地雷の使用、開
発、生産、貯蔵、保有、移譲などを禁止している。

　しかし、対人地雷についての世界有数の保有国でありまた輸出国で

もあるアメリカ、中国、ロシア、およびインドなどが、いまだ締約国となっていない。また、多くの地雷埋設地域が残存しており、この撤去のために膨大な費用の負担も問題となる。このため、未加盟国に対してこの対人地雷禁止条約への加盟を促すとともに、埋設地域からの地雷除去のために地雷の探知および除去技術の開発、さらに犠牲者に対する支援のための国際的取組みの強化が必要である。

　世界の平和や安全を確立するために、軍縮・軍備管理の分野において上述したような政策や制度を実現する必要がある。そして、それらの実現を容易とするような国際安全保障の新たな枠組をつくり、それらを維持・発展させていかなければならない。

　こうした軍縮や軍備管理を推進するための環境づくりとして、世界の様々な地域において、ヨーロッパ安全保障協力会議（CSCE）やアセアン地域フォーラム（ARF）のような信頼醸成のための地域的安全保障協議体を設置すべきである。こうした協議体や会議において、安全保障問題を協議しまた情報を交換することによって、戦争を引き起こす原因となる相互の不信を取り除く必要がある。

　さらに、新たな北大西洋条約機構（NATO）、欧州安全保障協力機構（OSCE）、アセアン地域フォーラム（ARF）、およびアフリカ連合（AU）などの国際機構の集団安全保障的機能を強化し、地域的な集団安全保障機構として発展させるべきである。こうした地域的な集団安全保障機構が設立されることによって、各国が個別的に自国を防衛する必要性が低下し、そして軍縮や軍備管理がさらに推進される可能性が高まる。

　これまで述べたように、軍縮・軍備管理は、戦争や紛争の発生を抑止し、また戦争や紛争による損害を縮小し、さらに軍事費の削減とその平和的転用に役立つものである。それゆえ、軍縮・軍備管理をさらに推進することが、世界平和に向けての重要な課題となる。

```
╪═══╡第21章╞═══╪
```

地域主義と地域統合

⑴　地域主義と地域統合

ａ．地域主義と地域統合

　　地域主義（regionalism）は、複数の国家に跨がる特定の地域にお
いて、その地域内の政治・経済・文化・安全保障などの分野を通じて
地域間交流、地域意識、地域協力、および地域統合などを促進させる
ことによって、その地域の凝集性を高め、その地域に特定の役割をも
たせようとする考え方である。地域主義が目指す共同体としての一体
化のレベルや範囲は、グローバリズム（globalism）よりも小さく、
またナショナリズム（nationalism）よりも大きい。

　　地域統合（regional integration）は、特定の地域に属する複数の国
家が、政治・経済・安全保障・文化などの分野において連繋を強化
し、さらには平和的手段によって統一一体を形成することである。地域
統合は、様々なレベルの統合を含む国際統合（international
integlation）の１つの形態である。

ｂ．現在の地域主義の特徴

　　今日の地域主義は、これまでの地域主義に見られない新たな特徴を
帯びている。ヨーロッパにおけるヨーロッパ連合（EU）の拡大と深
化、アメリカ大陸での北米自由貿易連合（NAFTA）のラテン・アメ
リカへの拡大に見られるように、現在の地域主義は極めて広範囲にわ
たる諸国をその経済圏に包括している。アジアにおいても、アジア太
平洋経済協力会議（APEC）の18におよぶ諸国・地域の参加や
ASEAN自由貿易協定（AFTA）といったものが見られる。

　日本や米国が APEC に参加しているように、これまでグローバリズムを重視して地域的な取り決めに参加しなかった経済大国が、地域主義の一翼を担うようになっている。

　今日の地域主義は、経済規模の小さな諸国と日本と米国のような経済大国が参加しているように、先進諸国と途上国の双方をメンバーとしている。これらの諸国の経済、社会、政治、文化的な異質性は、これまでの地域主義の排他性的な特徴とは、著しい対照をなしている。この背景には、国際経済のグローバル化の進展にともなう、国境を越えるヒト、モノ、カネ、情報などのトランスナショナル（transnational）な動きに後押しされている。

　これまでの地域主義は域内の経済活動を活性化することにあり、域内貿易の拡大がその主たる目的であった。しかし、今日の地域主義は、域内だけではなく域外との経済活動の促進にも重点が置かれている。例えば AFTA の締結の狙いの一つは、東欧の旧共産主義諸国の市場経済化にともなって海外資金の同地域への流入が拡大することによって、ASEAN 諸国への資金の流入が減少することに危機感を抱いた ASEAN 諸国が、域外への市場の拡大によって外国資本にいっそう魅力ある地域に自らを変えゆこうとすることであった。

　他方で、国民経済の全体同士ではなく、国民経済の一部同士が結びつく「局地経済圏」あるいは「自然経済圏」と呼ばれる新たな地域主義が生まれている。例えば、日本においては、九州地方が地理的に接近している韓国との貿易を拡大していることも好例である。このように、その地域の生産物を域外に輸出しようとしている点で外部志向的であり、実質的な経済統合を進めている。

(2)　ヨーロッパ共同体（ヨーロッパ連合）

a.　ヨーロッパ共同体（ヨーロッパ連合）の統合の歴史

　ヨーロッパ統合は、第二次世界大戦後、米国とソ連にはさまれ、戦争の疲弊からあらゆる面で実力を喪失したヨーロッパの危機感を契機として、米国経済に対抗する力を養い、共産主義の浸透を防止し、独

仏の対立に終止符を打ち、ヨーロッパ内部の平和の基礎を固めること
を目的としたヨーロッパ再生運動から誕生した。ヨーロッパ石炭鉄鋼
共同体（ECSC）創設条約（パリ条約）が、1951年にフランス、西ド
イツ、イタリア、オランダ、ベルギー、ルクセンブルクの6ヵ国の間
で成立し、翌1952年に発効してヨーロッパ統合への先鞭をつけた。
1957年の「ローマ条約」に基づき、ヨーロッパ経済共同体（EEC）
とヨーロッパ原子力共同体（EURATOM）が、同じ6カ国により設
立された。1965年の「単一理事会および単一委員会設立条約（融合
条約）」によって、EEC、ECSC、EURATOMの3者の最高決定機関
と執行機関はそれぞれ「ヨーロッパ共同体理事会（閣僚理事会）」と
「ヨーロッパ委員会」に統合され、1967年に「ヨーロッパ共同体
（EC）」となった。

　1973年にはイギリス、デンマーク、アイルランドの3カ国が加盟
して拡大ECとよばれるようになった。その後、1981年にギリシャ
が、1986年にスペインとポルトガルがECに加盟した。1986年には、
ローマ条約の大改正である「単一ヨーロッパ議定書」が採択され、
1992年末までにモノ・サービスの両面で域内取引の障壁の多くを撤
廃して、1993年1月からヨーロッパ統合市場を発足させた。

　ECは、1992年の「ヨーロッパ連合条約（マーストリヒト条約）」
によって、新たに外交・安全保障、司法・内政、経済・通貨などの分
野での統合を進めることになり、1993年11月に「ヨーロッパ連合
（EU）」に名称を変更した。ECがEUに生まれ変わった目的は、日米
の経済・技術力に対抗するために、EC諸国が力を合わせ、共通の単
一市場を形成すること、そして従来の経済統合から政治協力も含んだ
統合へと進展することであった。そして1995年1月からはフィンラ
ンド、スウェーデン、オーストリアの3カ国が加盟し、EUは15カ
国から構成されることになった。

　EUは、1997年6月に「アムステルダム条約」により、意思決定に
多数決制を導入し、多段階統合（過半数を条件として条件を満たした
国から統合をすすめる）への道をひらき、統合への強い意志を示し

た。現在、東中欧諸国、トルコなどが加盟申請を行っている。さらに、EU 域内の通貨統合も進められており、通貨統合は 1992〜93 年の通貨危機を経験したものの、1999 年 1 月には単一通貨ユーロの発足にこぎつけた。ユーロの流通は 2002 年 1 月から開始された。

b.　EC（EU）の機構

　ヨーロッパ理事会（European Council）は、加盟国の国家元首または政府の長、ヨーロッパ理事会議長、ヨーロッパ委員会委員長で構成される。定期的に年 2 回開催され、ヨーロッパ連合の政治指針や政策の大局を定め、統合を推進している。このため欧州理事会は欧州連合の最高意思決定機関に位置づけられている。

　EU の政策決定機関、すなわち立法府は、ヨーロッパ連合理事会（閣僚理事会）とヨーロッパ議会からなる。これらは、EU の立法や予算の決定と監督に関する権限を共有している。現在では、ヨーロッパ各国の法律の 6 割を作成している。ただし、これら両機関とも原則として法案提出権を有していない。

　ヨーロッパ連合理事会、すなわち閣僚理事会（Consilium）は、加盟各国から一人ずつの代表（閣僚）で構成され、外相、蔵相など各政策分野に応じた閣僚理事会があり、出席する閣僚が異なる。また、一部の分野においては閣僚理事会にのみ立法主導権が与えられている。

　ヨーロッパ議会は、基本的に諮問機関であり、同議会は単独の立法権を与えられていない。しかし、同議会は、立法への同意権、ヨーロッパ理事会およびヨーロッパ委員会に対する質問および監督権、それらとの協議権、予算権、および委員会不信任決議権などの権限を有しており、ヨーロッパ理事会と委員会に対して監視の目を光らせている。

　EU の政策執行機関、すなわち行政府はヨーロッパ委員会であり、EU 諸機関の運営を監督し、理事会へ提案を行い、また理事会決定を実施する。また、この委員会は、関税、農業、通商、景気対策、運輸、環境、開発援助、金融などの共通政策を、さらに共通外交安全保

障政策を実施している。本部はブリュッセルにある。

EU の司法機関は、15 人の判事からなる「ヨーロッパ司法裁判所（ECJ）」である。この裁判所は、EU の基本条約や EU 法の解釈・適用を判断する。ECJ は、その判決を通して EU 統合を推進し、大きな影響を及ぼしてきた。EC 法の加盟国への直接適用性を確立したのも、また EC 法の加盟国の国内法に対する優位を認めたのも、ECJ の判決であった。

2016 年 6 月下旬、イギリスにて実施されたヨーロッパ連合からの離脱を問う国民投票において離脱賛成が過半数を占め、EU 離脱の方向性が示された。背景には EU 政策に対するイギリスの不信、イギリスへの移民流入問題があるとされる。これに伴い離脱に反対していた保守党のキャメロン首相は辞任し、同党後任のメイ内閣が成立した。外務大臣に EU 脱退派のボリス・ジョンソンが任命された。以降、2019 年 3 月 29 日の EU 離脱に向けてイギリスと EU は協議を続けたが、北アイルランドの国境管理問題に決着がつかないなどの理由から、離脱期限が 3 回も延長を繰り返した。最終的には 2019 年イギリス総選挙で離脱を掲げる保守党が圧勝し、2020 年 2 月 1 日に離脱した。

⑶ その他の地域主義

a. 北米自由貿易協定

米国の通商政策が地域主義に傾きつつあった 1980 年代後半からの動きに合わせ、1992 年 8 月に北米自由貿易協定（NAFTA）が、米国、カナダ、メキシコの間で合意に達し、同年 12 月に調印され、1994 年 1 月より発効した。

NAFTA は、米国、カナダ、メキシコ間のヒト・モノ・カネの動きを活発にして自由貿易圏をつくることによって、1980 年代にヨーロッパで進んだ経済統合に対抗する狙いがあった。NAFTA 締結には、まず米国とメキシコの間に、次の三段階のプロセスがあった。第 1 段階として、1987 年 11 月に「貿易と投資に関する枠組み協定」を

締結することによって、2国間の貿易と投資促進のためのベースを
創った。第2段階として、1989年10月にこの協定を格上げした「貿
易・投資の円滑化に関する協定」を結んだ。第3段階として、1990
年8月に、メキシコが米国に自由貿易協定の交渉開始を提案した。こ
うして米国とメキシコの間に基礎が築かれたあと、1991年6月にカ
ナダを加えた交渉が開始され、1992年12月に3カ国が協定に調印し
た。

　NAFTAは、加盟国の関税の引き下げ、金融・投資の自由化、知
的所有権の保護などを取り決めることによって締結国間での貿易障壁
を取り除き、北アメリカ域内の貿易自由化を最終目標とする協定であ
る。自由化の対象に工業製品のみならず、農業、サービスの分野を含
む。労働力の移動の自由と経済政策の協調がない点はEUと異なって
おり、またEUの域外に対する関税率は一定であるのに対し、
NAFTAはそれぞれ独自の関税率を適用している。

　米国はNAFTAを南北アメリカ大陸全域に拡大しようとする「ア
メリカ自由貿易圏（FTAA）」構想を推進しようとしている。

b．東南アジア諸国連合

　東南アジア諸国連合（ASEAN）は、1961年に結成された東南アジ
ア連合（ASA）を母体に、地域安全保障と政治的安定の基礎となる
経済協力の促進を目指して、1967年にインドネシア、シンガポール、
タイ、フィリピン、マレーシアの5カ国によって設立された。1984
年にブルネイ、1995年にベトナム、1997年にミャンマーとラオス、
1999年にカンボジアが加わり、東南アジアのすべての国が加盟する
「ASEAN 10」が実現した。

　ASEANは、域外大国である米国が主導する東南アジア条約機構
（SEATO）に代るものとして誕生したが、他方で、EUやNAFTA
に刺激されて発生した側面を持ち、経済や文化の分野の協力を通じて
地域安定を図る狙いがある。

　ASEANの歴史は、4つの時期に区分することできる。第1期は、

1960年代初期〜1970年代初期である。この時期は、ASEANの機構の整備、加盟国間の紛争の解決や対立の緩和に終始した時期である。アジア新興諸国において反植民地主義に基づく連帯意識および冷戦の激化に対応した地域的結束の動きが高まり、経済協力機構を創設することへの要請があった時期であった。

第2期は、1970年代初期〜1970年代中期である。この時期は、政治協力が進展した時期であり、二カ国間協力を中心として、安全保障機構としての強化が図られた。また、1971年の特別外相会議における「クアラルンプール宣言」で、東南アジアの中立化を宣言した。

第3期は、1970年代中期〜1990年代前期である。この時期には、経済協力の進展と協力の多様化が見られた。1976年の第1回ASEAN首脳会談が開催され、加盟諸国の政治的団結と中立化の動きが活発化した。ここで、「ASEAN協和宣言」が出され、政治協力がASEANの地域協力の正式な一分野になった。同時に、東南アジア地域における主権や領土の相互尊重、紛争の平和的手段による解決、締約国間の協力などを定める「東南アジア友好協力条約」が締結された。

第4期は、1990年代初頭のソ連・東欧の崩壊からの時期である。この時期には、各国の経済成長の持続、地域主義や地域経済協力の促進のために、ASEANはさらに強力な組織体へと成長した。ASEANを取り巻く国際状況の変化にともなって、域内の経済協力の強化が迫られ，1993年の域内関税引き下げに続いて、2010年には先行加盟6ヵ国間の関税が撤廃された。2003年に「第2バリ宣言」において、経済分野、政治・安全保障分野、および社会・文化分野にまたがる「ASEAN共同体」構想が宣言された。2007年には、拘束力のある規範に基づいた機構をめざした「ASEAN憲章」が採択された。

ASEANは、さらなる拡大を目指して、ASEANが主導権を握る域外対話を推進している。1997年のアジア通貨危機を契機に、「ASEAN＋3（ASEAN諸国と日本・中国・韓国)」の形での地域協力を推進し、さらにこの延長線上で「東アジア共同体」構想を模索するようになっていった。

〔主要参照・引用文献〕

〔1〕 アイケンベリー、G.ジョン／細谷雄一監訳『リベラルな秩序か帝国か——アメリカと世界政治の行方』上・下、勁草書房、2012年。

〔2〕 明石欽司『ウェストファリア条約その実像と神話』慶應義塾大学出版、2009年。

〔3〕 赤根谷達雄・落合浩太郎編『日本の安全保障』有斐閣コンパクト、2004年。

〔4〕 赤根谷達雄・落合浩太郎編『「新しい安全保障」論の視座　人間・環境・経済・情報〔増補改訂版〕』亜紀書房、2007年。

〔5〕 アリソン、グレアム・T.／宮里政玄訳『決定の本質——キューバ・ミサイル危機の分析』中央公論社、1977年。

〔6〕 有賀貞『国際関係史——16世紀から1945年まで』東京大学出版会、2010年。

〔7〕 有賀貞・宇野重昭・木戸蓊・山本吉宣・渡辺昭夫編『講座国際政治1——国際政治の理論』東京大学出版会、1989年。

〔8〕 五十嵐武士『グローバル化とアメリカの覇権』岩波書店、2010年。

〔9〕 石津朋之・永末聡・塚本勝也編『戦略原論軍事と平和のグランド・ストラテジー』日本経済新聞出版社、2010年。

〔10〕 磯村早苗・山田康博編『いま戦争を問う——平和学の安全保障論』〈グローバル時代の平和学〉2、法律文化社、2004年。

〔11〕 猪口邦子『戦争と平和』（現代政治学叢書17）東京大学出版会、1989年。

〔12〕 猪口孝『国際関係論の系譜』（シリーズ国際関係論5）東京大学出版、2007年。

〔13〕　入江昭『二十世紀の戦争と平和〔増補版〕』東京大学出版会 UP
選書、2000 年。

〔14〕　ウォーラーステイン、I.／川北稔訳『近代世界システム――農業
資本主義と「ヨーロッパ世界経済」の成立』名古屋大学出版会、
2013 年。

〔15〕　ウォーラーステイン、I.／川北稔訳『近代世界システム II――
1600～1750 重商主義と「ヨーロッパ世界経済」の凝集』名古屋大
学出版会、2013 年。

〔16〕　ウォーラーステイン、I.／川北稔訳『史的システムとしての資本
主義』新版、岩波書店、1997 年。

〔17〕　ウォーラーステイン、I.／川北稔訳『近代世界システム III――
「資本主義的世界経済」の再拡大 1730s―1840s』名古屋大学出版
会、2013 年。

〔18〕　ウォーラーステイン、I.／川北稔訳『近代世界システム IV――中
道自由主義の勝利 1789―1914』名古屋大学出版会、2013 年。

〔19〕　ウォルツ、ケネス／河野勝・岡垣知子訳『国際政治の理論』勁草
書房、2010 年。

〔20〕　ウォルツァー、マイケル／萩原能久監訳『正しい戦争と不正な戦
争』風行社、2008 年。

〔21〕　ウォルツァー、マイケル編／石田淳・越智敏夫・向山恭一・佐々
木寛・高橋康浩訳『グローバルな市民社会に向かって』日本経済評
論社、2001 年。

〔22〕　臼井久和・星野昭吉編『平和学』三嶺書房、1999 年。

〔23〕　内田猛男・川原彰編『グローバル・ガバナンスの理論と政策』
〈中央大学政策文化総合研究所研究叢書〉14、中央大学出版部、2004
年。

〔24〕　内海愛子・山脇啓造編『歴史の壁を超えて――和解と共生の平和

学』〈グローバル時代の平和学〉3、法律文化社、2004 年。

〔25〕　エルマン、コリン／ミリアム・フェンデイアス・エルマン編／渡辺昭夫監訳『国際関係研究へのアプローチ——歴史学と政治学の対話』東京大学出版会、2003 年。

〔26〕　遠藤乾編『ヨーロッパ統合史』名古屋大学出版会、2008 年。

〔27〕　遠藤乾編『グローバル・ガバナンスの歴史と思想』有斐閣、2010 年。

〔28〕　大賀哲・杉田米行編『国際社会の意義と限界——理論・思想・歴史』国際書院、2008 年。

〔29〕　岡田章『ゲーム理論・入門人間社会の理解のために』有斐閣アルマ、2008 年。

〔30〕　小倉充夫・梶田孝道編『グローバル化と社会変動』〈国際社会〉5、東京大学出版会、2002 年。

〔31〕　岡義武『国際政治史』岩波現代文庫、2009 年。

〔32〕　押村高『国際正義の論理』講談社現代新書、2008 年。

〔33〕　オルソン、マンサー／依田博・森脇俊雅訳『集合行為論——公共財と集団理論〔新装版〕』ミネルヴァ書房、1996 年。

〔34〕　カー、E. H.／原彬久訳『危機の二十年——理想と現実』岩波文庫、2011 年。

〔35〕　梶田孝道『国際社会学のパースペクティブ——越境する文化・回帰する文化』東京大学出版会、1996 年。

〔36〕　ガット、アザー／石津朋之・永末聡・山本文史監訳・歴史と戦争研究会訳『文明と戦争』上・下、中央公論新社、2012 年。

〔37〕　ガディス、ジョン・ルイス／河合秀和・鈴木健人訳『冷戦——その歴史と問題点』彩流社、2007 年。

〔38〕　カルドー、メアリー／山本武彦・渡部正樹訳『新戦争論——グローバル時代の組織的暴力』岩波書店、2003 年。

308

〔39〕　カルドー、メアリー／山本武彦・宮脇昇・木村真紀・大西崇介訳『グローバル市民社会論——戦争へのひとつの回答』法政大学出版局、2007 年。

〔40〕　ガルトゥング、ヨハン／高柳先男・塩屋保・酒井由美子訳『構造的暴力と平和』（中央大学現代政治学双書）中央大学出版部、1991 年。

〔41〕　ガルトゥング、ヨハン／矢澤修次郎・大重光太郎訳『グローバル化と知的様式——社会科学方法論についての七つのエッセー』東信堂、2004 年。

〔42〕　川島真・服部龍二編『東アジア国際政治史』名古屋大学出版会、2007 年。

〔43〕　川田侃『国際関係研究』東京書籍、1996 年。

〔44〕　川村暁雄『グローバル民主主義の地平——アイデンティティと公共圏のポリティクス』法律文化社、2005 年。

〔45〕　功刀達朗・内田猛男編『国連と地球市民社会の新しい地平』東信堂、2006 年。

〔46〕　カント、イマヌエル／宇都宮芳明訳『永遠平和のために』岩波文庫、1985 年。

〔47〕　吉川元『ヨーロッパ安全保障協力会議（CSCE）——人権の国際化から民主化支援への発展過程の考察』三嶺書房、1994 年。

〔48〕　吉川元『国際安全保障論——戦争と平和、そして人間の安全保障の軌跡』神戸大学研究双書刊行会、2007 年。

〔49〕　キッシンジャー、ヘンリー・A.／岡崎久彦監訳『外交』上・下、日本経済新聞社、1996 年。

〔50〕　君塚直隆『近代ヨーロッパ国際政治史』有斐閣コンパクト、2010 年。

〔51〕　ギャディス、ジョン・L／五味俊樹・坪内淳・阪田恭代・太田

宏・宮坂直史訳『ロング・ピース冷戦史の証言「核・緊張・平和」』芦書房、2002 年。

〔52〕　ギルピン、ロバート／佐藤誠三郎・竹内透監修／大蔵省世界システム研究会訳『世界システムの政治経済学——国際関係の新段階』東洋経済新報社、1990 年。

〔53〕　キンドルバーガー、チャールズ・P.／石崎昭彦・木村一朗訳『大不況下の世界 1929—1939〔改訂増補版〕』岩波書店、2009 年。

〔54〕　キンドルバーガー、チャールズ・P.／中島健二訳『経済大国興亡史 1500—1990』上・下、岩波書店、2002 年。

〔55〕　キンドルバーガー、C. P.／P. H. リンダート／相原光・志田明・秋山憲治訳『国際経済学〔第 6 版〕』評論社、1983 年。

〔56〕　クラーク、イアン・アイヴァー・B. ノイマン編／押村高・飯島昇藏訳者代表『国際関係思想史——論争の座標軸』新評論、2003 年。

〔57〕　黒澤満編『軍縮問題入門〔第 4 版〕』東信堂、2012 年。

〔58〕　ケナン、ジョージ・F ／近藤晋一・飯田藤次・有賀貞訳『アメリカ外交 50 年』岩波現代文庫、2000 年。

〔59〕　ケナン、ジョージ・F.／清水俊雄（上）・奥畑稔（下）訳『ジョージ・F・ケナン回顧録——対ソ外交に生きて』上・下、読売新聞社、1973 年。

〔60〕　ケネディ、ポール／鈴木主税訳『大国の興亡——1500 年から 2000 年までの経済の変遷と軍事闘争〔決定版〕』上・下、草思社、1993 年。

〔61〕　ケネディ、ポール／古賀林幸訳『人類の議会——国際連合をめぐる大国の攻防』上・下、日本経済新聞出版社、2007 年。

〔62〕　ゲルナー、アーネスト／加藤節監訳『民族とナショナリズム』岩波書店、2000 年。

〔63〕　高坂正堯『国際政治——恐怖と希望』中公新書、1966 年。

〔64〕　高坂正堯『古典外交の成熟と崩壊』中公クラシックス、2012 年。

〔65〕　高坂正堯『現代の国際政治』講談社学術文庫、1989 年。

〔66〕　坂本義和編『世界秩序の構造変動 2　国家』岩波書店、1995 年。

〔67〕　コヘイン、ロバート／石黒馨・小林誠訳『覇権後の国際政治経済学』晃洋書房、1998 年。

〔68〕　コヘイン、ロバート・O.／ジョセフ・S・ナイ／滝田賢治監訳『パワーと相互依存』ミネルヴァ書房、2012 年。

〔69〕　佐々木卓也『冷戦——アメリカの民主主義的生活様式を守る戦い』有斐閣 Insight、2011 年。

〔70〕　佐々木雄太『国際政治史——世界戦争の時代から 21 世紀へ』名古屋大学出版会、2011 年。

〔71〕　佐藤成基編『ナショナリズムとトランスナショナリズム——変容する公共圏』〈現代社会研究叢書 2〉法政大学出版局、2009 年。

〔72〕　シェリング、トーマス・C.／河野勝監訳『紛争の戦略——ゲーム理論のエッセンス』勁草書房、2008 年。

〔73〕　塩川伸明『民族とネイション——ナショナリズムという難問』岩波新書、2008 年。

〔74〕　篠田英朗『国際社会の秩序』（シリーズ国際関係論 1）東京大学出版会、2007 年。

〔75〕　下斗米伸夫『アジア冷戦史』中公新書、2004。

〔76〕　ジョル、ジェームズ／池田清訳『第一次世界大戦の起原〔改訂新版・新装版〕』みすず書房、2007 年。

〔77〕　進藤榮一『現代国際関係学——歴史・思想・理論』有斐閣、2001 年。

〔78〕　進藤榮一『公共政策への招待』〈国際公共政策叢書〉1、日本経済評論社、2003 年。

〔79〕　スガナミ、H.／臼杵英一訳『国際社会論——国内類推と世界秩序構想』信山社出版、1994 年。

〔80〕　鈴木基史・岡田章編『国際紛争と協調のゲーム』有斐閣、2013 年。

〔81〕　ストレンジ、スーザン／西川潤・佐藤元彦訳『国際政治経済学入門——国家と市場』東洋経済新報社、1994 年。

〔82〕　セン、アマルティア／東郷えりか訳『人間の安全保障』集英社、2006 年。

〔83〕　高橋進『国際政治史の理論』岩波書店、2008 年。

〔84〕　田中明彦『世界システム』（現代政治学叢書 19）東京大学出版会、1989 年。

〔85〕　田中明彦『新しい中世——相互依存深まる世界システム』日経ビジネス人文庫、2003 年。

〔86〕　田畑茂二郎『国際法〔第 2 版〕』岩波全書セレクション、2008 年。

〔87〕　土山實男『安全保障の国際政治学——焦りと傲り』有斐閣、2004 年。

〔88〕　トインビー、アーノルド・J.／下島連ほか訳『歴史の研究』「歴史の研究」刊行会、1966—72 年。

〔89〕　ナイ、ジョゼフ・S・ジュニア／久保伸太郎訳『不滅の大国アメリカ』読売新聞社、1990 年。

〔90〕　ナイ、ジョセブ・S・ジュニア／山岡洋一・藤島京子訳『スマート・パワー——21 世紀を支配する新しい力』日本経済新聞出版社、2011 年。

〔91〕　ナイ、ジョセブ・S・ジュニア／デイヴィッド・A・ウェルチ／田中明彦・村田晃嗣訳『国際紛争理論と歴史〔原書第 9 版〕』有斐閣、2013 年。

〔92〕　中谷義和編『グローバル化理論の視座——プロブレマティーク

　　　＆パースペクティブ――』法律文化社、2007 年。

〔93〕　中西治『新国際関係論』南窓社、1999 年。

〔94〕　中本義彦編訳『スタンレー・ホフマン国際政治論集』勁草書房、
　　　2011 年。

〔95〕　南山淳『国際安全保障の系譜学　現代国際関係理論と権力／知』
　　　〈21 世紀国際政治学術叢書〉1、国際書院、2004 年。

〔96〕　ニコルソン、ハロルド／斎藤眞・深谷満雄訳『外交』（UP 選書）
　　　東京大学出版会、1968 年。

〔97〕　ネグリ、アントニオ・マイケル・ハート／水嶋一憲・酒井隆史・
　　　浜邦彦・吉田俊実訳『〈帝国〉グローバル化の世界秩序とマルチ
　　　チュードの可能性』以文社、2003 年。

〔98〕　パーキンソン、E／初瀬龍平・松尾雅嗣訳『国際関係の思想』岩
　　　波書店、1991 年。

〔99〕　H. バターフィールド・M. ワイト編／佐藤誠・安藤次男・龍澤邦
　　　彦・大中真・佐藤千鶴子・齋藤洋ほか訳『国際関係理論の探究――
　　　英国学派のパラダイム』日本経済評論社、2010 年。

〔100〕ハワード、マイケル／奥村房夫・奥村大作訳『ヨーロッパ史にお
　　　ける戦争〔改訂版〕』中公文庫、2010 年。

〔101〕ハンチントン、サミュエル・P.／市川良一訳『軍人と国家〔新装
　　　版〕』上・下、原書房、2008 年。

〔102〕ハンチントン、サミュエル・P.／坪郷實・中道寿一・藪野祐三訳
　　　『第三の波――20 世紀後半の民主化』三嶺書房、1995 年。

〔103〕ハンチントン、サミュエル・P.／鈴木主税訳『文明の衝突』集英
　　　社、1998 年。

〔104〕平野健一郎『国際文化論』東京大学出版会、2000 年。

〔105〕ファーガソン、ニーアル／仙名紀訳『文明　西洋が覇権をとれた
　　　6 つの真因』勁草書房、2012 年。

〔106〕 フクヤマ、フランシス／渡部昇一訳・特別解説『歴史の終わり〔新装新版〕』上・下、三笠書房、2005 年。

〔107〕 藤原帰一『デモクラシーの帝国——アメリカ・戦争・現代世界』岩波新書、2002 年。

〔108〕 藤原帰一・大芝亮・山田哲也編『平和構築・入門』有斐閣コンパクト、2011 年。

〔109〕 ジョセブ・S・ナイ, Jr.／ジョン・D.／ドナビュー編／嶋本恵美訳『グローバル化で世界はどう変わるか——ガバナンスへの挑戦と展望』英治出版、2004 年。

〔110〕 ブル、ヘドリー／臼杵英一訳『国際社会論——アナーキカル・ソサイエティ』岩波書店、2000 年。

〔111〕 ベイリス、ジョン／ジェームズ・ウィルツ／コリン・グレイ編／石津朋之監訳『戦略論——現代世界の軍事と戦争』勁草書房、2012 年。

〔112〕 防衛大学校安全保障学研究会編／武田康裕・神谷万丈責任編集『安全保障学入門〔新訂第 4 版〕』亜紀書房、2009 年。

〔113〕 細谷雄一『外交——多文明時代の対話と交渉』有斐閣 Insight、2007 年。

〔114〕 細谷雄一『国際秩序——18 世紀ヨーロッパから 21 世紀アジアへ』中公新書、2012 年。

〔115〕 ホフマン、スタンリー／最上敏樹訳『国境を超える義務——節度ある国際政治を求めて』三省堂、1985 年。

〔116〕 ホフマン、スタンレイ／天野匡雄訳『没落か再生か』白水社、1977 年。

〔117〕 ポラニー、カール／野口建彦・栖原学訳『「新訳」大転換——市場社会の形成と崩壊』東洋経済新報社、2009 年。

〔118〕 松原望・飯田敬輔『国際政治の数理・計量分析』東京大学出版

314

会、2012 年。

〔119〕ミアシャイマー、ジョン・J.／奥山真司訳『大国政治の悲劇——米中は必ず衝突する！』五月書房、2007 年。

〔120〕メイ、アーネスト／進藤榮一訳『歴史の教訓——アメリカ外交はどう作られたか』岩波現代文庫、2004 年。

〔121〕メイヨール、ジェームズ／田所昌幸訳『世界政治——進歩と限界』勁草書房、2009 年

〔122〕望田幸男・碓井敏正編『グローバリゼーションと市民社会——国民国家は超えられるか』文理閣、2000 年。

〔123〕山影 進『国際関係論講義』東京大学出版会、2012 年。

〔124〕山本武彦『安全保障政策——経世済民・新地政学・安全保障共同体——』〈国際公共政策叢書〉18、日本経済評論社、2009 年。

〔125〕山本吉宣『国際的相互依存』東京大学出版会、1989 年。

〔126〕山本吉宣『講座国際政治⑴——国際政治の理論』東京大学出版会、1989 年。

〔127〕山本吉宣『「帝国」の国際政治学——冷戦後の国際システムとアメリカ——』東信堂、2006 年。

〔128〕山本吉宣『国際レジームとガバナンス』有斐閣、2008 年。

〔129〕山脇直司『グローカル公共哲学——「活私開公」のヴィジョンのために』〈公共哲学叢書〉9、東京大学出版会、2008 年。

〔130〕ラセット、ブルース／鴨武彦訳『安全保障のジレンマ——核抑止・軍拡競争・軍備管理をめぐって』有斐閣、1984 年。

〔131〕ラセット、ブルース／鴨武彦訳『パクス・デモクラティア——冷戦後世界への原理』東京大学出版会、1996 年。

〔132〕ローレン、ポール・ゴードン／ゴードン・A・クレイグ／アレキサンダー・L・ジョージ／木村修三・滝田賢治・五味俊樹・高杉忠明・村田晃嗣訳『軍事力と現代外交現代における外交的課題〔原書

第4版〕』有斐閣、2009年。

〔133〕ワイト、マーティン／佐藤誠・安藤次男・龍澤邦彦・大中真・佐藤千鶴子訳『国際理論三つの伝統』日本経済評論社、2007年。

〔134〕渡辺昭夫・土山實男編『グローバル・ガヴァナンス——政府なき秩序の模索』東京大学出版会、2001年。

著者紹介

阿部　松盛
<small>あ べ　まつもり</small>

〔略歴〕

1982年3月	早稲田大学 政経学部 政治学科 卒業	
1986年3月	早稲田大学大学院 政治学研究科 修士課程 修了	
1989年3月	早稲田大学大学院 政治学研究科 博士課程 修了	
1989年4月	金沢工業大学 国際問題研究所 研究員 就任	
1995年4月	拓殖大学 政経学部 助教授 就任	
2003年4月	拓殖大学 政経学部 教授 就任	

〔著書〕

1999年3月　世界政治学（星野昭吉・臼井久和編）三嶺書房。

2002年6月　国際政治経済辞典 第2版（川田侃・大畠英樹編）東京書籍。

2004年4月　新しい国連：冷戦から21世紀へ（臼井久和・馬橋憲夫編）有信堂。

2010年1月　世界政治の展開とグローバル・ガバナンスの現在（星野昭吉編）テイハン。

2014年3月　グローバル政治の原理と変容（星野、田中、阿部、伊藤、都留）テイハン。

2019年2月　グローバル危機：政治秩序とガバナンスのダイナミクス（星野昭吉編）テイハン。

国 際 政 治 学
－グローバル政治の理論、歴史、現代的課題－

2020年10月14日　初版第1刷印刷　定価：本体 2,700円（税別）
2020年10月25日　初版第1刷発行

不複
許製

著　者　阿　部　松　盛
発行者　坂　巻　徹

発行所　東 京 都 文 京 区　株式 テイハン
本 郷 5 丁目 11-3　会社

電話 03(3811)5312 FAX03(3811)5545／〒 113-0033
ホームページアドレス http://www.teihan.co.jp

〈検印省略〉

印刷／日本ハイコム株式会社
ISBN978-4-86096-121-3